Robert Rauh
Schule, setzen, sechs

Robert Rauh

Schule, setzen, sechs

Von Lehrern und Eltern,
die trotzdem nicht verzweifeln

Kösel

Der Kösel-Verlag weist ausdrücklich darauf hin, dass im Text enthaltene externe Links vom Verlag nur bis zum Zeitpunkt der Buchveröffentlichung eingesehen werden konnten. Auf spätere Veränderungen hat der Verlag keinerlei Einfluss. Eine Haftung des Verlags für externe Links ist stets ausgeschlossen.

Verlagsgruppe Random House FSC® N001967
Das für dieses Buch verwendete FSC®-zertifizierte Papier *Munken Premium Cream* liefert Arctic Paper Munkedals AB, Schweden.

Copyright © 2015 Kösel-Verlag, München,
in der Verlagsgruppe Random House GmbH
Umschlag: Weiss Werkstatt, München
Lektorat: Dr. Diane Zilliges, Murnau
Druck und Bindung: GGP Media GmbH, Pößneck
Printed in Germany
ISBN 978-3-466-31053-1

www.koesel.de

Für Elke

Inhalt

Vorwort 9

Beziehungskultur statt Klassenkampf 15
Warum es auf den Lehrer ankommt

»Revierwechsel gefällig?« 15
Deutschland, deine Lehrer

»Salko, setzen, sechs« 25
Letzte Ausfahrt DEKRA

»Die wissen nichts. Und die können auch nix« 40
Checkt die Ausgangslage

»Ihnen fehlt die nötige Autorität!« 54
Kooperieren ~~statt~~ und führen

Vom Pauker zum Multitasker 75
*Warum Lehrer vormittags nicht mehr recht und
nachmittags nicht mehr frei haben*

»Geh sterben, du Opfer!« 75
Nicht ohne meine Sozialpädagogin

»Erik, dein Stil passt hier nicht!« 94
Individuell fördern

Gleichheit bedeutet nicht automatisch Gerechtigkeit 110
Inklusion auf Biegen und Brechen

»Für Projektarbeit hast du also noch Zeit« 121
Schule, öffne dich!

Berechtigt für Erziehung – und Bildung? 139
Was Eltern ändern können

   Von Nörglern und Ignoranten   139
   Wolfgangs Elterntypologie

   Kampfzone Elternabend   147
   Lehrer und Eltern – ziemlich beste Partner!

   »Das können wir uns nicht leisten, Michi«   160
   Sind Hausaufgaben Schulaufgaben?

   Kampf um jede Note   176
   Schulen vor Gericht

Sprengt den Rahmen! 187
Warum sich der Bildungsföderalismus überlebt hat

   Dschungelprüfung   187
   Zeugnis für die »Bildungsrepublik Deutschland«

   Einheit und Vielfalt   194
   Schluss mit der Schul-Kleinstaaterei

Wir sind Schule 205

Anhang 209

   Danksagung   209

   Anmerkungen   211

   Literatur   219

Vorwort

Ideengeber für den Titel meines Buches ist Salko*. Mein erstes Zusammentreffen mit dem Jugendlichen glich einem Duell zwischen zwei ungleichen Männern. Auf der einen Seite der achtzehnjährige Salko, der von der Schule geflogen war, und auf der anderen der einunddreißigjährige Lehrer, der in Berlin Ende der 1990er-Jahre an keiner öffentlichen Schule eine Anstellung fand. Die Begegnung liegt siebzehn Jahre zurück und hat mich als Lehrer geprägt wie keine zweite.

Das Zusammentreffen war ein Zufall: Beide landeten wir zur gleichen Zeit eher unfreiwillig im Flughafen Tempelhof. In dem riesigen Gebäude war damals auch die DEKRA Akademie untergebracht. Salko absolvierte dort einen berufsvorbereitenden Lehrgang, zu dem ihn das Arbeitsamt »delegiert« hatte. Und ich hatte mich bei der DEKRA als Lehrgangsleiter beworben, weil ich nicht aus Berlin wegziehen wollte. Er sollte den Realschulabschluss nachholen und ich wurde sein Lehrer.

In der ersten Unterrichtsstunde im August 1998 reichte ein kurzer Wortwechsel und wir standen uns wie zwei Kampfhähne gegenüber. Der Schulabbrecher mit Migrationshintergrund und der deutsche Studienrat mit Einser-Examen. Salko war zwar einen Kopf kleiner als ich, aber doppelt so breit. Seine Augen funkelten und ich muss geglotzt haben wie das Kaninchen vor der Schlange. Die Situation drohte zu eskalieren, als Salkos damalige Mitschülerin Nadya* in den Klassenraum rief: »Salko, setzen,

---

* *Die Namen der Personen, bei deren erstmaliger Nennung ein Sternchen steht, wurden verändert.*

sechs!« Das hatte ihr gemeinsamer Klassenlehrer in der Gesamtschule immer zu Salko gesagt, wenn er mal wieder eine als Text formulierte Matheaufgabe nicht verstanden hatte. Dabei war er an der Grundschule in Bosnien ein Ass im Rechnen gewesen. Salko drehte sich wutentbrannt zu Nadya und erweiterte sofort das Kampfgebiet … Da wir hier erst beim Vorwort sind, will ich nicht vorwegnehmen, wie diese erste Begegnung ausging.

Der Lehrgang dauerte ein Jahr und wahrscheinlich habe ich genauso viel gelernt wie Salko. »Versetzen Sie sich in die Lage der Jugendlichen!«, hatte mir mein Chef in der DEKRA immer wieder eingebläut. Und ich kann Ihnen sagen: Es fiel mir anfangs verdammt schwer: die Welt mit Salkos Augen sehen? Ich habe es versucht. Mithilfe eines Perspektivwechsels: Ich begann meine Schüler zu fragen, *wie* sie lernen. Und ich erklärte ihnen, *warum* ich *was* von ihnen verlange. Diese Transparenz im Klassenzimmer ist für die Entwicklung einer Beziehungskultur zwischen Lehrern und Schülern eine wichtige Voraussetzung. Eine Voraussetzung für langfristigen Lernerfolg.

Dabei spielt es nur eine untergeordnete Rolle, ob man in einer Stadtteilschule oder an einem Gymnasium, in einer Berufsschule oder in einem vom Arbeitsamt finanzierten Lehrgang lernt oder lehrt, ob man mit einer Tafel oder einem Smartboard unterrichtet, ob es Noten oder schriftliche Beurteilungen gibt. Entscheidend ist das Zusammenspiel zwischen Lehrenden und Lernenden im Klassenzimmer. Diese Erfahrung, dass es letztlich auf den Lehrer ankommt, werden schon viele Pädagogen, Eltern und Schüler gemacht haben. Oder um es mit Salkos Worten zu sagen: »Die Schule ist eigentlich egal. Für mich ist wichtig, *wer* vor der Klasse steht und *wie* der mit uns redet.«

Welche weiteren Faktoren zu einer positiven Beziehung zwischen Lehrenden und Lernenden sowie zwischen Pädagogen und Eltern beitragen, möchte ich in den ersten drei Teilen aufzeigen.

Bildungsfronten
Der Buchtitel geht natürlich über Salkos Erfahrung hinaus und zielt auf eine prinzipielle Kritik. Er stellt der Schule ein schlechtes Zeugnis aus. Was keine Überraschung sein dürfte. Denn die Klage über das deutsche Schulwesen ist ein altes Lied, das wir im Chor mitsingen können: ungerechtes und unterfinanziertes System, unausgegorene Reformen, permanenter Unterrichtsausfall, Lehrermangel, große Klassen, mangelnde Digitalisierung, marode Schulgebäude, praxisferne Lehrerausbildung, stetig sinkendes Niveau und so weiter. Regelmäßig wird der Bankrott der Schulpolitik in der Presse angeprangert: *Wahnsinn Schule – Wie retten wir unsere Kinder?*, *Chaos Schule*, *Höllenjob Lehrer* oder *Scheiß Schule!* Jede Menge Tadel gibt es auch in Sachbüchern wie *Schulinfarkt*, *Die Schulkatastrophe* oder nun *Schule, setzen, sechs*. Während über die Missstände an den Schulen Einigkeit herrscht, gehen die Vorstellungen über deren Behebung weit auseinander. Und wer sich mit Vorschlägen an die Öffentlichkeit wagt, begibt sich auf ein Minenfeld. Denn jeder kann mitreden. Und jeder hat (s)eine Meinung. In der Schulpolitik scheinen die leidenschaftlich ausgehobenen Schützengräben besonders tief und die verbale Munition extra scharf. Dabei ist das Schlachtfeld kaum noch zu überblicken, weil es so viele Fronten gibt:
- Die Bildungsrevolutionäre kritisieren vor allem die fehlende Chancengleichheit, insbesondere für Kinder aus sozial benachteiligten Elternhäusern, und fordern eine Bildungsrevolution, weil sich das bestehende Bildungssystem schlichtweg überlebt hat. Ihr Allheilmittel ist die Einheitsschule; häufig auch die Abschaffung von Noten oder Fächern – oder beides.
- Die Bildungsbürger sehen das mit der Chancenungleichheit im Prinzip auch so. Theoretisch. Aber praktisch möchten sie ihre Kinder nicht mit denen aus bildungsfernen Schichten in einer Klasse lernen lassen, weil sie den maximalen Schulerfolg ihrer eigenen Kinder gefährdet sehen. Sie sind gegen die sechsjährige Grundschule und für den Erhalt des Gymnasiums.

- Die Bildungsreformer glauben daran, dass die Schule durch Veränderungen im System zu retten ist. Sie fordern vor allem eine bessere personelle und räumliche Ausstattung sowie kleinere Klassen und Unterstützung bei der Erprobung neuer pädagogischer Konzepte.
- Die Bildungsbewahrer haben in erster Linie genug von Reformen und stemmen sich gegen jede Art von größerer Veränderung, weil es doch bisher auch – mehr oder weniger – funktioniert hat. Und eine Revolution kommt für sie gar nicht infrage.
- Schließlich die Pauschalkritiker, die sich ständig widersprechen: Einerseits beklagen sie die mangelnde Leistungsbereitschaft sowie das sinkende Niveau der Schüler und andererseits den Stress, den die Schüler durch die verkürzte Abiturzeit und den langen Unterrichtstag erleiden müssen. Einerseits beklagen sie die Digitalisierung des Lernens und andererseits haben einige selbst seit Jahren kein Buch mehr aus der Bibliothek ausgeliehen, sondern googeln munter wie die Jugendlichen.

Häufig gehen die Fronten auch quer durch die Familien:
- Während die Eltern für die Rückkehr zur Abiturzeit nach dreizehn Jahren (G9) sind, empfinden viele Schüler die Verkürzung auf zwölf Jahre (G8) als gar nicht so tragisch.
- Während der Sohn die Abschaffung der Noten begrüßt, sind »Wortgutachten« oder »Lernberichte« für die Mutter kein Beweis, dass sich Leistung lohnt.
- Während die Tochter lieber etwas über Versicherungen, Steuern und Wohnen lernen möchte, pocht der Vater auf die gute alte Bildung mit Shakespeare, Schiller und inzwischen auch Schlink.

Die Vermessung der Schule
Flankiert werden Kritik und Vorschläge für eine bessere Schule von zahlreichen Bildungsstudien, die seit ein paar Jahren wie Pilze aus dem Boden schießen und die Bildungsdebatte zusätzlich befeuern. Für viel Aufregung sorgten die ersten ländervergleichenden Pisa-Studien im Jahr 2000. Seit dieser »empirischen Wende« wird in der Erziehungswissenschaft im großen Stil mittels statistischer Erhebungen, Interviews, Fragebögen, Beobachtungen und Tests die Schule vermessen. Will man alle Ergebnisse auswerten, sieht man sich einem Daten-Tsunami ausgeliefert. Unübersichtlich ist die Lage auch deshalb, weil die Wissenschaftler aus den vielen Statistiken unterschiedliche Schlussfolgerungen ziehen und Bildungspolitiker ausgewählte Ergebnisse als Beleg für ihre eigenen Thesen anführen. Wenn ich meine Kollegen frage, ob sie diese Studien überhaupt lesen, schütteln sie angestrengt die Köpfe. Keine Zeit, kein Interesse. Und meine Kollegin Brigitte* hat auch eine nachvollziehbare Begründung: »Jeder sagt doch was anderes. Was soll ich da noch glauben?« Dabei gibt es ein großes Bedürfnis nach Orientierung in der Pädagogik. Lehrer und Eltern wollen Antworten auf dringende Fragen: Soll es künftig die Gemeinschaftsschule richten oder soll die Mehrgliedrigkeit des Schulsystems bestehen bleiben? Wird an der Grundschule in jahrgangsübergreifenden Klassen besser gelernt als in jahrgangsgleichen? Sind Schüler durch G8 benachteiligt – oder durch G9? Sind Hausaufgaben nutzlos und gehören abgeschafft? Und wie soll das mit der Inklusion funktionieren?

Mut machen
Dieses Buch will einen Beitrag in dieser Bildungsdebatte leisten – mit einem Plädoyer für eine neue Schulkultur. Anhand von persönlichen Erlebnissen und Erfahrungen aus meinem Lehreralltag und auf der Grundlage von – ja, auch – zahlreichen Bildungsstudien möchte ich nicht nur die Probleme, sondern auch Wege

aufzeigen, wie wir an unseren Schulen heute schon etwas verändern können – und müssen.

Ich möchte nicht nur von mir erzählen, sondern auch Lehrer, Eltern und Schüler zu Wort kommen lassen, mit denen ich gesprochen habe – und die mir ihre Geschichten, teilweise anonym, zur Verfügung gestellt haben. Der Lesefreundlichkeit zuliebe schreibe ich von Lehrern und Schülern, schließe dabei Lehrerinnen und Schülerinnen aber ausdrücklich mit ein. Ausgehend von den Akteuren stelle ich anhand von Beispielen vor, was Lehrer, Eltern und Politiker verändern können – und sollten.

Im letzten Teil wird an einem bildungspolitischen Tabu gerüttelt: dem Bildungsföderalismus. Das bedeutet keine Bildungsrevolution, sondern die Korrektur einer historischen Entscheidung, die sich in der Gegenwart überlebt hat. Die Abschaffung der Schul-Kleinstaaterei würde endlich auch den kostspieligen Reformwahn der Bundesländer stoppen. Vorstellen möchte ich eine Alternative, die in einen schulpolitischen Forderungskatalog eingebettet ist.

Das Buch soll Mut machen. Es handelt von Menschen, die ungeachtet aller Missstände in unseren Schulen nicht verzweifeln. Allen gemeinsam ist die Überzeugung, dass wir bereits mit kleinen Veränderungen große Wirkung erzielen können. Und die Erfahrung, dass man die Schule nicht dem Staat überlassen sollte, weil man sehr wohl auch *von unten* etwas bewirken kann. Im Interesse unserer Kinder, die heute und morgen zur Schule gehen.

Beziehungskultur statt Klassenkampf
Warum es auf den Lehrer ankommt

»Revierwechsel gefällig?«
Deutschland, deine Lehrer

»Wo wollen Sie hin?«, fragte der Pförtner genervt und öffnete die Sicherheitsscheibe. »Zum Regierenden Bürgermeister«, wiederholte ich etwas lauter. »Da kommen Sie aber reichlich spät, junger Mann. Die Sprechstunde des Regierenden läuft längst.« »Aber sie ist noch nicht zu Ende«, entgegnete ich und zeigte auf die große Uhr in seiner Loge. »Dit weeß ick och alleene«, blaffte der Pförtner zurück und fügte verärgert hinzu: »Sind Sie Lehrer oder wat?« Dann zerrte er ein Taschentuch aus seiner Hose und schnaubte kräftig. Ohne mich anzusehen forderte er: »Ausweis!« Ich reichte ihm das Dokument über den Tresen. Er setzte sich seine Lesebrille auf und studierte die Angaben. Plötzlich wurde sein Gesicht freundlicher. »In Pankow bin ich auch geboren. Bloß zwanzig Jahre früher. Da war das Rote Rathaus hier noch zerstört.« »Also 1947?«, fragte ich eher rhetorisch und versuchte zu lächeln. Er grinste zurück: »Na, dann wollen wir mal sehen, ob der Regierende für einen Rechenkünstler wie Sie heute noch Kapazitäten hat.« Er griff zum Telefonhörer und drehte sich weg, sodass ich nicht verstand, was er sagte. Kurz darauf lehnte sich der Pförtner aus seiner Loge und meinte gönnerhaft: »Eigentlich war schon Feierabend. Aber ich konnte den Referenten überzeugen: Einer geht noch.« »Vielen Dank«, sagte ich. Grinsend gab er mir meinen Ausweis zurück: »Der Bürgermeister ist übrigens auch in Pankow geboren. Aber noch früher.« »Ich weiß. Übrigens im gleichen Krankenhaus *Maria Heimsuchung*.« »Ick ooch«, rief er erfreut aus, »die Welt ist eben kleen.« Ich nickte zustimmend und fragte: »Wo muss ich jetzt lang?« »Zur Sicherheitskontrolle die Seitentreppe hoch und den ganzen Flur entlang. Dann werden Sie abgefangen.« Er zeigte mir die Richtung und holte wieder sein Taschentuch hervor.

Ich stieg die schmale Treppe empor und durchschritt einen langen Gang. Es war gespenstisch still. Am Ende sah man einen fahlen Lichtschein. Behördenflure sehen offenbar überall gleich aus. Vor Kurzem war ich im Berliner Landesschulamt. Diese Behörde koordinierte damals auch die Einstellung der Lehrer in der Hauptstadt. Ich hatte gerade mein zweites Staatsexamen absolviert und wollte meine Bewerbungsunterlagen persönlich abgeben. Im Landesschulamt gab es zwar keinen Pförtner, aber viele schlecht beleuchtete Gänge. Ich irrte lange umher, bis ich den richtigen Raum gefunden hatte. Die Mitarbeiterin sah mich verärgert an: »Können Sie nicht anklopfen?« »Ich habe angeklopft. Zwei Mal sogar«, rechtfertigte ich mich. »Warten Sie bitte draußen, bis wir Sie aufrufen!«, befahl sie mir in einem barschen Ton. Auf dem Gang befand sich kein Stuhl.

Nach zwanzig Minuten stürzte die Mitarbeiterin aus ihrem Zimmer: »Sie habe ich völlig vergessen!« Ohne Entschuldigung nahm sie mir die Bewerbungsunterlagen aus der Hand und fragte: »Alles dabei?« Ich nickte nur. »Na, dann wollen wir mal sehen, ob das stimmt«, sagte sie und setzte sich an ihren Schreibtisch. Während die Mitarbeiterin hastig meine Mappe durchblätterte, meinte sie beiläufig: »Also, ich kann Ihnen gleich sagen, Sie haben keine Chance.« »Wie meinen Sie das?«, fragte ich erstaunt zurück. »So, wie ich es gesagt habe. Wir können Sie in Berlin nicht einstellen. Nicht mit Ihrer Fächerkombination. Deutsch- und Geschichtslehrer gibt es wie Sand am Meer.« »Was heißt das konkret?«, fragte ich nach. »Na ja«, sie hielt inne und sah auf mein Zeugnis, »mit Ihrem sehr guten Examensabschluss rutschen Sie auf der Warteliste ein bisschen nach oben, aber das macht den Kohl auch nicht fett. Vielleicht probieren Sie es in Brandenburg oder gleich ganz weit weg.« »Aha«, meinte ich.

Sie schlug die Mappe zu und rollte mit dem Bürostuhl zum Aktenschrank. »Also, das wird Ihnen doch jetzt nicht neu sein«, meinte sie vielwissend, während sie die Unterlagen in einen Ordner einheftete. »Die Schülerzahlen gehen massiv zurück. Und im Ostteil der Stadt gibt es Überhang ...« »Wie lange müsste ich warten?«, unterbrach ich sie. »Bin kein Hellseher, junger Mann«, antwortete sie. Ich rührte mich nicht von der Stelle. Die Mitarbeiterin rollte zurück an ihren Schreibtisch und sah mich mitleidig an. Dann zog sie abrupt eine Schublade auf und angelte einen kleinen Zettel hervor. »Wir haben das neulich mal ausgerechnet. Mit Ihrer Kombination bekommen Sie erst mit Beginn der großen Pensionierungswelle ganz sicher eine Stelle.« »Und wann ist das ungefähr?« »Im Schuljahr 2015/16.« »Das ist in siebzehn Jahren!«, rief ich aus und sah sie entsetzt an. Sie zuckte mit den Schultern. Und ich ergänzte: »Dann fehlt in Berlins Schulen irgendwann eine ganze Lehrergeneration.« Die Mitarbeiterin verfiel wieder in ihren mürrischen Behördenton: »Das müssen Sie der Politik erzählen! Nicht mir!«

Der richtige Mann zur falschen Zeit
Inzwischen war ich am Ende des Rathausflures angekommen. Ein Sicherheitsbeamter winkte mich in einen Raum, gab mir ein Formular und erklärte mir, welche Angaben ich eintragen sollte: »Damit der Regierende weiß, mit wem er redet.« Dann musste ich meine Taschen leeren und wurde abgetastet. Anschließend begleitete mich ein zweiter Beamter in das repräsentative Dienstzimmer des Bürgermeisters, wo er mir einen Stuhl neben dem Eingang zuwies. »Der Regierende empfängt im Hinterzimmer«,

erklärte er und zeigte auf eine weitere Tür. »Aber das kann noch dauern, weil jetzt drei Architekten bei ihm sind. Die wollen das Schloss wieder aufbauen.« »Okay«, meinte ich nur. »Also können Sie in Ruhe die Schaltzentrale der Berliner Politik genießen«, meinte der Beamte grinsend.

Ich war beeindruckt und ließ meinen Blick durch die erste Amtsstube der Hauptstadt schweifen. Den dunklen massiven Schreibtisch schmückten ein Tulpenstrauß und ein kleiner Pandabär aus Porzellan. In der Ecke war eine große Deutschlandfahne postiert. Auf einem Sideboard hinter dem Schreibtisch stand Schadows berühmte Figurengruppe der preußischen Prinzessinnen Luise und Friederike. Darüber prangte ein großes Landschaftsgemälde: Sandufer eines Sees mit Kiefernwald. Wahrscheinlich irgendwo in Brandenburg. Hier wirkte nichts protzig, eher etwas piefig.

Nach Brandenburg hatte ich auch Bewerbungen gesandt. In einigen Kreisschulämtern hatte ich mich persönlich vorgestellt. Aber auch im märkischen Umland machte man mir wenig Hoffnung. Eine Mitarbeiterin im Schulamt Beeskow meinte mit Blick auf mein Examen: »Sie sind der richtige Mann zur falschen Zeit.« Das zumindest schien klar: In den nächsten Jahren würde ich in der Region Berlin-Brandenburg keine Anstellung in einer öffentlichen Schule bekommen.

Für meine Freundin gab es nur einen Ausweg: »Dann gehen wir weg aus Berlin«, hatte Elke noch eine Stunde vor meinem Rathausbesuch gesagt. Und mich aufmunternd angelächelt. »Hamburg ist doch auch eine große Stadt – und sogar näher an der See.« »Ich denke, du magst keinen Regen«, antwortete ich gereizt. Meine Stimmung war nicht die beste. Wir wurden unterbrochen, weil die Kellnerin an den Tisch kam. »Und wer bekommt den Fisch?« »Die Dame bitte«, antwortete ich. »Ihr Essen dauert leider noch ein bisschen«, entschuldigte sich die Kellnerin.

Ich hatte mich mit Elke im Nikolaiviertel verabredet. Das Restaurant befand sich genau gegenüber dem Roten Rathaus. Wir saßen am Fenster und schauten auf die Westfassade des massiven Klinkerbaus. Ich goss uns Wein nach. Während Elke sich an dem Zander zu schaffen machte, nutzte ich die Gelegenheit, ihr von einem Beitrag zu erzählen, den ich im Februar in der *Berliner Zeitung* gelesen hatte. Darin wurde über die öffentliche Bürgersprechstunde des Regierenden Bürgermeisters berichtet. Heute Abend würde wieder eine stattfinden. »Das ist jetzt nicht dein Ernst?«, meinte sie und verschluckte sich beinah. »Robert, heute ist Samstag. Da ist kein Bürgermeister im Rathaus.« »Die Sprechstunden finden wohl immer Samstagabend statt. Und anmelden muss man sich auch nicht vorher«, erklärte ich. »Deswegen sind wir also hier«, stellte Elke fest und war nun auch verärgert. »Ich fand es auch erst sinnlos, aber es ist vielleicht eine Chance«, sagte ich entschlossen. »Du meinst, du marschierst einfach zum Bürgermeister ins Rathaus und er verschafft dir dann eine Lehrerstelle!« »Natürlich nicht! Aber ich kann ja wenigstens das Problem schildern. Schließlich ist er Chef des öffentlichen Dienstes. Und dazu zählen auch die Lehrer. Außerdem hat die Hauptstadt in mich investiert und mein Referendariat finanziert.« Ich habe Elke nur einmal in einem Restaurant sitzen lassen. An diesem Frühjahrsabend 1998 im Nikolaiviertel.

Hessen ist ein schönes Land
»Herr Rauh?«, rief ein Mann im dunklen Anzug. Ich sprang auf und folgte ihm in einen schlichten Nebenraum. Uns kam die Architektengruppe entgegen. Stolz trugen sie ein großes Modell vor sich her. Es zeigte das alte Berliner Schloss in Miniatur. Der Palast der Republik war auf dem Modell schon verschwunden. Der Regierende Bürgermeister goss sich gerade einen Tee ein. Wir begrüßten uns kühl. Eberhard Diepgen sah müde aus. Wer weiß, wie viele Menschen er heute schon gesprochen hatte. Diepgen war 1991 zum zweiten Mal Senatschef geworden. In einem Jahr wollte er wiedergewählt werden. Die Berliner SPD sah sich seit

Gerhard Schröders Sieg in Niedersachsen am 1. April 1998 im Aufwind und hatte schon mal den Wahlkampf eröffnet. Mit der Parole:»Diepgen muss weg!« Aber die CDU wurde 1999 in Berlin wieder stärkste Partei und Diepgen blieb noch drei Jahre Bürgermeister.

Der Referent zeigte mir an dem langen Konferenztisch, wo ich mich hinzusetzen hatte. Der Bürgermeister sah auf das Formular und versuchte es mit einem lockeren Einstieg:»Sie kommen aber nicht von der Lehrer-Gewerkschaft?« Sein Referent lachte und erklärte:»Einen Vertreter von denen hatten wir heute schon.« Ich schüttelte mit dem Kopf und versuchte entspannt zu wirken, denn ich spürte, wie mein Augenlid zitterte.»Na, dann erzählen Sie mal«, meinte Diepgen väterlich. Er nahm einen Schluck Tee und lehnte sich zurück. Und hörte zu. Ich erklärte ihm meine Situation und endete mit einem Appell, der im Landesschulamt verhallt war:»Der Hauptstadt wird in zwanzig Jahren eine ganze Generation junger Lehrer fehlen, wenn man jetzt alle wegschickt.«

Eberhard Diepgen sah seinen Referenten an.»Nein, die Statistik habe ich nicht hier«, sagte der und hatte den Blick seines Chefs richtig gedeutet. Diepgen überlegte einen Moment, bevor er antwortete:»Personalpolitik im öffentlichen Dienst hängt von vielen Faktoren ab, die wir beide jetzt nicht erörtern können. Aber ich kann Ihnen versichern, wir haben die Berliner Schule im Blick. Außerdem schicken wir nicht alle Junglehrer weg. Wenn Sie Latein oder Physik studiert hätten, dann wären Sie schon Lehrer in Berlin.« Er machte eine Pause und ergänzte:»Sie müssen flexibel sein! Gerade als junger Mensch. Sie sind einunddreißig, wie ich hier lese. In dem Alter schaut man doch über den Tellerrand. Andere Bundesländer im Westen der Republik suchen händeringend gut ausgebildete Lehrer. Hessen zum Beispiel ist ein schönes Land. Ich beziehe aus dieser Region einen vorzüglichen Wein.« Er sah zu seinem Referenten, der irgendetwas notierte. Dann zog der Regierende Bürgermeister den ganz großen

Bogen: »Sie unterrichten doch auch Politik.« Ich nickte. »Demnächst wird der Euro in Brüssel beschlossen. Ab 2002 haben wir dann eine gemeinsame Währung in Europa. Das eröffnet uns völlig neue Möglichkeiten. Auch auf dem Arbeitsmarkt. Auch für Sie!« Er sah mich eindringlich an. Seine Augen leuchteten nun.

Ich startete einen letzten Versuch: »Das Argument mit der Flexibilität ist gerade in Ihrem Fall nicht überzeugend.« Jetzt machte ich eine Pause. Diepgen zog seine Augenbrauen hoch. »Na ja, Sie sind in Berlin geboren, haben in Berlin studiert, sind in die Berliner CDU eingetreten und wurden in Berlin Regierender Bürgermeister.« »Sehen Sie«, reagierte er sofort und erhob schmunzelnd seinen Zeigefinger, »ich war immer der richtige Mann am gleichen Ort.« Der Referent amüsierte sich köstlich. Eberhard Diepgen raffte seine Unterlagen zusammen. Der Referent deutete die Geste seines Chefs erneut richtig und rief durch eine Wechselsprechanlage den Fahrdienst des Bürgermeisters.

Tatsächlich versuchte ich, nach dem Gespräch flexibel zu sein. Zumindest regional. In Berlin bewarb ich mich nun als Lehrer an verschiedenen Privatschulen, im staatlichen Gefängnis und in einem Zirkus. Aber überall wurde mir erneut meine Fächerkombination zum Verhängnis. Lediglich der Zirkus signalisierte Interesse. Sie suchten einen Lehrer für die Kinder der Artisten. Die Zirkuschefin erklärte mir am Telefon: »Es ist ein bisschen wie in der guten alten Dorfschule, nur unterm Zelt.« Aber meine Flexibilität stieß aus einem anderen Grund an ihre Grenzen. Ausgerechnet jetzt stand eine sechsmonatige Tournee nach Russland und China an – damit konnte ich mich partout nicht anfreunden. Dann meldete sich die DEKRA. Genauer gesagt: die DEKRA Akademie. In Berlin war das meine letzte Chance.

»Willst du achtzehn Kinder von mir?«

Siebzehn Jahre später stehe ich wieder vor dem Roten Rathaus. Hier treffe ich am 9. Mai 2015 Sebastian*. Er kommt nicht aus

Berlin und ist erstaunt, wie viel in der Stadt gebaut wird. Vor dem Rathaus gräbt sich gerade der unterirdische Tunnelbohrer »Bärlinde« für eine neue U-Bahnstrecke durch den märkischen Sand. Einige Hundert Meter westlich beginnt die größte Baustelle der Stadt. Man sieht schon den Rohbau der Ostfassade für das neue, alte Berliner Schloss. »Ist doch alles aufregend«, meint Sebastian und riskiert einen Blick durch den Bauzaun auf die Grube für den neuen U-Bahnhof *Berliner Rathaus*. »Diese Linie braucht kein Mensch«, kommentiere ich. »Dass ihr Berliner aber auch immer meckern müsst. Und wenn alles fertig ist, prahlt ihr wieder, als wärt ihr Weltstadt.«

Sebastian ist Journalist aus Hessen und muss es ja wissen. Er kommt gerade vom Berlin-Tag. Aber dort war er weder als Journalist noch als Tourist. Sondern als Bewerber. Er will in Berlin Lehrer werden. Heute Morgen ist er mit einem vergünstigten Bahnticket aus Wiesbaden angereist. Der Einunddreißigjährige hat zwar Germanistik und Anglistik studiert, aber nicht auf Lehramt. Er wäre dann ein sogenannter Quereinsteiger und könnte Englisch und Deutsch unterrichten. Am Vormittag wurden er und weitere knapp dreihundert Interessenten von der Schulsenatorin im Ludwig-Erhard-Haus persönlich begrüßt. Eine Schulstadträtin informierte ausführlich über das Bewerbungsverfahren für ausgebildete Lehrer – und für Quereinsteiger. Am Ende ihres Vortrages verlieh sie ihrer Hoffnung Ausdruck, viele Anwesende im neuen Schuljahr 2015/16 als Lehrer in der Hauptstadt begrüßen zu können.

Anschließend erhielten die Bewerber die Möglichkeit, nicht nur mit freundlichen Mitarbeitern der Senatsschulverwaltung, sondern auch mit Schulleitern persönlich zu sprechen. Die Schulen präsentierten sich an Ständen. Genau wie Vertreter von Wohnungsbaugesellschaften und Kultureinrichtungen. Kostenlos wurden Gummibärchen, Schokolade und Getränke verteilt. Man konnte sich auch anspruchsvoll bestechen lassen: mit Freikarten für die *Lange Nacht der Wissenschaften*. Am Eingang bekam Sebastian einen Jutebeutel mit einem Aufdruck des Fernsehturms in die Hand gedrückt. Darin sammelte er nun alle Prospekte und die Schokolade. Schulmesse in Berlin.

Seit 2014 herrscht in der Hauptstadt akuter Lehrermangel. Bis 2020 wechseln jährlich über tausend Pädagogen in den Ruhestand. Und weil nicht mehr genügend Fachlehrer zur Verfügung stehen, engagiert der Senat auch Absolventen ohne Pädagogikstudium. Im Jahr 2014 waren von den zweitausend neu eingestellten Lehrkräften knapp dreihundert Quereinsteiger.[1] Sebastian erzählte, er habe bisher nichts Gutes über die Berliner Schule gehört, was einige Schlagworte wie »Pisa-Verlierer«, »Rütli-Brandbrief« und »Brennpunktschulen« verdeutlichen. Er wollte eigentlich auch nie Lehrer werden. Schon gar nicht in der Hauptstadt. Dass nicht nur Quereinsteiger, sondern auch viele studierte Pädagogen vor einem Lehrerjob in Berlin zurückschrecken, kann ich nachvollziehen. Ich kann jedoch nicht verstehen, warum der Senat die Schule offenbar doch aus dem Blick verloren und nicht rechtzeitig auf die seit Jahrzehnten bekannte Pensionierungswelle reagiert hat.

Aber Not macht ja bekanntlich erfinderisch. Und der Berliner Senat war besonders kreativ. Er schaltete teure Werbekampagnen in überregionalen Medien und lockte Uni-Absolventen aus anderen Bundesländern mit Sprüchen wie »Revierwechsel gefällig? Kohle gibt's auch bei uns« für Nordrhein-Westfalen, »Hochdeutsch? Können hier auch nicht alle« für Baden-Württemberg oder »Da werd ned nur o'zapft, da wird aa eigstellt« für Bayern. Auch andere Bundesländer in Ostdeutschland suchen händeringend nach Lehrern. Während in Baden-Württemberg aufgrund der zurückgehenden Schülerzahlen die Stellen gestrichen und die Altersermäßigung für Lehrer gekürzt wurden, lockt Berlin mit einem verhältnismäßig hohen Einstiegsgehalt für Angestellte und Brandenburg neben der Verbeamtung mit der Senkung der Stundenzahl für Lehrer. 2014 wurde in der Hauptstadt erstmals mit einem Berlin-Tag geworben.

Auch Sebastian ist dem Lockruf gefolgt. In seinem Beruf als freier Journalist erhält er keine feste Anstellung und hangelt sich von Auftrag zu Auftrag. Das sei ihm auf Dauer zu unsicher. Diese Ungewissheit tauscht er gegen knallharte Bedingungen, über die die kreative Werbung des Berliner Senats natürlich nichts sagt. Die pädagogische Nachqualifizierung findet nach einem fünftägigen Crashkurs über rechtliche und schulorganisatorische Fragen quasi nebenbei statt. Quereinsteiger müssen ein achtzehn Monate dauerndes berufsbegleitendes Referendariat mit drei Seminaren und mindestens zehn Unterrichtsbesuchen absolvieren. Und neunzehn Stunden pro Woche selbstständig unterrichten. »Normale« Referendare mit Lehramtsstudium erteilen im Schnitt sechs Unterrichtsstunden. Gabriele Holz, Schulleiterin einer Integrierten Sekundarschule, weiß aus jahrelanger Erfahrung, dass die Quereinsteiger »wenig bis gar keine Vorstellungen von dem haben, was sie erwartet«. Damit Quereinsteiger nicht als »Lückenfüller für die mangelhafte Unterrichtsversorgung an unseren Schulen gesehen werden, sondern als wertvolle Bereicherung«, mahnt die Schulleiterin, müsse genügend Raum für deren Qualifizierung geschaffen werden. Und das ginge nicht bei maximal 100 Prozent Lehrerausstattung.[2] Pädagogen, die Quereinsteiger angemessen betreuen sollen, müssten weniger Stunden unterrichten können. Auch die Fachseminarleiter sehen in dem Quereinsteigerprogramm »eine potentielle Gefahr für die Qualität der Lehrerausbildung und der Schulqualität insgesamt«. Es drohe eine »Entqualifizierung des Lehrerberufs«. Daher fordern sie ein vierwöchiges Probepraktikum und einen dreimonatigen Vorbereitungslehrgang zum Erwerb didaktischer, methodischer, kommunikativer und sozialer Kompetenzen.[3]

Sonst wird der Revierwechsel zum Bumerang. Unsere Schüler haben schließlich einen Anspruch auf qualifizierte Lehrer. So steht es auch im Berliner Koalitionsvertrag: »Die wichtigste Voraussetzung für guten Unterricht sind gut und in ausreichender Anzahl ausgebildete Lehrerinnen und Lehrer. Sie müssen durch eine hervorragende Ausbildung auf ihren Beruf vorbereitet werden.«[4] Solche schönen Sätze finden sich auch in anderen Bundesländern. Zumindest in ihrem Anspruch und in der Not sind sich alle gleich. Auch Mecklenburg-Vorpommern wirbt jetzt mit paradiesischen Aussichten: »Willst du achtzehn Kinder von mir? Kleine Klassen und Meer.«

»Salko, setzen, sechs«
Letzte Ausfahrt DEKRA

Im Sommer 1998 meldete sich die DEKRA und lud mich zum Vorstellungsgespräch nach Tempelhof ein. Meine Bewerbung beim größten deutschen Kraftfahrzeugsüberwachungsdienst war keine Verzweiflungstat. Denn die DEKRA betreibt auch eine Akademie mit einer Vielzahl von Bildungsangeboten. Und sie suchten tatsächlich einen Lehrer. Es schien meine letzte Chance, als Pädagoge in Berlin zu arbeiten. Das zweijährige Referendariat war offiziell beendet und ich bereits arbeitslos gemeldet. Weil ich mich nicht flexibel gezeigt und in einem anderen Bundesland als Lehrer beworben hatte.

Der DEKRA-Standort im Flughafen Tempelhof bot damals auch *Berufsvorbereitende Lehrgänge* (BV) für Jugendliche ohne Berufsabschluss oder Lehrstelle an, die vom Arbeitsamt finanziert wurden. Neben Kursen zur Vorbereitung auf eine spätere Ausbildung im Bereich Büro und Verwaltung wurden die Jugendlichen auch in den traditionellen Schulfächern unterrichtet. Denn sie hatten nach einem Jahr die Möglichkeit, den Realschulabschluss an einer staatlichen Schule nachzuholen. Heute entspricht diese Prüfung in vielen Bundesländern dem Mittleren Schulabschluss. Für den dritten Lehrgang dieser Art in der DEKRA Akademie suchten sie in Berlin-Tempelhof nun einen neuen Lehrgangsleiter, der wenigstens zwei Fächer studiert hatte und bereit war, die Klassenleiterfunktion zu übernehmen. Da neben Deutsch auch Geschichte und Politik unterrichtet werden sollten, erfüllte ich schon mal die wichtigste formale Voraussetzung.

Beim Bewerbungsgespräch spielte der Akademieleiter Herr Kaiser* mit offenen Karten. Das sei hier kein Gymnasium, auch keine Hauptschule. Er hielt kurz inne und zitierte dann einen Mitarbeiter aus dem Arbeitsamt: »Das ist die schulpolitische Resterampe.« Und die DEKRA, schob Herr Kaiser mit großer Geste nach, sei für diese gescheiterten Bildungsbiografien die letzte Ausfahrt. Mit dem Realschulabschluss in der Tasche hätten diese Jugendlichen auch eine reale Chance auf dem Arbeitsmarkt. Die Hürde sei jedoch sehr hoch und die Erfolgsquote bisher leider sehr niedrig.

Er blätterte in einem Papierstapel, ohne etwas Konkretes zu suchen. Dann sah er wieder auf und meinte, der große Vorteil wäre jedoch, dass ich mich um jeden einzelnen Jugendlichen viel besser kümmern könne. Denn im Gegensatz zu einer normalen Schulklasse wären in dem Lehrgang nur vierundzwanzig Schüler. Er versuchte zu lächeln. Mich interessierte jedoch eine andere Zahl: Was denn die niedrige Erfolgsquote konkret bedeute? Es war Herrn Kaiser anzusehen, dass ihm die Antwort sichtlich schwerfiel. Beim ersten Lehrgang hätte niemand den Realschulabschluss geschafft, beim zweiten einer. Wir schwiegen. Draußen startete ein Flugzeug. Herr Kaiser schloss das Fenster und meinte, wenn der Flughafen Tempelhof erst einmal schließen würde, dann werde das auch mit den Räumlichkeiten besser. Mir fiel spontan das große Zelt ein, von dem die Zirkuschefin gesprochen hatte. Aber Herr Kaiser meinte keine fehlenden Klassenzimmer, sondern mein künftiges Büro. Weil es noch nicht bezugsfertig sei, müsse ich vorerst mit einer Übergangslösung vorlieb nehmen. Aber, so schwärmte er, wer hat das schon von den »richtigen« Lehrern: ein eigenes Büro mit PC, Kaffeemaschine und Grünpflanzen?

Dangerous Minds
So wurde ich im August 1998 Lehrgangsleiter bei der DEKRA. Und unterrichtete Jugendliche, die im staatlichen Schulsystem durchs Netz gefallen waren. Zur Begrüßung erhielt ich einen DEKRA-Bus aus Plastik. Man erklärte mir, der kleine grüne Bus sei eines der beliebtesten Werbegeschenke der Firma. Er bekam in meinem Büro gleich einen Ehrenplatz auf dem Schreibtisch. Der Raum war nur notdürftig eingerichtet und der Internetanschluss noch nicht verlegt. Direkt vor meinem Fenster parkte ein richtiger Bus, weil sich auf dem Flughafenvorplatz die Endhaltestelle der Linie 184 befindet. Die äußeren Arbeitsbedingungen waren also nicht die schlechtesten.

An meinem ersten Arbeitstag war ich schon früh in Tempelhof angekommen. Ich lüftete und schwatzte ein wenig mit dem Busfahrer, der dabei genüsslich in sein Pausenbrot biss. Dann räumte ich ein paar Bücher ins Regal und schaltete die Kaffeemaschine ein. Ich wollte eigentlich noch einmal meine Unterrichtsvorbereitungen für die ersten Stunden durchgehen oder wenigstens die Lehrgangsliste mit den Namen. Aber ich lief in dem kleinen Raum auf und ab. Die Aufregung war zu groß. Gleich lernte ich meine erste Klasse kennen.

Zwei Minuten vor acht Uhr holte mich eine DEKRA-Mitarbeiterin ab. Obwohl sie mich heiter begrüßte, irritierte mich ihr mitleidiger Blick. Wir liefen über den Flur und stoppten vor einem Klassenraum. Als sie die Türklinke herunterdrücken wollte, sagte ich schnell: »Wenn es Ihnen nichts ausmacht, dann würde ich gern allein in die Klasse gehen.« Sie sah mich verwundert an. »Aber Herr Kaiser meinte vorhin, dass es besser sei, wenn ...« Sie unterbrach sich selbst, weil sie meinen flehenden Blick sah. »Gut, wie Sie wollen. Dann viel Glück!« Sie drehte sich auf dem Absatz um und verschwand.

Ich betrat den Raum. Bevor ich am Lehrertisch angekommen war, brüllte jemand von hinten: »Sind noch nicht alle da!« »Aber ich bin ja schon mal da«, antwortete ich schnell. »Huuuhh«, raunten zwei Jugendliche in der ersten Reihe, »ER ist schon da!« Einige feixten. Ich sah mich im Klassenraum um. Zwanzig Jugendliche saßen gelangweilt in den Bänken. Einer hatte provokativ seine Beine auf den Tisch gelegt und im Mundwinkel eine Zigarette, die noch nicht brannte. In der letzten Reihe motzten sich zwei Mädchen an, weil die eine sich von der anderen schief angesehen fühlte. Ein Junge war offensichtlich zugekifft und zwei weitere hatten ihren Kopf auf die Bank gelegt, um ihren Schlaf fortzusetzen. Etwas aufgeregt kam mir gleich eine junge Frau entgegen und meinte, sie müsse sofort wieder los, weil ihr Sohn einen Arzttermin hätte, den sie unmöglich verschieben könne. Ich nickte sprachlos. Dann legte ich meine Unterlagen auf den Lehrertisch.

»Guten Tag, sagt man«, meinte der Jugendliche, der seine Beine auf den Tisch gelegt hatte. »Ja, guten Tag«, sagte ich kleinlaut. Niemand antwortete. »So, und Sie nehmen mal Ihre Beine vom Tisch.« »Herr Kaiser hat mir gesagt, dass ich mich hier wie zu Hause fühlen darf.« Er rührte sich nicht und fragte stattdessen: »Wann ist eigentlich die erste Pause?« »Sie sind hier nicht zu Hause. Also Beine runter!« »Hey, was ist denn das für'n Ton? Außerdem habe ich Sie was gefragt.« Er sah mich wütend an und holte ein Feuerzeug hervor. »Wie heißen Sie?«, fragte ich. »Sie haben sich ja auch noch nicht vorgestellt«, antwortete er und legte sein Feuerzeug demonstrativ vor sich auf den Tisch. »Das ist Salko«, meinte ein Mädchen zwei Reihen weiter hinten, »ich war mit ihm auf der Gesamtschule. Voll krass, der Typ.« »Halt die Fresse! Was mischst du dich da ein, Nadya?« »Komm mal wieder runter«, rief sie ihm entgegen. Er spuckte vor ihr aus.

»Hey, hey, das geht gar nicht!«, rief ich und versuchte gleich mal eine rote Linie zu ziehen. Die Tür ging auf und eine weitere Lehrgangsteilnehmerin betrat den Raum: »Entschuldigen Sie bitte, aber der Bus.« Sie lächelte freundlich und setzte sich in die erste Reihe. »Ja, ja, hast verpennt und schiebst es jetzt auf den Bus«, meinte ein Junge, der geschlafen und nur kurz den Kopf gehoben hatte.»Was geht's dich an«, brüllte die Zuspätkommerin aggressiv zurück. Ihr Gesichtsausdruck hatte sich schlagartig gewandelt. »Fangen wir jetzt endlich an oder warten wir auf jeden Penner? Dann hätte ich auch ausschlafen können«, rief Salko nach vorn.

Ich musste an *Dangerous Minds* denken. Michelle Pfeiffer spielt in dem Film von 1995 eine Ex-Marinesoldatin, die an einer High School als Lehrerin anfängt. Ihre Schüler kommen aus der amerikanischen Unterschicht und haben Null Bock auf Schule. So verhalten sie sich auch. Eine Klasse voller Salkos. Nun bin ich weder Michelle Pfeiffer noch ein Ex-Marinesoldat. Obwohl letzteres jetzt von Vorteil wäre. Michelle Pfeiffer hat Schokoriegel und Texte von Bob Dylan in ihrer Handtasche; ich hatte dagegen den Lehrplan und die ersten Arbeitsblätter dabei. Wahrscheinlich würde ich hier nicht mal mit Dylan-Texten punkten. Im Film verschafft sich die taffe Michelle Pfeiffer bei den Schülern Respekt, weil sie ihnen Karate beibringt. Das würde ich jetzt selbst gern beherrschen. Denn Salko war aufgestanden und lief zur Tür. »Wo wollen Sie hin?« »Ich gehe eine rauchen, bis der letzte Penner da ist.« »Sie gehen nirgends hin. Denn ich beginne jetzt mit dem Unterricht.« Salko kam einen Schritt auf mich zu. Seine grünen Augen funkelten. Er war zwar kleiner als ich, aber zweimal so breit. Ein paar Zentimeter vor meinem Gesicht zerdrückte er eine leere Colabüchse und feuerte sie dann mit Schwung in den Papierkorb. Alle waren mit einem Mal ruhig. Dann rief Nadya: »Salko, setzen, sechs!« Alles lachte. Er drehte sich um und rief drohend in die Klasse: »Halt die Fresse, hab ich gesagt. Alle!« Für einen Moment sah es so aus, als wenn er sich den Erstbesten schnappen würde, um ihm eine zu langen. Ich stellte mich vor ihn und hielt die Luft an. Salko griff jedoch nach seiner Zigarette, die er sich hinters Ohr gesteckt hatte, zündete sie sich an und verließ ohne ein weiteres Wort den Klassenraum.

Auch die anderen Kursteilnehmer schienen aufzuatmen. Nadya erklärte völlig gelassen: »Der tickt manchmal aus. Ist aber eigentlich sonst so in Ordnung.«»Warum mussten Sie ihn auch noch mit diesem Spruch provozieren«, meinte ich. »Hey, was willst du? Hab ich jetzt die Schuld – oder wie?«, entgegnete Nadya und versuchte sich zu verteidigen: »Salko, setzen, sechs – das hat immer unser Mathelehrer zu ihm gesagt. Der Herr Krause* war auch unser Klassenlehrer. Voll krass, der Typ. Hatte voll was gegen Ausländer.«

Ich nahm mir vor, nicht mehr auf irgendwelche Zwischenrufe einzugehen, sondern ging zur Tafel, schrieb meinen Namen an und erklärte, dass ich sie ab heute in Deutsch, Geschichte und Politik unterrichten würde. Ich erzählte ihnen, wo und wie lange ich studiert hatte und mit welchen Themen ich beginnen wollte. Dann bat ich sie, sich vorzustellen. Salko kam mit einem weiteren Zuspätkommer herein und meinte: »Hat der Unterricht noch immer nicht begonnen?« Ich sah ihn genervt an und sagte: »Salko, Sie setzen sich jetzt bitte und machen bei der Vorstellungsrunde mit.« »Geht doch, Mann«, rief er aus und nahm Platz. Was ich dann zu hören bekam, schockierte mich. Vor mir saßen Jugendliche, die sich alle – wie es der eine mehrmals formulierte – als »Loser« sahen. Bereitwillig und teilweise sehr offen fügten sie ihrem Namen und Alter in Schlagworten ihre traurige Lebensgeschichte hinzu: die Schule geschmissen oder gerade den Hauptschulabschluss geschafft, Ausbildung abgebrochen, zu Hause rausgeflogen, Drogen, Vorstrafen.

Ich fühlte mich zum ersten Mal in meinem Leben völlig überfordert – und am falschen Platz. Auf was hatte ich mich da bloß eingelassen? Nach dem Unterricht schlich ich in mein Behelfsbüro und anschließend zum Bus. Als ich am Abend meiner Tante aus München, die jahrelang mein Studium finanziell unterstützt hatte, von meinem ersten Arbeitstag als Lehrer erzählte, reagierte sie entsetzt: »Robert, Robert, und dafür hast du studiert?«

Joker für die Motivation

Immerhin hatte mich der Akademieleiter vorgewarnt und mir ein paar notwendige Tipps mit an Bord gegeben: »Das Wichtigste wird sein, die Jugendlichen bei der Stange zu halten. Dafür stehen Ihnen übliche Druckmittel wie Noten oder Elterngespräche nicht zur Verfügung.« Weil es für die Zulassung zur externen Realschulprüfung keine Vornote gab, spielten Zensuren in meiner Bewertung keine Rolle. Es zählten am Ende allein die schriftlichen und mündlichen Prüfungen, die an einer staatlichen Schule abgenommen wurden. Das Elternhaus gehörte bei den meisten Jugendlichen nicht mehr zum sozialen Umfeld, da sie nur sporadischen Kontakt hielten oder zu Hause rausgeflogen waren. Mir war allerdings vorher nicht bewusst gewesen, dass die Probleme bereits mit Pünktlichkeit und regelmäßiger Anwesenheit beginnen würden. Einige schienen völlig aus der Lebensbahn geworfen. Ohne Plan und Struktur trudelten sie durch den Tag und häufig auch durch die Nacht. René* beispielsweise legte spätestens nach der zweiten Stunde seinen Kopf auf den Tisch und war bis zur Mittagspause auch nicht mehr zu bewegen, seinen Halbschlaf zu unterbrechen.

Eine Woche agierte ich mehr oder weniger unbeholfen und schwankte selbst: zwischen Resignation und Wutausbruch. Dann habe ich meinen Frust zum Thema des Unterrichts gemacht. Ich ließ die Schüler auf Plakaten notieren, welches Ziel sie mit der Teilnahme an dem Kurs anstreben und wie sie dieses Ziel erreichen wollen. Parallel dazu schrieb ich meine Bestrebungen auf. Erwartungsgemäß stimmte das Ziel, endlich einen Realschulabschluss machen zu wollen, bei ihnen und mir überein. Auch ich hatte es notiert. Verblüffend waren jedoch die Übereinstimmungen bei den Mitteln: Die Jugendlichen hatten aufgeschrieben, dass sie eine intensive Unterstützung durch den Lehrer benötigen. Dass Aufgabenstellungen mehrmals erklärt und sie bei einem Fehler nicht gleich als Loser betitelt werden wollen. Auch bei mir fand sich das Wort »Unterstützung«. Und begrifflich etwas präziser: »Übung« und »Training«. Am Ende der Auswertung erklärte ich ihnen, dass wir offensichtlich ein gemeinsames Ziel hätten: dass sie den Realschulabschluss schaffen. Dass dieser vom Staat finanzierte Lehrgang für sie eine einmalige Chance darstelle. Und dass sie Verantwortung übernehmen müssen. Das könne ihnen niemand abnehmen. Dann sicherte ich ihnen Unterstützung zu. In jeder Form. Im Gegenzug würde ich von ihnen eine regelmäßige Anwesenheit und Disziplin im Unterricht erwarten. Alle nickten.

In die ungewohnte Stille rief Salko: »Meinen Sie das ernst? Mit der Unterstützung in jeder Form?« Etwas zögernd nickte nun auch ich. Und ahnte nichts Gutes. Salko meinte, er brauche vor allem Unterstützung beim Aufstehen. Er komme morgens einfach nicht aus dem Bett. Einige grinsten. »Soll dich Herr Rauh aus dem Bett holen?«, fragte Kerstin*, die bereits Mutter von zwei Kindern war. »Nee, aber aus dem Bett klingeln«, schlug Salko vor. Bevor es zu weiteren Reaktionen kam, willigte ich ein: »Okay, das ist ein Deal. Ich übernehme den Weckdienst und Sie erscheinen pünktlich zum Unterricht.« »Mann, das ist cool!« Nicht nur er reagierte so erfreut. Auch drei weitere Schüler wollten diesen Service künftig in Anspruch nehmen. Da ich jeden Morgen eine Stunde vor Unterrichtsbeginn in Tempelhof eintraf, konnte ich die Weckrufe pünktlich um sieben Uhr vom Diensttelefon aus starten. Die Sekretärin des Akademieleiters tolerierte es zähneknirschend und servierte mir unterstützend immer eine Tasse Kaffee. Schließlich hatte mir auch ihr Chef »Unterstützung in jeder Form« zugesagt. Und so klingelte ich fast ein Jahr lang Salko und mindestens drei andere Lehrgangsteilnehmer aus dem Bett. Ich wollte den Jugendlichen verdeutlichen, dass ich es ernst meinte. Und dass ich sie ernst nahm. Es war noch nichts erreicht, aber es entspannte zum ersten Mal die Situation in der Klasse.

Perspektivwechsel

Mir war klar, dass ich meine Lehrtätigkeit neu überdenken musste. Wollte ich erfolgreich sein, musste ich die Lehrgangsteilnehmer nicht nur motivieren und ihnen Erfolgserlebnisse verschaffen, sondern auch den gesamten Unterricht auf sie abstimmen. Lehrplan hin oder her. »Denken Sie sich in die Situation der Jugendlichen!«, riet mir Herr Kaiser immer wieder. Ehrlich gesagt, mir fiel es schwer, mich in die Lage von Salko zu versetzen. Die Welt mit seinen Augen zu sehen.

Im Unterricht begann ich nun zu erklären, *warum* ich *was* mache. Transparenz herzustellen gehört bis heute zu meinem grundlegenden Lehrverständnis. Auch in den unteren Klassen. Wenn ich den Jugendlichen in Tempelhof erläuterte, was wir in den nächsten Stunden vorhaben und sie mir eine Rückmeldung gaben, wenn es ihnen beispielsweise zu viel oder zu schnell ging, waren das die konzentriertesten Momente im Klassenraum. Der neuseeländische Erziehungswissenschaftler und Bildungsforscher John Hattie bestätigt mit seiner umfangreichen Studie *Visible Learning* (*Lernen sichtbar machen*) aus dem Jahr 2013 alle Pädagogen, die den Perspektivwechsel als eine entscheidende Voraussetzung ihrer Unterrichtstätigkeit sehen. Hattie ist nicht nur in der Lage, das empirisch zu belegen, sondern es auch besser zu formulieren: »Am wichtigsten ist, dass das Lehren für die Lernenden sichtbar ist und dass umgekehrt das Lernen für die Lehrperson sichtbar ist«.[5]

Um eine Beziehungskultur bemühte ich mich auch außerhalb des Klassenraums. Irgendwann zog ich mich in der großen Mittagspause nicht mehr in mein Behelfsbüro zurück, sondern ging zusammen mit meinen Schülern in die Mensa. Meistens saßen mir Nadya und Salko gegenüber. Wir redeten anfangs über unsere Schulerfahrungen. Nadya wollte wissen, ob ich dort meine erste Freundin kennengelernt habe, und Salko, ob ich ein Streber gewesen sei. Und mich interessierte, warum sie beide von der Schule geflogen waren. Nadya hatte zu viele unentschuldigte

Fehlzeiten und Salko sich einmal zu viel geprügelt. Sie waren auch der Meinung, dass ihr Klassenlehrer sie hatte loswerden wollen. Salko berichtete, wie Herr Krause ihn immer wieder in Mathe vorgeführt habe. In Bosnien, wo er herkam, war er in der Grundschule sehr gut im Rechnen gewesen, aber bei den Textaufgaben in Deutsch hatte er häufig die Aufgabenstellung nicht verstanden. Und dann kam immer wieder »Salko, setzen, sechs«. Und Nadya ergänzte wieder: »War voll krass, der Typ.« Nach dem Rausschmiss hätten beide nicht mehr Fuß gefasst. Aus der Schule hätte sich auch niemand mehr für sie interessiert.

Noch immer verlässt in Berlin jeder Zehnte ohne Abschluss das Klassenzimmer. Wie die offizielle Statistik der Schulverwaltung zeigt, ist die Quote seit 2012 wieder angestiegen.[6] Die große Schulreform, also die Zusammenlegung von Haupt- und Realschule zur Integrierten Sekundarschule, hat daran offenbar nichts geändert. »Die Schule ist eigentlich egal«, meinte Salko knapp, »für mich ist wichtig, wer vor der Klasse steht und wie der mit uns redet.« Dass es auf die Kommunikation zwischen Lehrenden und Lernenden ankommt, bestätigt auch der Schweizer Kinderarzt und Sachbuchautor Remo Largo. Er hat unzählige Situationen in Klassenzimmern beobachtet und kommt zu dem einleuchtenden Schluss: »Wir denken zu wenig darüber nach, wie ein Lehrer mit einem Kind umgehen sollte. Stattdessen streiten wir über Strukturen. Entscheidend ist das Zusammenspiel von Lehrern und Schülern.«[7]

Im Dezember war der morgendliche Weckruf für Salko besonders wichtig. Nicht, weil es draußen immer später hell wurde, sondern weil sich alle Lehrgangsteilnehmer im Praktikum befanden. Frühzeitig hatte er mich bei einer Mensarunde wissen lassen, dass er unbedingt bei Mercedes arbeiten wollte. Da der Akademieleiter einen Freund in der Berliner Mercedes-Niederlassung hatte und der den Personalchef gut kannte, bekam Salko im Bereich Service tatsächlich einen Praktikumsplatz. Als Anfang Dezember alle untergebracht waren, besuchte ich jeden Schüler in »seiner« Firma. So auch Salko. Dass er davon träumte, später mal einen Mercedes zu besitzen, war spätestens klar, als ich ihn im Anzug vor den funkelnden Modellen stehen sah. »Herr Rauh, ich sag es Ihnen, damit kriegen Sie jede Frau rum.« Salko strahlte.

Mein pädagogischer Stresstest als Berufsanfänger war jedoch nicht nur von Erfolg gekrönt. Es gelang mir nicht, alle vierundzwanzig Jugendlichen ein Jahr lang bei der Stange zu halten: Sieben gaben auf. Die anderen siebzehn meldete ich im Sommer 1999 zu den schriftlichen und mündlichen Prüfungen an. Sie fanden in einer Realschule in Wilmersdorf bei völlig fremden Lehrern statt. Wir Fachlehrer der DEKRA Akademie standen vor der Tür – und drückten die Daumen. Am Ende schafften nur acht den Realschulabschluss. Herr Kaiser war außer sich vor Freude. Denn seine Erfolgsquote hatte sich deutlich erhöht. Auch Nadya und Salko hatten die Prüfung geschafft. Die anderen erhielten die Chance, den Lehrgang erneut zu wiederholen, was die meisten auch taten.

Zur Abschlussfeier nach Tempelhof kamen fast alle Kursteilnehmer. Salko wollte endlich mein kleines Büro sehen, das noch immer das alte war. Immerhin hatte ich inzwischen einen Internetanschluss. »Herr Rauh, hat man Ihnen hier nix Besseres zu bieten? Also, wenn ich bei Mercedes Autos verkaufe, dann kommen Sie vorbei und wir machen eine Probefahrt – mit der S-Klasse.« »Ja, klar«, meinte ich nur. »Hey Mann, sagen Sie bloß, Sie fahren noch immer kein Auto? Was sagt Ihre Frau dazu?« Ich ging zum Schreibtisch, nahm den kleinen grünen DEKRA-Bus und überreichte ihn Salko: »Hier! Als Erinnerung.« Er lachte auf: »Sie fahren Bus?« Dann ging er zur Tür, drehte sich um und sagte: »Rufen Sie mich an! Aber nicht gleich morgen früh.«

Zwei Papiere und vier Joker
Das Jahr an der DEKRA Akademie war für mich vor allem eine Schule der Beziehungskultur, die ich heute nicht mehr missen

möchte und von der ich immer noch zehre. Ich habe gelernt, wie entscheidend gerade die erste Begegnung im Klassenzimmer zwischen Schülern und Lehrer ist.

Der Lehrgangsleiter ist durchaus vergleichbar mit dem Tutor in der gymnasialen Oberstufe (Klassenlehrer in der Jahrgangsstufe 11 und 12): Die Jugendlichen sind keine Kinder mehr und sie verfügen über jede Menge Erfahrungen mit Lehrern. Es sind nicht immer die besten. Anders als bei den Schulanfängern in der 1. und beim Übergang in die 5. beziehungsweise 7. Klasse blickt man als Lehrer zu Beginn der 11. Klasse in keine erwartungsvollen Gesichter mehr. Skepsis und Zurückhaltung überwiegen. Die Schüler sind zwar durch das Kurssystem neu gemischt, aber sie sitzen auf den gleichen Stühlen, in den gleichen Räumen und häufig auch vor den gleichen Lehrern, die sie bereits aus der Mittelstufe kennen. Sie hören, dass sie ab jetzt freiwillig in der Schule sitzen, dass sie auch in der Oberstufe einen Hefter zu führen und Hausaufgaben zu machen hätten. Und dass sie sich jetzt endlich zusammenreißen müssen, weil die Anforderungen im Abitur deutlich höher seien. Überhaupt das Abitur. Es bescheinige ihnen die Hochschulreife und sei kein »Pillepalle« wie der Mittlere Schulabschluss am Ende der 10. Klasse. Viele Lehrer ergänzen ihre Predigten mit einem Katalog von Sanktionen: für fehlende Hausaufgaben, für Verspätungen oder für ein Handyklingeln. Und verkaufen es entsprechend vieler Pädagogen-Ratgeber als Regeln.

Ich predige auch, aber meine Ansprache in der ersten Stunde bei der Übernahme eines Oberstufenkurses hat einen völlig anderen Ansatz und lehnt sich eng an die Rede vor den Jugendlichen in der DEKRA Akademie nach der ersten chaotischen Woche an. Im Anschluss an die Vorstellungsrunde mache ich es kurz und zeige ihnen mit meiner schwebenden Hand über dem Lehrertisch symbolisch die Messlatte für das Abitur: »Das ist der Maßstab nach vier Semestern und ich bin nicht bereit, ihn aus welchen Gründen auch immer zu senken. Denn der Maßstab wird im Abitur auch nicht angepasst. Im Gegenteil: Der Zweitkorrektor pocht rechtmäßig auf den Erwartungshorizont der Klausur. Dann ist nicht mit mildernden Umständen zu rechnen. Sie müssen sich also anstrengen. Und für einen optimalen Abschluss kämpfen. Dabei werde ich Sie unterstützen. Ich werde eine Treppe und, wenn es sein muss, auch ein Geländer bauen, um Sie über die Messlatte zu hieven. Alles, was in den nächsten zwei Jahren in diesen vier Wänden passiert, ist diesem gemeinsamen Ziel untergeordnet.«

Nach einer kurzen Pause unterbreite ich ihnen dann mein erstes Angebot. Es ist genauso ungewöhnlich wie die Weckanrufe bei Salko. Ich räume den Schülern die Möglichkeit ein, pro Semester bei den Hausaufgaben und bei der mündlichen Mitarbeit jeweils zwei Joker zu ziehen. Das heißt konkret: Zweimal dürfen sie ohne Hausaufgaben zum Unterricht kommen. Nebenbei erspare ich mir damit manche abenteuerliche Ausrede. Die Gründe für ein Versäumnis – ob nun berechtigt oder nicht – kann ich ohnehin nicht überprüfen. Und: Zweimal pro Semester können sie sich quasi selbst von der mündlichen Mitarbeit »befreien«. Ich bewerte sie also in dieser Stunde nicht. Denn auch für die typische Schüleraussage »Ich bin heute nicht gut drauf« kann es plausible Gründe geben: Konflikte mit den Eltern oder Liebeskummer. Probleme, die man als Lehrer nicht unterschätzen sollte. Es gibt zwei Bedingungen für die Joker: Der Schüler muss es mir vor Stundenbeginn mitteilen und ich frage nicht nach den Gründen. Die Joker haben noch einen weiteren Effekt: Sie verhindern, dass die Schüler den Unterricht schwänzen, da sie aufgrund fehlender Hausaufgaben oder einer ungenügenden Vorbereitung auf den Unterricht keine schlechte Note befürchten müssen. Wenn ich in der ersten Stunde meine Joker anbiete, grinsen die meisten Schüler. Einer ruft immer: »Geil!« oder »Cool!« Wie einst Salko in Tempelhof. Der Kurs erlebt seine erste Entspannungsphase.

Häufig dauert es einige Wochen, bevor sich der erste Schüler vorwagt und einen Joker zieht. Spätestens dann registrieren alle anderen, dass die Ankündigung ernst gemeint war. Problematisch ist, wenn ein Schüler das Angebot selbstständig fächerübergreifend ausweitet. Eine Kollegin empörte sich eines Tages über Benjamin* aus meinem Leistungskurs, der sich mithilfe eines Jokers von der mündlichen Mitarbeit in ihrem Matheunterricht befreien wollte. Als sie mit Unverständnis reagierte, hätte ihr Benjamin die »Lex Rauh« erläutert. Mit Mühe konnte ich mich auf meinen pädagogischen Spielraum berufen. Überzeugen konnte ich die Kollegin nicht. Ein Vater fragte mich mal, ob ich nicht befürchte, dass die Joker auch aus Lust und Laune gezogen werden? Ja, aber das würde ich in Kauf nehmen. Und nach jahrelangen Erfahrungen kann ich gelassen resümieren: Die wenigsten nehmen das Angebot überhaupt an. Es reicht vielen offenbar die Gewissheit, sie hätten im »Notfall« die Möglichkeit. Mit dieser Option signalisiere ich den Schülern, dass wir nicht gegeneinander kämpfen, sondern miteinander – für ein gemeinsames Ziel.

Nach den Jokern präsentiere ich zwei Papiere: den Semesterplan und die Kriterien für die Bewertung der mündlichen Mitarbeit. Beides ist unter meinen Kollegen umstritten. »Bist du verrückt, den Schülern ein Semesterprogramm auszuhändigen. Du legst dich ja fest! Was passiert, wenn du den Stoff nicht schaffst oder was anderes machen willst?«, erregte sich mein erster Fachbereichsleiter Geschichte. Natürlich wollte er mich nur warnen. Gleichzeitig wollte er verhindern, dass die Idee des pädagogischen Grünschnabels im Fachbereich Schule machen könnte. Seine Befürchtungen waren unbegründet. Soweit ich weiß, bin ich im Kollegium mit meinen Semesterplänen nach wie vor die Ausnahme. Wenn ich meine Schüler am Ende der vier Semester über meinen Unterricht befrage, dann findet sich das Aushändigen der Semesterpläne auf den Spitzenplätzen unter den positiven Aspekten. Es sei nicht nur hilfreich für die inhaltliche Orientierung, sondern auch für die Vorbereitung auf die Klausuren und das Sortieren der vielen Kopien und Arbeitsblätter.

Die Kriterien für die mündliche Mitarbeit sind ein Produkt meines Fachseminars. Mehrfach überarbeitet – und sicher immer noch nicht perfekt. Auch hier sind viele Kollegen skeptisch: »Schreibt das Schulgesetz nicht vor.« Oder: »Damit machst du dich nur angreifbar.« Und immer öfter höre ich den Satz: »Ist das überhaupt justiziabel?« Ich habe positive Erfahrungen damit: Die Kriterien verhindern die verbalen Angriffe der Schüler oder die gerichtlichen Klagen ihrer Eltern im Falle einer als ungerecht empfundenen Note. Die Kriterien sind gestaffelt nach den sechs Zensuren sowie den im Lehrplan vorgegebenen Kompetenzen. Sie zeigen damit ziemlich genau an, was ein Schüler leisten muss, um beispielsweise eine Zwei zu bekommen. Semesterplan und Kriterien sorgen für Transparenz. Wenn ich die beiden Papiere erläutert habe und es keine weiteren Fragen gibt, fange ich an: mit dem ersten Unterrichtsthema.

Es wäre vermessen zu behaupten, damit sei alles geklärt. Eine Zielvorgabe, zwei Papiere, vier Joker und schon ist die heile Pädagogenwelt geschaffen. Aber ich bin überzeugt davon, dass bereits die erste Stunde entscheidend für die Entwicklung der Beziehungskultur zwischen Lehrern und Schülern ist. Deren Basis sind keine Schützengräben, sondern ein partnerschaftliches und transparentes Lernumfeld. Es wird ein Weg aufgezeigt, der nicht mit Sanktionsfallen gepflastert ist, sondern ein Ziel benennt: Wir erreichen zusammen den optimalen Lernerfolg.

»Die wissen nichts. Und die können auch nix«
Checkt die Ausgangslage

Völlig entnervt ließ sich Frau Winterfeld* auf ihren Stuhl im Lehrerzimmer fallen. Mit Schwung knallte sie ihre Tasche auf den Tisch und stieß einen lauten Seufzer aus. Montagmorgen, Viertel vor neun. Gerade hatte die erste Schulpause begonnen. Frau Winterfeld kam aus der 9.2, die sie nach der Pause weiter in Englisch unterrichten würde. Offenbar kannten ihre Kollegen das Ritual, denn niemand ging auf den Stoßseufzer ein. »Die wissen nichts. Und die können auch nix. Die lernen einfach nichts«, erklärte Frau Winterfeld und goss sich aus einer Thermoskanne Tee in eine braun verfärbte Tasse. Hektisch begann sie mit dem Löffel lautstark in der dampfenden Flüssigkeit zu rühren. »Und benehmen können die sich auch nicht. Ständig quatscht einer.« Als sich noch immer keiner angesprochen fühlte, personalisierte sie ihren Unmut: »Daniel* ist der Schlimmste aus der Truppe. Ich habe ihm heute schon wieder sein Gameboy abgenommen. Da wurde der noch frech und fing an zu diskutieren. Unglaublich!« Endlich reagierte eine Kollegin. Frau Lenk*, die in der 9.2 Biologie unterrichtete, murmelte ohne aufzublicken: »Der hat an einem Gymnasium auch nichts zu suchen.« Frau Winterfeld nickte dankbar und ergänzte: »Die Mehrheit der Klasse gehört hier nicht her. Wie die eines Tages Abitur machen wollen, ist mir schleierhaft.«

»Dann schreib doch der ganzen Klasse zum Halbjahr einen Blauen Brief – mit der Bemerkung: Die Versetzung ist gefährdet«, empfahl der Sportlehrer, der sich gerade eine Zigarette drehte. »Ein grandioser Tipp, Wolfgang*. Und wer erklärt das dann den Eltern? Die gehen doch auf die Barrikaden. Oder ziehen gleich vor Gericht. Denn bei ihren Kindern werden sie die Ursache für die Defizite nicht suchen.« Wolfgang fand seine Idee jedoch ausbaufähig: »Aber stellt euch das mal vor: Alle müssen wiederholen.« »Und in der Zeitung steht dann: Lichtenberger Gymnasium lässt eine ganze Klasse sitzen«, meinte Frau Winterfeld bitter. »Und stellt euch mal vor, das macht Schule«, meinte Frau Lenk, »dann haben wir hier die meisten Klassen ein Jahr länger sitzen.« »Den meisten würde das nicht schaden«, meinte Wolfgang und fragte in die Runde: »Wer kommt noch schnell eine mit ziehen?« Frau Lenk sah ihn groß an: »Du willst in die Kälte?« »Es ist November. Was erwartest du?«, meinte Frau Winterfeld und goss sich Tee nach. Dann starrte sie ins Leere. »Der Schulleiter wollte mich mit dieser Klasse bestrafen. Warum musste ausgerechnet ich die 9.2 in Englisch übernehmen?«

Wolfgang erhob sich und deutete mit seiner Zigarette in meine Richtung: »Frag doch mal den neuen und frisch motivierten Kollegen hier. Vielleicht übernimmt er den Haufen.« »Damit er gleich den richtigen Eindruck bekommt, oder wie?«, kommentierte Frau Lenk und zog sich einen weißen Kittel über. »Na, sicher. In der Uni glauben sie doch, sie bilden noch Studienräte fürs Gymnasium aus. Dabei ist das Gymnasium längst die neue Hauptschule«, erklärte er und feixte.

»So einen ruhigen Job bekommen Sie doch nie wieder!«
Ich saß im Mantel am Ende eines schmalen Tisches im Lehrerzimmer und wartete auf mein Vorstellungsgespräch beim Schulleiter. Wolfgang hatte mich aus dem Sekretariat freundlicherweise mit ins Lehrerzimmer genommen und mir gleich das Du angeboten. Eigentlich wollte ich mich in das Pausengespräch einbringen. Aber immer wenn ich ansetzte, war einer der drei Lehrer schneller. »Geh eine rauchen, Wolfgang. Und verschreck uns nicht den neuen Kollegen«, meinte Frau Winterfeld, »und die 9.2 möchte ich ihm auch nicht zumuten.« Niemand antwortete. Und es bot sich eine Chance für mich: »Ich bin eh kein Fremdsprachenlehrer, sondern unterrichte Deutsch und Geschichte.« »Seit wann ist Deutsch keine Fremdsprache?«, wollte Wolfgang wissen und grinste in die Runde. Frau Lenk zog ihn am Ärmel zur Tür.

»Und Sie wollen im nächsten Halbjahr bei uns anfangen?«,

fragte mich Frau Winterfeld.»Nein, ich fange schon nächsten Montag an. Ich springe für einen erkrankten Kollegen ein.«»Ach so, für Herrn John*. Ja, schlimm das alles.« Sie schluckte und ergänzte dann schnell:»Aber die Kollegen wird's freuen. Dann müssen sie nicht mehr so viel vertreten.« Ich nickte.»Kommen Sie direkt aus dem Referendariat?«, wollte sie wissen.»Nein, das ist schon über drei Jahre her. Ich habe erst bei der DEKRA und dann bei einem Schulbuchverlag gearbeitet.«»Bei der DEKRA?« Frau Winterfeld sah mich entsetzt an.»Was den jungen Lehrern heute alles zugemutet wird. Unglaublich! Naja, wir mussten früher auch Praxiseinsätze absolvieren.« Ohne eine Antwort abzuwarten, redete sie gleich weiter.»Verlag? Und da wollen Sie aufhören?«»Ja, ich habe schon gekündigt.«»Das hätte ich mir an Ihrer Stelle aber dreimal überlegt. So einen interessanten und ruhigen Job bekommen sie doch nie wieder.«»Ruhig?« Ich wiegte mit dem Kopf hin und her, konnte jedoch nicht mehr begründet widersprechen. Frau Lenk kam schon wieder zurück.»Klingelt doch gleich.« Ihr folgte Wolfgang, der Frau Winterfeld zurief:»Los, zweite Runde jetzt! Mach die 9.2 fertig!«»Du Witzbold. Wie denn?« Wolfgang griff nach seinem großen Schlüsselbund und einer Trillerpfeife:»Du musst einfach mehr Druck machen! Schreib jede Stunde einen Test!« Frau Winterfeld seufzte wieder:»Und wer soll das dann alles korrigieren? Ich komme doch schon mit den Klausuren kaum hinterher.« Frau Lenk riet ihr daraufhin:»Dann drohe es wenigstens an!« Frau Winterfeld antwortete nicht mehr, sondern griff ihre Tasche. In der Tür erschien die Schulsekretärin Frau Sonne*:»Herr Rauh, der Schulleiter wäre jetzt soweit.« Ich folgte ihr und wollte im Rausgehen Frau Winterfeld irgendwie noch alles Gute wünschen, beobachtete aber, wie sie zurückging und einen Stapel leerer Blätter vom Tisch nahm.»Test!«, rief ihr Wolfgang aufmunternd zu.

Drei-Fronten-Krieg
Wie es weitergeht, lässt sich leicht vorhersehen: Frau Winterfeld hatte sich mit neuer Munition bewaffnet und würde erneut die Barrikade erhöhen, auf der sie jede Stunde gegen zweiunddreißig Schüler kämpft, die offenbar nicht Englisch sprechen wollen. Die lieber quatschen oder sich mit einem Computerspiel beschäftigen. Die ganz nebenbei noch pubertieren. Und mit ihren nervenden Eltern eigentlich schon genug zu tun haben. Damit sollen die Unterrichtsstörungen der 9.2, von denen Frau Winterfeld so genervt ist, nicht entschuldigt werden. Das Problem sitzt tiefer. Gestört ist hier die Beziehung zwischen Lehrerin und Schülern. Und zwar empfindlich. Die vergiftete Atmosphäre von latenter Aggressivität und fehlender Achtung blockiert jeglichen Lernfortschritt. Demotiviert wird von beiden Seiten der Unterricht irgendwie durchgezogen.

Und der wöchentliche Klassenkampf in der 9.2 ist offenbar nicht die einzige Herausforderung, der sich Frau Winterfeld und ihre Kollegen ausgesetzt sehen. Auch die Eltern werden als potenzielle Feinde wahrgenommen, die die Schuld für den mangelnden Lernerfolg ihrer Kinder – wie sollte es anders sein – beim Lehrer suchen. Misstraut wird außerdem der Schulleitung, deren Entscheidungen häufig als ungerecht empfunden werden. Viele Lehrkräfte sehen sich daher als Alleinkämpfer in einem Drei-Fronten-Krieg, in dem die Kommunikationsbereitschaft Opfer des gegenseitigen Misstrauens wurde.

Aus der Sicht vieler Lehrer gibt es für den täglichen Stress im »Konfliktraum Schule« daher nur eine Erklärung: Schuld sind die anderen! Die Bildungspolitiker, die viel über die Bedeutung von Bildung reden, aber bei Forderungen nach Einstellung zusätzlicher Lehrer, nach Schaffung kleinerer Klassen oder nach der Renovierung der Sanitäreinrichtungen stets auf die klammen Kassen der Kommunen verweisen. Die Schulleitungen, die man für überfordert hält, weil sie nur den Notstand verwalten, anstatt die Qualität des Unterrichts zu gewährleisten. Die Eltern, denen vorgeworfen wird, dass sie ihre Kinder nicht richtig erziehen können oder wahlweise wollen. Oder die Schüler, die ohnehin immer respektloser, uninteressierter und dümmer würden. Obwohl multikausal ist der Erklärungsansatz nicht überzeugend. Denn wer die Schuldfrage stellt, begibt sich auf ein weites Minenfeld. Und durchbricht nicht den Teufelskreis.

Die Autorin Christine Eichel spricht mir aus der pädagogischen Seele, wenn sie leidenschaftlich für eine Kultur gegenseitiger Achtung in der Schule wirbt: »Wir brauchen eine neue Beziehungskultur, die Klischees von desinteressierten Lehrern, aufmerksamkeitsgestörten Schülern und wahlweise ignoranten und penetranten Eltern ad acta legt. Viel zu lange hat man sich in den alltäglichen Scharmützeln von Rechthaberei und Schuldfragen verkämpft. Dabei ist viel Energie verloren gegangen, auch die Kraft zur Erneuerung am einzigen Ort, wo dieses umsetzbar ist: in der Schule.«[8]

Wer sollte mit der Umsetzung einer neuen Beziehungskultur beginnen – wenn nicht wir Lehrer? Die Frage ist eine rhetorische. Wir müssen beginnen! Denn im Klassenzimmer, wo sich laut Eichel die Zukunft unserer Kinder entscheidet, agieren vor allem die Pädagogen. Nicht erst seit der Veröffentlichung der inzwischen weltberühmten Studie des neuseeländischen Bildungsforschers John Hattie belegen wissenschaftliche Untersuchungen weltweit, dass für den Lernerfolg nicht die Schulstrukturen und Bildungskonzepte entscheidend sind, sondern primär die Qualität des Unterrichts. Und die hängt von der Persönlichkeit und Professionalität der Lehrenden ab. Ungeachtet der gefühlten Machtlosigkeit gegenüber einer misslungenen Schulpolitik, uneinsichtigen Eltern und überforderten Schulleitungen dürfen wir den Unmut und Frust nicht an unsere Schüler weitergeben. Es ist die Aufgabe der Lehrer, für eine entspannte und angstfreie Lernatmosphäre zu sorgen, in der sich Lernende wie Lehrende sicher fühlen. Nur so entfaltet sich auch Produktivität und Kreativität – auf beiden Seiten.

Aber wie schafft man diese Beziehungskultur? Für alles scheint es pädagogische Handbücher zu geben: Wie organisiere ich Gruppenarbeit? Was ist ein funktionaler Einstieg in die Unterrichtsstunde? Welche Regeln gelten für die Durchführung einer Pro-Contra-Diskussion? Wie funktioniert ein Smartboard? Aber die wichtigste Frage bleibt häufig unbeantwortet: Wie erreicht man ein entspanntes und konstruktives Lehrer-Schüler-Verhältnis, das durch Respekt und Vertrauen gekennzeichnet ist? Meine Antwort richtet sich gleichermaßen an die Optimisten und Pessimisten unter meinen Kollegen: Es ist machbar, aber es dauert – und es ist anstrengend. Denn es ist ein Prozess, der nicht gradlinig verläuft. Und mit jeder neuen Lerngruppe von vorn beginnt. Er setzt neben fachlicher und sozialer Kompetenz vor allem Motivationsvermögen des Lehrers voraus. Und von Anfang an gehören dazu auch Autorität und Transparenz.

Aber der Reihe nach. Denn ich bin der Überzeugung, dass der Prozess bereits beginnt, bevor der Lehrer das Klassenzimmer betritt. Und damit zurück zu Frau Winterfeld.

»Das brauchst du später nicht mehr zu machen«

Obwohl sie eine durchaus erfahrene Pädagogin ist, die seit über zwei Jahrzehnten unterrichtet: In diesem konkreten Klassenkampf ist Frau Winterfeld mit ihrem Englisch offenbar am Ende – und sieht sich als Leidtragende. Nicht ganz zu Unrecht. Denn die Kollegin hat auch mit Problemen zu kämpfen, die sie nicht verursacht hat. Damit meine ich nicht das Sozialverhalten der Schüler, sondern deren Defizite in der englischen Sprache. Die 9.2 hatte in der 7. Klasse eine Englischlehrerin, die oft krank war, und in der 8. Klasse einen Referendar, der nach wenigen Wochen von einem Tag auf den anderen alles hinschmiss. Ersatz wurde nicht gleich gefunden und so fiel ein Vierteljahr lang der Unterricht aus. Im Fremdsprachenunterricht gleicht das einer mittleren Katastrophe.

Natürlich muss Frau Winterfeld den für alle verbindlichen Lehrplan einhalten, aber wenn sie auf ihrer Barrikade an dieser Fahne festhält, kommt es fast zwangsläufig zu weiteren Problemen. Ein passendes Konzept, wie sie die vielen Defizite in der 9.2 und die Anforderungen des Lehrplans unter einen pädagogischen Hut bringen soll, müsste erst erarbeitet werden. Es setzt voraus, dass die alten Unterrichtsvorbereitungen überarbeitet werden. Außerdem müsste ermittelt werden, was die Schüler eigentlich schon wissen beziehungsweise was sie können? Neu-Pädagogisch: Über welche Kompetenzen verfügen sie? Eine solche »Lerngruppenanalyse« wird in der Lehrerausbildung von jedem Referendar verlangt. Detailliert muss er Lernvoraussetzungen und Kompetenzstände seiner Schüler vor jedem Unterrichtsbesuch durch einen Seminarleiter in einem Entwurf ausweisen. Denn »pädagogisches Handeln in Bezug auf die lerngruppenbezogene Gestaltung von Unterrichtsprozessen und die individuelle Förderung baut auf den vorhandenen Ressourcen und Kompetenzen der Schülerinnen und Schüler auf«, erklärt Sabine Kliemann, die seit zehn Jahren in der Lehrerausbildung tätig ist.[9] Nur ausgehend von einer Lernausgangsanalyse lassen sich auch die didaktisch-methodischen Schlussfolgerungen für die Unterrichtsplanung ziehen.

Für Lehramtsstudenten ist das Diagnostizieren Bestandteil der Ausbildung. »Die Lerngruppenanalyse«, so schreibt die langjährige Lehrerin und Fachberaterin Alexandra von Plüskow auf einem Internet-Portal für Referendare den angehenden Lehrern ins pädagogische Stammbuch, »gehört zu den elementaren Kompetenzen, die Sie Ihr gesamtes Berufsleben begleiten werden«.[10] Aber wer macht diese Analyse noch als fertiger Lehrer? Schließlich sind wir doch Profis. Und außerdem fehlt es – ja, klar – an Zeit. Manchmal bemitleiden meine Kollegen unsere Referendare, wenn sie morgens übermüdet mit ihrem Unterrichtsentwurf am Kopierer stehen: »Das brauchst du später alles nicht mehr machen!« Ein fataler Irrtum.

Auch im Alltag wird ja nahezu alles vorher gecheckt. Wenn ein neuer Kühlschrank gekauft wird, prüfen wir die Angebote und das Preis-Leistungs-Verhältnis. Wenn man ein Hotel für den Sommerurlaub bucht, checkt man zunächst die Hotelbewertungen. Wenn sie unbekannte Schmerzen beunruhigen, verlassen sich die meisten auf die Diagnostik des Arztes und nicht auf den heimischen Medikamentenschrank. Auch bei Schülern sollten wir diagnostizieren – pädagogisch. Die Realität ist eine andere: Viele Lehrer kommen mit Unterrichtsvorbereitungen in die Klasse, die sie seit Jahren verwenden. Immer wieder berichten ehemalige Schüler, wie oft sie vergilbte und abgegriffene Folien abschreiben mussten. Aber jede Klasse ist anders. Und die Schülergeneration von heute ist nicht mehr mit der von vor zehn Jahren zu vergleichen.

Die gute Seele

Während Frau Winterfeld in der 9.2 einen Test schrieb, wurde ich von Frau Sonne zurück ins Sekretariat gebracht. Die Tür des Schulleiterzimmers war nur angelehnt. Er sprach mit einer Lehrerin. Lachend meinte die Schulsekretärin zu mir: »Nun war wieder einer schneller.« Ich blieb an der Tür neben dem großen Regal mit den vielen Lehrerfächern stehen. Beim Buchstaben R sah ich bereits ein Fach für mich. »Habe ich schon für Sie eingerichtet«, verkündete die Sekretärin stolz. »Ja, super. Danke!« Jetzt musterte sie mich genauer und wollte wissen: »Und Sie haben im Westen Lehrer studiert?« »Ist das im Jahr 2001 noch wichtig?«, fragte ich zurück. »Naja, war nur eine Frage.« Sie lachte laut auf. »Und fragen wird ja noch erlaubt sein.«

Der Schulleiter kam mit der Kollegin aus seinem Büro und gab mir freundlich die Hand. Dann stellte er mich der Sekretärin offiziell vor. »Das ist Frau Sonne, die gute Seele unserer Schule.« »Wir kennen uns schon«, meinte sie lachend, »und Seele? Ich bin eigentlich eher bodenständig.« »Ja, das sind Sie auch«, meinte der

Schulleiter trocken und dirigierte mich in sein Zimmer. Er bot mir einen Platz an seinem Konferenztisch an. »Die Einstellung in den Schuldienst kam für Sie wohl unerwartet?« »Ja, das stimmt. Als vor drei Wochen der Anruf kam, war ich schon ziemlich überrascht. Denn man hatte mir damals im Landesschulamt gesagt, es werde aufgrund meiner Fächerkombination bis zum Schuljahr 2015/16 dauern.« »Naja, es kommt immer anders, als man denkt. Das Landesschulamt hat längst die Übersicht verloren. Und die meisten, die dort auf der Warteliste stehen, sind entweder Karteileichen oder haben längst einen Job in der Wirtschaft gefunden. Und wer will dann noch wechseln?« »Ich wollte!«, meinte ich. »Diese Einstellung brauchen Sie bei uns. Denn wir existieren hier am nordöstlichsten Rande Berlins. Lichtenberg gehört nicht unbedingt zu den beliebtesten Stadtbezirken. Aber ...«, er lehnte sich in seinem Schulleitersessel zurück, »wir sind ein ganz besonderes Gymnasium.«

Es war die Überleitung für einen längeren Vortrag über das besondere Profil seiner Schule. Woher sollte er wissen, dass ich das schon alles auf der Homepage gelesen hatte. Mich interessierte natürlich viel mehr, welche Lerngruppen ich bekommen sollte. Endlich fischte er meinen Stundenplan aus einer Ablage und las mir die Klassen vor. Insgesamt sieben Lerngruppen. Ich atmete auf: Die 9.2 war nicht dabei. »Von wem erfahre ich, wo die Klassen im Stoff stehen?« »Das ist etwas kompliziert, weil der Herr John, den Sie ersetzen, sehr schwer erkrankt ist. Sie werden es ohnehin nicht leicht haben, denn Herr John war bei den Schülern sehr beliebt.« Dann reichte er mir einen weiteren Zettel mit dem Hinweis: »Am besten, Sie erkundigen sich bei den Vertretungslehrern. Ich habe Ihnen hier alle aufgeschrieben. Außerdem gibt es ja noch einen Lehrplan.«

Als ich sein Büro wieder verließ, sehnte ich mich das erste Mal seit drei Wochen in meinen Verlag zurück. Für einen Moment. »Ach, Herr Rauh«, rief mir der Schulleiter hinterher, »und sagen Sie Frau Sonne, sie möchte Ihnen alle notwendigen Schulschlüssel geben und Ihnen einen Schrank zuweisen.« »Habe ich gehört«, sagte die Sekretärin. Als ich vor ihr stand, griente sie mich an: »Schränke sind nur noch im Westflügel der Schule frei.« »Hauptsache frei«, entgegnete ich. Sie lachte wieder laut auf. »Ich sehe, wir werden uns prima verstehen«, sagte sie. Dann tippte sie auf ein vorbereitetes Formular, auf dem ich für die Schlüssel zu unterschreiben hatte, und übergab mir dann ein Schlüsselbund. »Na dann, herzlich willkommen in unserer Hütte.« Und sie lachte wieder.

Ich lief noch den halben Tag durchs Schulhaus, stellte mich überall vor und versuchte die Kollegen zu finden, die der Schulleiter mir aufgeschrieben hatte. Das Ergebnis der Umfrage war nicht besonders ergiebig: Entweder bekam ich nur knappe Antworten oder hörte mir an, wie viel ausgefallen sei und was alles gemacht werden müsse. Ein Lehrer, von dem ich eine 9. Klasse in Geschichte übernahm, riet mir, einfach mit etwas Aktuellem zu beginnen: »Machen Sie die Anschläge!« Der 11. September beherrschte noch immer die Nachrichten. Und seit sechs Wochen kämpften die NATO-Staaten in Afghanistan gegen die Taliban. Ich fühlte mich nicht vorbereitet und entschied mich lieber für Bismarck.

»Hatten wir nicht!«

Bis heute laufe ich bei einem Fachlehrerwechsel zu Beginn eines Schuljahres zu meinen Kollegen, um mich nach der »neuen« Klasse zu erkundigen. Und ich ernte nahezu die gleichen Antworten wie 2001. Wenn ich Glück habe, erfahre ich mehr als »Die sind ganz lieb« oder »Die sind pflegeleicht, aber ein wenig phlegmatisch«. Befriedigend ist das natürlich nicht. Denn es geht ja nicht nur um vorhandenes Wissen, sondern auch um Methoden, Sozialverhalten und Besonderheiten in der Lerngruppe. Also um wertvolle pädagogische Erfahrungen, die für den »Folgelehrer« Goldstaub sind. Auch umgekehrt sind die Kommunikationskanäle in dieser Frage dünn. Nur ganz selten hat ein Kollege das Bedürfnis, mit mir über die Klasse zu sprechen, die er von mir übernehmen soll. Um mich beispielsweise zu fragen, welche Texte ich in Deutsch behandelt habe oder wo genau ich in Geschichte stehen geblieben bin.

Am Anfang meiner Pädagogenlaufbahn wollte ich mit gutem Beispiel vorangehen und habe einer Kollegin, die von mir eine 7. Klasse in Geschichte übernehmen sollte, gebeichtet, dass ich das Thema »Reformation und Glaubenskriege« zwar angefangen, aber nicht zu Ende gebracht habe. »Weißt du, das ist mir so was von schnuppe«, reagierte sie grinsend. »In der 8. Klasse fange ich immer mit dem Absolutismus an.« Seitdem gehe ich auf keinen Kollegen mehr zu, sondern warte, bis ich angesprochen werde. Was auch keine Lösung ist.

Natürlich könnte man auch die Lerngruppe fragen und in der ersten Stunde so auch gleich mit den Schülern in einen Austausch treten. Das Ergebnis dieser Befragung ist jedoch meistens ernüchternd: Zweiunddreißig Schüler haben mindestens zehn unterschiedliche Erinnerungen daran, welche Themen wie unterrichtet wurden. Im Extremfall kommt es zu einem lautstarken Streit, der sich aufgrund einer Bemerkung entzündet, die in solchen Situationen am häufigsten fällt: »Hatten wir nicht!« Wenn der Lehrer dann irgendwann entnervt die Befragung abbricht, seine Unterrichtsvorbereitungen aus der Tasche zieht und beginnt, nach Lehrplan zu unterrichten, hat er auf der Beziehungsebene zwischen sich und der Lerngruppe bereits in der ersten Stunde einen Kardinalfehler begangen. Die Schüler werden ihr Unverständnis nicht aussprechen, aber sie denken: »Warum hat er uns eigentlich gefragt?« Grundstein für eine Barrikade.

Besonders problematisch wird es, wenn man in einer fremden Klasse nicht nur mehrere Stunden vertreten, sondern den Unterricht komplett übernehmen muss, weil der Fachlehrer länger ausfällt. Ein Lehrerwechsel mitten im Schuljahr ist für beide Seiten nicht erfreulich. Und keine gute Voraussetzung für ein entspanntes Verhältnis zwischen Vertretungslehrer und Schülern. Aber selbst in einer solchen ungünstigen Ausgangslage können aussagekräftige Informationen über die Klasse kleine Wunder bewirken. Ich musste im letzten Schuljahr kurzfristig den Geschichtsunterricht in einer 10. Klasse übernehmen, weil die Kollegin aufgrund eines Unfalls länger ausgefallen war. Wenn man nach dem ersten Schreck auch die notwendige Stundenplanumstellung verdaut hat, beginnt – zumindest für mich – die quälende Suche nach dem passenden Einstieg. Ich hatte Glück, weil die Kollegin mir telefonisch detailliert berichten konnte, welche Unterrichtseinheit sie gerade in der 10d durchführe, welche Methoden sie eingeführt, wer einen Vortrag übernommen hätte und mit welchem Geschichtsschulbuch sie arbeite. Es folgten Ratschläge, die keinem pädagogischen Vokabular entsprechen, aber auch nicht übersetzt werden müssen: »Halte die Zügel straff!« Und: »Die brauchen Futter!«

Droht ein neuer Kalter Krieg?

Die 10d hatte sich ausführlich mit den Kennzeichen des Kalten Krieges nach 1945 beschäftigt. Zuvor hatte die Geschichtslehrerin die Potsdamer Konferenz thematisiert und mit einer Pro-Contra-Debatte die Frage diskutiert, ob die Beschlüsse der Alliierten nach dem Zweiten Weltkrieg die Basis für die Entstehung des Kalten Krieges und die Teilung Deutschlands gewesen wären. Dabei seien die Schüler sehr diskutierfreudig gewesen. Das waren mehr Informationen, als ich erhofft hatte. Aber die Kollegin hatte sich auch bewusst die Zeit genommen und war daran interessiert, wie die Geschichte in der 10d weitergeht. Die Unterrichtsplanung für die ersten drei Stunden konnte also beginnen. Auch die Suche nach einem aktuellen Ereignis, das mit dem Lehrplanthema korrespondiert. Denn es ist bei mir zum Prinzip geworden, den Unterricht – soweit es passt und möglich ist – mit einem Aktualitätsbezug anzufangen oder im Verlauf des Unterrichts einen solchen herzustellen. Im Idealfall beginne ich mit einer Geschichte aus der Lebenswelt der Schüler. Das ruft Interesse hervor und erhöht langfristig auch die Motivation für die anderen Inhalte.

Wenige Tage vor meiner ersten Stunde in der 10d hatte sich der Ukraine-Konflikt dramatisch zugespitzt. Am 12. Februar 2015 hatte Kanzlerin Merkel mit dem französischen, dem ukrainischen und dem russischen Präsidenten in Minsk siebzehn Stunden um eine Lösung gerungen und dann ein neues Waffenstillstandsabkommen verkündet (Minsk II). Nachdem ich den Schülern kurz erklärte hatte, warum ich nun vor ihnen stünde, begann ich sofort mit dem Unterricht. Ich zeigte den Schülern die Karikatur einer deutschen Tageszeitung zur Ukraine-Krise: Putin lässt mittels Fernbedienung einen eisernen Vorhang zwischen Russland und der Ukraine herunter. Der Vorhang wirft einen Schatten auf die Krim. In einer Gedankenblase lässt der Zeichner Putin denken: »Wie gut, dass ich nie etwas wegwerfe ...« Das Beschreiben, Einordnen und Deuten der Karikatur – der übliche Dreischritt – funktionierten problemlos. Einige Schüler waren sogar überraschend detailliert über die Krise informiert. Dann der naheliegende Impuls: »Überlegt bitte, an welchen historischen Konflikt euch die Ukraine-Krise erinnert.« Nur zwei Antworten und einen methodischen Schritt weiter war die Problemfrage für die folgenden drei Unterrichtsstunden formuliert: »Die Ukraine-Krise – droht ein neuer Kalter Krieg?« Was wir für die Untersuchung dieser Frage benötigen, wollte ich dann wissen. Die geschichtliche Entwicklung seit dem Machtwechsel in Kiew. Und? Die Kennzeichen des Kalten Krieges. Perfekt!

Arbeitsteilig untersuchten die Schüler anschließend verschiedene Texte, um dann in einem dritten Schritt die Diskussion über die Problemfrage vorzubereiten. Zunächst sollten sie aufgrund ihrer bisherigen Erfahrungen vorschlagen, was an der Pro-Contra-Debatte noch verbessert werden könne. Dann wurden die Rollen verteilt: Moderatoren, Pro- und Contra-Seite sowie Beobachter. Die Rechnung ging auf: Engagiert debattierten die Schüler, ob uns ein neuer Kalter Krieg ins europäische Haus stehe. In der Auswertung meldete sich eine Schülerin zu Wort, die aus der Ukraine stammt. Sie sei bisher der Meinung gewesen, dass der Westen Putin nur mit Waffenlieferungen an die ukrainische Armee stoppen könne, weil er sonst neben der Krim auch die Ostukraine annektieren würde. Jetzt – nach der Debatte – sei sie aufgrund des »Blickes in die Geschichte« für weitere Versuche des Westens, die Krise diplomatisch zu lösen. Nach dem Unterricht fragten mich zwei Schüler, ob wir nicht auch künftig aktuelle politische Themen in den Unterricht aufnehmen könnten. Und scheinbar nebenbei war von Anfang an eine produktive Lernatmosphäre geschaffen.

Fachbücher statt Klassenbücher

Das Rezept ist zwar nicht neu, aber nach wie vor richtig: Die Schüler müssen da abgeholt werden, wo sie stehen. Oder fachpädagogischer formuliert: Die Lerngruppenanalyse ist *das* diagnostische Eingangsinstrument für die Unterrichtsplanung in einer neuen Lerngruppe. Dazu zählt zunächst die Ermittlung der allgemeinen Voraussetzungen, wie die Zusammensetzung der Klasse. Gibt es Wiederholer, neue Schüler – oder Integrationsschüler? Zur Analyse der Lerngruppe gehört darüber hinaus die Kompetenzentwicklung. Neben den fachlichen Kompetenzen sind dabei auch die prozessbezogenen, also die sozialen, personalen und methodischen Kompetenzen gemeint.

Es ist unsere Aufgabe, die Ausgangslage zu checken. Die Aufgabe der Lehrer! Und ja, neben der Bereitschaft müssen auch Zeit zur Verfügung gestellt und Rahmenbedingungen geschaffen werden, die vor Beginn eines Schuljahres einen gegenseitigen Austausch über die Lerngruppen ermöglichen. Das kann in den Fachbereichen organisiert werden.

Die Grundlage könnte ein »Fachbuch« der Klasse sein. Statt

eines Klassenbuches, in dem jeder Lehrer nur kurz das behandelte Thema einträgt und mit Unterschrift bestätigt, könnten in solchen Fachbüchern neben den konkreten Inhalten auch die eingeführten Methoden, die Tests und Klassenarbeiten, die Vortragsthemen sowie durchgeführte Projekte und Exkursionen festgehalten werden. Frau Winterfeld müsste nur nachschlagen, welche Englischlektionen in der 7. und 8. Klasse behandelt wurden und welche nicht. Welche Grammatikregeln geübt und welche Vokabeln eingeführt wurden. Sie wüsste genau, was sie voraussetzen kann und wo sie ansetzen muss. Die gute, alte Lerngruppenanalyse ist ein entscheidender Baustein zur Entwicklung einer Beziehungskultur zwischen Lerngruppe und Lehrer.

»Ihnen fehlt die nötige Autorität!«
Kooperieren ~~statt~~ und führen

Frau Valentin* ist Referendarin in meinem Fachseminar Geschichte. Und sie hat ein Problem. Dabei war ihr Start in die zweite, also die praktische Phase der Lehrerausbildung optimal verlaufen: Sie musste nach dem Master im Frühjahr 2014 nicht lange auf einen Referendariatsplatz warten und ihre Ausbildungsschule befindet sich in der Nähe ihrer Wohnung. Dort hospitiert sie bei Kollegen und erteilt erstmals selbstständig Unterricht. Außerdem besucht Frau Valentin drei Seminare. Ihr Fachseminar Geschichte tagt in Berlin-Mitte und ich bin ihr Ausbilder. Im Verlauf der achtzehnmonatigen Praxisausbildung muss sie ihre Unterrichtskompetenz gleich mehrmals unter Beweis stellen. In sogenannten Lehrproben zeigt sie, ob sie eine Unterrichtsstunde fach- und situationsgerecht planen und durchführen kann.

Bereits Tage vor einer Lehrprobe beginnen die meisten Referendare damit, den vorgeschriebenen Unterrichtsentwurf zu tippen – und gegen die schleichende Aufregung anzukämpfen. Um den Druck etwas abzumildern, haben sich die Entspannungsgermanisten in der Schulbehörde neue Begriffe für das alte Ritual überlegt: Neuerdings lädt der Referendar seinen Fachseminarleiter zu einem »Unterrichtsbesuch« ein. Der kontrolliert nicht den Unterricht, sondern »beobachtet« ihn. Anschließend findet neben einem Analysegespräch auch eine »Beratung« statt, in der dem Lehramtsanwärter »Hinweise« für seine künftige Unterrichtsarbeit gegeben werden. Für viele Ausbilder ist das neue Vokabular längst Praxis. Denn wie ich wissen viele aus eigener Erfahrung, dass diese Beratung für die Referendare ein unmittelbares – und häufig das einzige professionelle – Feedback auf ihre Unterrichtstätigkeit ist. Dabei geht es nicht nur um didaktisch-methodische Fragen, also ob die Stunde einen klaren Schwerpunkt hatte, der Einstieg funktional oder die Sozialformen geeignet waren, sondern auch um grundsätzliche Fragen des Lehrerberufs. Wie nun bei Frau Valentin.

Als ich sie nach vier Wochen fragte, wann sie mich denn zum ersten Unterrichtsbesuch einladen möchte, geriet die ansonsten selbstbewusst wirkende Referendarin ins Stottern. »Ich würde gern noch ein wenig warten.« »Auf was?«, wollte ich wissen. Sie zögerte wieder. Dann erklärte sie mir in einem verzweifelten Ton: »Das ist doch meine erste Lehrprobe bei Ihnen.« »Unterrichtsbesuch«, verbesserte ich. Sie sah mich etwas ratlos an. »Also, wenn Sie zu Besuch kommen, dann möchte ich auch, dass alles gut läuft. Der erste Eindruck zählt doch so viel.« »Ihr Ehrgeiz in Ehren, aber Sie sind noch in der Ausbildung. Niemand erwartet beim ersten Besuch einen perfekten Unterricht.« »Ja, das weiß ich natürlich«, antwortete Frau Valentin und wirkte plötzlich auch ganz blass, »aber ich kann Ihnen nicht mal durchschnittlichen Unterricht zeigen.« »Wie meinen Sie das?« »Die Klasse ist einfach zu unruhig.« Zögernd ergänzte sie: »Ich habe Disziplinprobleme.«

Tatsächlich im Krieg

Frau Valentin blickte zu Boden. Ihr war das alles sichtlich unangenehm. »Wie äußert sich diese Unruhe denn?« Sie erzählte, dass es in den ersten zwei Stunden in der Klasse still gewesen sei. Dann fingen die ersten Schüler an zu quatschen. Zunächst habe sie geglaubt, das sei vielleicht eine Ausnahme. Doch es wurde immer schlimmer: Bereits zu Stundenbeginn brauche sie einige Minuten, um sich allein für die Begrüßung Ruhe zu verschaffen. Die Ruhe würde dann aber nicht lange anhalten. Die Schüler unterhalten sich; manche rufen laut in den Raum. Und Ermahnungen verhallen wirkungslos. Ein Unterrichtsgespräch sei kaum möglich, das Ausfüllen eines Arbeitsblattes dauere bei einigen ungeachtet ständiger Interventionen viel zu lange. Regelmäßig schaffe sie ihren Stoff nicht. Plötzlich unterbrach sich die Referendarin selbst. Offenbar war sie über ihre eigene Situationsbeschreibung erschrocken. Sie sah traurig zur Wand, an der ein großes Plakat mit einem Veranstaltungshinweis hing: *111 Schritte zum professionellen Lehrer. Workshop mit Erfahrungsaustausch.*

Frau Valentin hat ihr Lehramtsstudium mit 1,3 abgeschlossen, kennt sich in der Geschichte bestens aus, hat an der Universität didaktische Prinzipien kennengelernt und bereichert mein Seminar mit methodischen Ideen. Aber was nutzt ihr das in ihrer 8. Klasse, die sie zum wöchentlichen Klassenkampf herausfordert und an ihren pädagogischen Fähigkeiten zweifeln lässt?

Im Studium, so berichtete sie, sei der Umgang mit Unterrichtsstörungen kein Thema gewesen. »Haben Sie denn schon mit Ihren Kollegen darüber gesprochen?«, fragte ich. »Ja, seitdem fühle ich mich auch etwas erleichtert. Aber weitergeholfen hat es mir nicht.« Die Referendarin berichtete, dass ihr ein Kollege geraten habe, mit den Schülern darüber zu sprechen und sie zu fragen, wie man die Situation verbessern könne. Eine andere Kollegin habe ihr dagegen empfohlen, knallhart durchzugreifen. Völlig verunsichert habe sie dann der Trost eines weiteren Lehrers: Es gäbe weitaus schlimmere Unterrichtsstörungen. Daher solle sie sich nicht durch Schwatzen und ein paar Zwischenrufe aus dem Konzept bringen lassen. Der Kollege berichtete Frau Valentin von seiner Zeit an einer sogenannten Brennpunktschule in Berlin-Wedding. Dort kamen viele Schüler ständig zu spät in den Unterricht, störten mit aggressiven Verbalattacken oder verweigerten sich gleich ganz. Er berichtete von Erfahrungen, die in keinem offiziellen Bildungsbericht vorkommen: Er wurde beleidigt und beschimpft, ignoriert und ausgelacht. Im Unterricht wurde gegessen und gesimst. »Fack ju Göthe« lässt grüßen. Manche Schüler hätten ihn mit ihren Smartphones »abgeschossen« und die Fotos bei Facebook gepostet. Der Kollege zählte der Referendarin auch seine Waffen auf: Tadel, Noten und Elternbriefe. Er sah sich tatsächlich im Krieg. Und Frau Valentin wusste nicht, was sie nun tun sollte: hart durchgreifen, mit den Schülern reden oder sich damit beruhigen, es könnte ja alles noch viel schlimmer sein.

»Und der Klassenlehrer?«, fragte ich. »Er meint, bei ihm sei die Klasse ruhig. Und dann sagte er, es fehle mir einfach an Autorität.« Deprimiert resümierte Frau Valentin: »Offenbar bin ich für diesen Beruf ungeeignet.« »Quatsch!«, rutschte es mir heraus. Dann schlug ich ihr vor, den Unterrichtsbesuch dennoch in der 8. Klasse durchzuführen und anschließend den Beratungsschwerpunkt auf den Umgang mit Unterrichtsstörungen zu legen. Sie willigte ein.

Eine Woche später saß ich in Frau Valentins Ausbildungsschule, eine Sekundarschule mit gymnasialer Oberstufe im Nordwesten Berlins. In ihrer 8. Klasse sind »nur« fünfundzwanzig Schüler. Die Klassenfrequenz ist an den Sekundarschulen im Gegensatz zum Gymnasium vom Berliner Senat gedeckelt worden. So hatte ich in der letzten Reihe eine ganze Beobachtungsbank für mich. Frau Valentin war schon zu Beginn der Stunde sichtlich nervös. Völlig entspannt wirkten dagegen die Schüler. Sie antworteten auf die zaghafte Begrüßung ihrer Lehrerin mit einem erfreuten »Guten Morgen, Frau Valentin«. Abgesehen von einigem Getuschel während der Ergebnispräsentation und einem verirrten Handyklingeln verlief die Stunde störungsfrei. Die Schüler ließen sich auf den Unterrichtsstoff ein und arbeiteten engagiert mit. Frau Valentin war fünf Minuten früher fertig. Es war genau die Zeit, die sie immer schon für die Disziplinierung einplant. Nach der Stunde sah ich sie fragend an. Sie war nun noch ratloser. Die Referendarin schien ihre Schulwelt nicht mehr zu verstehen.

Pädagogisches Greenhorn
Ich kenne dieses Phänomen aus meiner eigenen Anfängerzeit. Und das Problem mit der Autorität sowieso. Nachdem ich ein halbes Jahr an meinem ersten Lichtenberger Gymnasium unterrichtet hatte, bekam ich zu Beginn des neuen Schuljahres, im September 2002, erstmals eine eigene Klasse. Die Devise meines Schulleiters war unmissverständlich: »Ob Sie ein guter Lehrer sind, beweist sich erst nach der Übernahme einer 7. Klasse.« In Berlin beginnen alle weiterführenden Oberschulen nach der 6. Jahrgangsstufe. Unsere Schulsekretärin Frau Sonne kommentierte: »Alle Frischlinge übernehmen bei uns erst einmal eine 7. Klasse.« Sie reichte mir den dicken Klassenleiterordner und fügte lachend hinzu: »Die Frischen zu den Frischen!« »Ich bin ein Frischling?« »Herrje, legen Sie meine Worte nicht immer auf die Goldwaage. Ich hätte auch pädagogisches Greenhorn sagen können.« War auch nicht besser. Ich antwortete nicht. »Ich mache doch nur Spaß. Sonst versauern wir hier doch«, meinte Frau Sonne und lachte wieder. Ich ging zur Tür. Und wie immer hielt sie mich noch einmal mit einer Bemerkung zurück: »Ach, Herr Rauh, haben Sie ein Auge auf Ihre Stellvertreterin!« »Warum das denn?« »Ich sage nichts weiter«, antwortete sie und griff schnell zum Telefonhörer. Ich maß dieser Bemerkung der Schulsekretärin damals keine Bedeutung bei. Erstens kannte ich die Kollegin nicht und zweitens wollte ich meinen Blick auf die Schüler konzentrieren.

»Es fehlt ja nur noch der Rohrstock!«

Endlich Klassenlehrer! Freudig begrüßte ich zu Beginn des neuen Schuljahres 2002 meine neue Klasse 7.2. Im Vergleich zu meiner Lehrgangsleitung in der DEKRA Akademie saßen nun keine vierundzwanzig Erwachsenen vor mir, die die Schule oder die Ausbildung abgebrochen hatten, sondern zweiunddreißig richtige Kinder, die irgendwie glücklich schienen, es ans Gymnasium geschafft zu haben. Oder wenigstens zufrieden, weil ihre Eltern glücklich waren. Während sie mich erwartungsvoll ansahen, hatte ich Mühe, meine Aufregung zu verbergen. Ich begann mit einem Vortrag über die Schule, über die Fächer, über die gymnasialen Anforderungen und das Probehalbjahr. Nach damaliger Rechtsprechung mussten die Schüler in der 7. Klasse zunächst ein Probehalbjahr bestehen. Wir würden das alles gemeinsam entspannt angehen.

Als ich nach dreißig Minuten auch über den respektvollen Umgang in der Klassengemeinschaft referierte, begann der Erste zu gähnen. In der zweiten Stunde sollten die Schüler Fragen stellen. Diese waren von anderen Interessen geleitet: Ob man auf dem Schulhof Fußball spielen könne und wann wir die erste Klassenfahrt machen würden. Sie fragten *wann* – und nicht *ob*. Natürlich fahren wir weg, beteuerte ich. Und weil Fußballspielen auf dem Schulhof verboten ist, kickte ich mit ihnen beim ersten Wandertag im Park. Nach der zweiten Woche kritzelte einer an die Tafel: *Unser Klassenlehrer ist cool.* Wer liest das nicht gern? Es lief also richtig gut an.

Nach drei Wochen registrierte ich allerdings zunehmende Unruhe in meinem Unterricht. Ich nahm es zunächst nicht ernst und versuchte es sogar zu ignorieren. Die latente Unruhe wurde jedoch zum Dauerzustand. Ständig quatschte jemand oder rief – ohne sich zu melden – in den Raum. Ermahnungen verpufften. Ich reagierte immer gereizter auf den ständigen Geräuschpegel. Dann begann ich mit dem Probehalbjahr zu drohen, was pädagogisch völlig daneben war – und auch nichts bewirkte. Nach jeder Stunde in der 7.2 ließ ich mich erschöpft auf den Lehrerstuhl fallen. Um mich kreiste ein Grünschnabel und zwitscherte immer wieder: »Greenhorn«. Anstatt mich mit anderen Kollegen zu beraten oder das Gespräch mit der stellvertretenden Klassenlehrerin zu suchen, überschüttete ich mich mit Selbstzweifeln. Die wurden noch bestärkt durch eine Bemerkung der Biologielehrerin Frau Lenk. Am Kopierer raunte sie mir zu: »Bringen Sie endlich mal Ordnung in Ihren Haufen!«

Im Oktober rief der Elternsprecher an. Er wolle mit mir über die Situation in der Klasse reden. Es ging aber nicht um mich, sondern um den Französischunterricht meiner stellvertretenden Klassenlehrerin. Erleichtert atmete ich auf. Es war eine trügerische Atempause. Der Elternsprecher berichtete, dass die Lehrerin einigen Schülern Tadel gegeben habe. Das sei völlig ungerecht. Denn *sie* sei das Problem, weil sie keinen guten Unterricht mache. Sie würde die Kinder anbrüllen und seit Kurzem zur Strafe auch in die Ecke stellen. Es fehle ja nur noch der Rohrstock, empörte sich der Vater. Wenn sich das nicht ändere, gehe er zum Schulleiter. Ich sicherte ihm zu, mit der Kollegin zu sprechen. Und ärgerte mich natürlich, dass ich davon nichts mitbekommen hatte. Mein Gespräch mit der stellvertretenden Klassenlehrerin endete ergebnislos. Sie bestritt alles. Stattdessen beklagte sie, die Kinder seien einfach nicht erzogen. Daraufhin redete ich mit den beiden Schülersprechern. Sie bestätigten das strafende Verhalten der Kollegin. Es stand also Aussage gegen Aussage.

Ich informierte den Schulleiter, und er berief eine Klassenkonferenz ein. Auch der Elternsprecher war eingeladen. Erneut bestritt die Französischlehrerin alle Vorwürfe und fragte provokativ in die Runde, wem man hier mehr glaube: halbwüchsigen, unerzogenen Gören oder der langjährigen Pädagogin? Dann drehte sie den Spieß um. In der Lerngruppe sei es so unruhig, weil der Klassenlehrer alles durchgehen lasse. Ich sah sie erstaunt an: »Alles durchgehen?« Bevor ich mich weiter äußern konnte, meldete sich die Musiklehrerin zu Wort und berichtete von der

Disziplinlosigkeit in der Klasse. Ihre Einschätzung ließ einen Damm brechen. Der Höhepunkt war die Wortmeldung von Frau Lenk: »Offenbar lernt man an der Universität heute nicht mehr, dass man als Lehrer die Schüler auch erzieht. Den Schülern wurden von Anfang an zu viele Freiheiten gewährt.« Ihr vorwurfsvoller Blick ging in meine Richtung. Es bedurfte keiner weiteren Verbalisierung des Verursachers.

Der Schulleiter erklärte daraufhin, dass er vorerst keine konkreten Maßnahmen ergreifen, sondern sich zunächst selbst ein Bild von der Klasse verschaffen werde. Vor allen Kollegen kündigte er an, in meinem Unterricht noch vor den Herbstferien hospitieren zu wollen. Das Problem war nun ich. Und ich dachte: zu Recht. Ich war der Klassenlehrer – und ich hatte wohl einiges falsch gemacht. Aber niemand sagte mir, was ich ändern sollte. Ich fragte auch nicht. Und vertröstete mich mit der anstehenden Hospitation. Die ließ jedoch auf sich warten. Und von Tag zu Tag wurde ich unsicherer.

»Ihre Schonfrist ist abgelaufen«

Diese Unsicherheit spürten auch die Schüler einer 11. Klasse, die ich parallel in Deutsch unterrichtete. Es war meine erste Lerngruppe in der damals noch dreijährigen Oberstufe (G9). Die Klasse hatte in der Schule keinen guten Ruf. Sie galt als schwierig und unberechenbar. Ich hatte zunächst einen positiven Eindruck von den Schülern und vermutete, die Kollegen würden mit ihrer Einschätzung vielleicht übertreiben. Motiviert und ambitioniert startete ich mit einem der berühmtesten Dramen der Weltliteratur: Goethes *Faust*. Ich hatte das Gefühl, auch das Interesse der Schüler geweckt zu haben. Wir untersuchten Fausts Ausgangslage, charakterisierten Mephisto und diskutierten über Gretchens Tragödie. Zwischendurch rezitierte Jannis* den Osterspaziergang so beeindruckend, dass in der Klasse spontan applaudiert wurde.

Aber es blieb nicht so entspannt. Wie in meiner 7. Klasse begannen die Unterrichtsstörungen schleichend. Erst leises Quatschen in den hinteren Ecken. Dann permanente Unruhe in allen Reihen. Kaum einer machte mehr Hausaufgaben, weil ich am Anfang bei einigen Schülern aufgrund einer Chorprobe einmal Verständnis signalisiert hatte. Stattdessen musste ich einige Schüler ermahnen, weil sie in meinem Unterricht Hausaufgaben für andere Fächer erledigten. Anstatt gegenzusteuern schob ich das Verhalten mal auf den Klausurenstress, mal auf die siebte Stunde, mal auf Goethe. Aus der Unruhe entwickelte sich eine Abwehrhaltung, die in Regelverstöße mündete: Meine Anweisungen wurden zunehmend einfach ignoriert. Als Hauptstörenfriede entpuppten sich Miriam und Philipp. Während Miriam sich mit ihren Freundinnen im Unterricht lautstark über Privates unterhielt und zwischendurch immer laut auflachte, provozierte Philipp mit Bemerkungen und genoss unter dem Gelächter seiner Clique grinsend meine Machtlosigkeit. Anfangs waren mir ausgerechnet die beiden aufgrund ihrer offenen und ehrlichen Art sogar sympathisch. Jetzt hätte ich sie am liebsten … Aber ich war gar nicht mehr Herr des Verfahrens.

In der letzten Woche vor den Ferien spitzte sich die Situation noch einmal zu. Es war der Tag vor der Hospitation des Schulleiters in meiner 7. Klasse. Mitten in der Dramenszene *Walpurgisnacht* erreichte der Konflikt seinen Höhepunkt. Philipp kam zu spät in den Unterricht. Er setzte sich ohne eine Entschuldigung hin und quatschte gleich mit seinem Nachbarn. Als ich eine Erklärung verlangte, antwortete er genervt: »Jede Woche kommt hier einer zu spät. Warum muss ausgerechnet ich das jetzt erklären? Voll unfair.« Ich ließ das so stehen, denn er hatte recht. Und ärgerte mich – über mich selbst. Dann stand sein Nachbar auf und ging zur Tür. »Wo wollen Sie hin?« »Aufs Klo«, antwortete er und verließ einfach den Raum. Dann rief ein anderer: »Kann man Deutsch eigentlich auch abwählen?« Ausgiebig amüsierten sich einige. Irgendwann fragte ich etwas hilflos in die Klasse, was denn eigentlich los sei. Miriam antwortete lachend:»Nichts. Ihre Schonfrist ist einfach abgelaufen.«

Ich war so baff, dass ich nicht reagieren konnte. Am Ende der Stunde erfuhr ich, was das konkret bedeutete: Anders als in meiner 7. Klasse glitten mir hier die Zügel völlig aus den Händen. Niemand reagierte mehr auf meine Fragen. Stattdessen begann Philipp mit der flachen Hand auf den Tisch zu schlagen und die Zeit rückwärts zu zählen. Einige schlossen sich an. Der Rest beobachtete erwartungsvoll, ob ich mich zur Wehr setzen würde. Aber ich war wie gelähmt und meinte nur resignierend:»So kann ich nicht weiter unterrichten.« »Brauchen Sie auch nicht. Es klingelt ja gleich«, rief Miriam lachend nach vorn. Während das Tischklopfen aufhörte und die ersten ihre Sachen einpackten, rezitierte Jannis laut in die Klasse:

Habe nun, ach! Germanistik und Geschichte,
Und leider auch Pädagogik
Durchaus studiert, mit heißem Bemühn.
Da steh ich nun, ich armer Tor,
Und bin so klug als wie zuvor!

Die erlösende Schulklingel übertönte das Gelächter. Es folgte eine der schlimmsten Nächte meines Lehrerdaseins. Ich träumte, wie ich aufgrund von Unfähigkeit aus dem Schuldienst entlassen werde. Der Schulleiter attestierte mir:»Sie haben sich leider nicht bewährt. Weder in einer 7. noch in einer 11. Klasse können Sie sich durchsetzen.« Der Schulrat unterschrieb die Entlassungsurkunde mit der Bemerkung:»Wie soll ein solches Greenhorn jemals Abitur abnehmen?«

Mit Augenringen und Aspirin schleppte ich mich am nächsten Morgen zur Schule. Meiner 7. Klasse hatte ich am Tag zuvor nur kurz mitgeteilt, dass der Schulleiter sich heute meinen Unterricht ansehen möchte. Bewusst sagte ich nicht, dass es auch um ihr Verhalten in meinem Unterricht ging. Als ich in den Klassenraum kam, hatten meine Schüler ihm schon einen Stuhl bereitgestellt. Irgendein Mädchen fragte mich etwas, aber ich ließ sie einfach stehen und lief schnurstracks zum Lehrertisch. Meine Sinne schienen ausgeschaltet. Wenn die Schüler plötzlich nicht wie auf Kommando verstummt wären, hätte ich die Schulklingel nicht wahrgenommen. Ich begrüßte sie zögernd und mir schallte es erfreut entgegen: »Guten Morgen, Herr Rauh.« Wir krönten Karl den Großen zum Kaiser und diskutierten die Frage, ob man ihn als Vater Europas bezeichnen könne. Niemand quatschte, niemand rief dazwischen. Ungläubig ließ ich immer wieder meinen Blick durch die Reihen schweifen. Meine Schüler schienen über Nacht wie ausgewechselt. Auch der Schulleiter wurde sein fragendes Gesicht nicht mehr los. Es war wie zu Schuljahresbeginn, als ich die 7. Klasse neu übernommen hatte. Und wie bei Frau Valentin. Nach der Stunde meinte der Schulleiter nur: »Sie haben doch alles im Griff. Sie reden nur zu viel. Aber das ist ein typischer Anfängerfehler.« Im Rausgehen meinte er: »Nach den Ferien sehen wir weiter.«

Diagnose Dr. Janisch

Nach dem Unterricht traf ich im Lehrerzimmer Frau Dr. Janisch. Die Kollegin unterrichtet meine Fächer. Schon seit über dreißig Jahren. Aufgrund ihrer Erfahrung und ihrer Kompetenz galt sie im Kollegium als Instanz. Beliebt war sie auch bei den Schülern. Nie hörte ich von ihr ein klagendes Wort über unseren Beruf. Und Unterrichtsstörung war für sie offenbar ein pädagogisches Fremdwort. Sie musterte mich durch ihre große Brille: »Kaffee?«

Frau Janisch ging zum Tresen und setzte Wasser auf. Inzwischen begann ich zu erzählen. Sie musste gar nicht fragen. Sie hörte einfach nur zu. Als ich fertig war, goss sie uns Kaffee ein und reichte mir einen Löffel. »Nein, danke. Keinen Zucker«, meinte ich. »Der Löffel ist zum Rühren. Dann ist der Kaffee nicht so heiß«, erklärte sie. Es war ein bisschen wie bei Muttern. Sie sah mich ernst an und fragte: »Und Sie meinen, die Schüler waren nur ruhig, weil der Schulleiter hinten saß?« »Ja, klar. Und so hat er einen völlig falschen Eindruck bekommen.« »Im Prinzip nicht.« »Wie meinen Sie das?« Sie antwortete, meine Erklärung greife zu kurz. Die Schüler wären vor allem deshalb so diszipliniert, weil sie vor dem Schulleiter als Klasse einen guten Eindruck machen wollten. Sie hätten den Klassenlehrer nicht auflaufen lassen, sondern sich instinktiv mit ihm solidarisiert. Sie vermutete, dass die Schüler sich nicht einmal untereinander abgesprochen hatten. Damit könne man, so ihre Diagnose, schon mal eine Ursache für die Unterrichtsstörungen ausschließen: Es fehlt offenbar beiden Seiten nicht an gegenseitiger Wertschätzung. Sonst hätten die Schüler auch bei Anwesenheit des Schulleiters gestört.

»Und wir können eine zweite Ursache ausschließen: Ihr Unterricht ist nicht langweilig«, fuhr sie fort und lächelte. »Ich bitte Sie, Frau Dr. Janisch. Woher wollen Sie das denn wissen?« »Also das Dr. lassen wir mal weg«, sagte sie und stand auf, um neuen Kaffee zu holen. Ich sprang auf: »Das mache ich, bitte.« Sie nahm wieder Platz und setzte ihre Diagnose fort: »Woher ich das weiß? Sie werden es nicht glauben, aber die Schüler haben es mir erzählt. Nehmen Sie es einfach an!« Ich schenkte uns Kaffee nach und war gespannt, wie groß jetzt noch der Ursachenherd war. Frau Janisch holte nicht groß aus: »Bei Störungen muss der Lehrer die Fähigkeit besitzen, unmissverständlich klare Grenzen zu setzen. Und diese auch einzuhalten.« »Manche Lehrer brauchen keine Grenzen zu ziehen«, entgegnete ich. »Ja, weil sie eine natürliche Autorität besitzen«, sagte sie. Dem konnte ich natürlich nur zustimmen, weil jeder solche Menschen kennt. Sie betreten einen Raum oder eine Bühne und strahlen per se Autorität aus. Im Klassenzimmer brauchen solche Autoritäten häufig nur einmal kurz die Stimme zu heben oder einen scharfen Blick aufzusetzen. Und schon ist Ruhe.

Ich rührte wieder in der Tasse. »Und was ist, wenn man diese natürliche Autorität nicht besitzt?«, fragte ich, schon wieder verzweifelt. »Dann muss man sie sich erarbeiten«, antwortete sie und sah zum Fenster hinaus. Auf der riesigen Birke vor dem Schulgebäude zwitscherte lautstark eine Amsel. Sie lachte: »Ja, von dieser Erarbeitung könnte ich ein Lied singen.« Für einen Moment lauschten wir der Amsel und dem Rauschen der Birke. Dann setzte Frau Janisch noch einmal an: »Wie viele Klassen unterrichten Sie?« Ich zählte im Kopf nach und kam auf neun Lerngruppen in Deutsch und Geschichte. »Offenbar läuft es in sieben Klassen problemlos.« »Naja, in einer 8. Klasse gibt es auch Probleme. Sie sind nur nicht so massiv.« »Es bleibt aber eine gute Quote für den Anfang«, meinte sie und strahlte mich an. So muss wohl Supervision laufen.

Frau Janisch ist heute längst in Pension, wir sind befreundet und duzen uns inzwischen. Sie könne sich an dieses Gespräch nicht mehr genau erinnern. Zu oft hätten wir am Fenster vor der Birke gesessen, Kaffee getrunken und geredet, nachdem die anderen Kollegen längst zu Hause waren. Aber ich kann ihre Aussagen inzwischen aus meiner eigenen langjährigen Erfahrung bestätigen. Und ich komme zu einem altbekannten Schluss: Ohne Autorität geht es nicht. Sie ist eine weitere, entscheidende Voraussetzung für die Entwicklung einer Beziehungskultur zwischen Lehrenden und Lernenden.

Erarbeitete Autorität

Viele Lehrer gehen davon aus, dass sie durchaus natürliche Autorität besitzen, auch wenn sie sie nicht ausstrahlen. Diese Autorität resultiert aus ihrem gesellschaftlichen und individuellen Rollenverständnis. Denn ihren Schülern haben sie fast alles voraus: Sie sind – natürlich – älter, haben studiert und Examen oder Master in der Tasche. Manche beeindrucken ihre Klassen regelmäßig mit vermeintlichen Lebenserfahrungen. Oder mit Allgemeinwissen – und berichten stolz, ihre Schüler hätten ihnen geraten, sich bei »Wer wird Millionär« zu bewerben. Einige verstehen sich tatsächlich auch als Amtsperson. Sie nutzen diese Autorität, um Macht auszuüben und Schüler für ihre Interessen zu manipulieren. Konflikte mit Schülern sind für sie Machtkämpfe, die sie um jeden Preis für sich entscheiden wollen. Das Spektrum der Mittel ist breit gefächert: Es reicht von Tests und Elternbriefen über Tadel und Verweise bis hin zu Einschüchterungen und Anbrüllen. An Möglichkeiten, Schüler zurechtzuweisen oder zu bestrafen, mangelt es im Schulalltag nicht. Täglich kommt es zu Verstößen gegen die Hausordnung oder andere Regelkataloge. Schüler sind schließlich keine Roboter. Zum Glück! Und wir Lehrer können von Glück reden, dass ihnen unsere vielen Regelverstöße nicht bekannt sind. Die Amtsautorität löst sich in Luft auf, wenn die Schüler die Schule verlassen. Es gibt immer wieder Lehrer, die sich verwundert bis empört zeigen, wenn einige Schüler beim Abiturball plötzlich erhobenen Hauptes und im Anzug oder im prachtvollen Kleid grußlos an ihnen vorbeischreiten.

Diese rollenabhängige Autorität funktioniert heute nicht mehr. Und sie passt auch nicht zum modernen Erziehungs- und Bildungsauftrag der Schule. In den Schulgesetzen aller Bundesländer findet sich der Anspruch, Kinder und Jugendliche in der Schule zu selbstständig und verantwortungsbewusst handelnden und denkenden Persönlichkeiten zu erziehen. Auch die Erziehungswissenschaft ist in Sachen Autorität schon ein paar Jahrzehnte weiter. Seit den ersten Veröffentlichungen der US-amerikanischen Entwicklungspsychologin Diana Baumrind in den 1960er-Jahren unterscheidet man grob zwischen drei Erziehungsstilen, die sich auch auf die Schule übertragen lassen: der autoritäre (der Lehrer bestimmt und die Schüler parieren), der permissive (der Lehrer lässt die Schüler gewähren und setzt keine Grenzen) und der autoritative (der Lehrer hat zwar das Sagen, aber die Beziehung ist durch gegenseitigen Respekt gekennzeichnet). Welchen Erziehungsstil ich in meinen beiden

Problemklassen praktiziert habe, muss ja nicht weiter erläutert werden.

Die Erziehungswissenschaftler empfehlen den autoritativen Erziehungsstil. Er zeichnet sich neben gegenseitiger Achtung durch emotionale Wärme und Kommunikationsbereitschaft gegenüber Kindern und Jugendlichen aus. Das hat nichts mit »Kuschelpädagogik« zu tun. Baumrinds Untersuchungen zeigen, dass der autoritative Stil nicht nur die kommunikative und soziale Kompetenz der Heranwachsenden, sondern auch das Bedürfnis nach Selbstständigkeit und Selbstentfaltung fördert.[11] Thomas Klaffke, langjähriger Lehrer und Schulleiter, plädiert in seinen Veröffentlichungen für selbstverantwortetes Lernen und erklärt, dass der autoritative Stil in mancherlei Hinsicht das aufgreife, »was in der partnerschaftlichen Erziehung wertvoll ist: Empathie, Emotionalität, offene Kommunikation und vor allem der Grundgedanke der Gleichwürdigkeit der Generationen. Die Integrität der Heranwachsenden zu stärken, ist ein wesentliches Ziel, und dies erreichen Lehrer besser, wenn sie selbst integer und authentisch handeln.«[12] Diesem Autoritätsverständnis liegt die alte Weisheit zugrunde: Man lebt (vor), was man sagt. Die Schüler erhalten Verlässlichkeit und entwickeln Vertrauen. Das braucht jedoch Zeit.

Hat ein Lehrer Autoritätsprobleme, muss er sie auf der Beziehungsebene lösen. In diesem Prozess, so der dänische Familientherapeut Jesper Juul, müsse »die alte rollenbedingte Autorität durch eine neue persönliche Autorität« ersetzt werden. Der Aufbau einer solchen persönlichen Autorität sei »eine immense Herausforderung«.[13] Nach meiner Erfahrung basiert diese erarbeitete Autorität auf drei Säulen: Die erste besteht aus der Beziehungskompetenz, wozu Authentizität, Respekt, emotionale Zuwendung und Kooperation mit den Schülern zählt. Die zweite Säule bildet die Führungskompetenz, die eine klare Erwartungshaltung, die erwähnten Grenzen sowie die kompromisslose Kontrolle über deren Einhaltung beinhaltet. Und die dritte Säule ist hier noch gar nicht angesprochen worden: Es ist die Unterrichtskompetenz, wozu nicht nur das Fachwissen gehört, sondern auch die Fähigkeit, es den Schülern verständlich, strukturiert und transparent zu vermitteln. Mir fehlte Führungskompetenz. Frau Janisch meinte damals, dass ich nun versuchen müsse, künftig die Balance hinzubekommen, die Schüler weiterhin respektvoll zu behandeln und ihnen gleichzeitig Grenzen zu setzen.

Klare Botschaften
Nach den Herbstferien begann ich mich dieser Herausforderung zu stellen. Es glich einem pädagogischen Neustart. In der 7.2 legte ich einen Regelkatalog vor, den ich von allen Schülern unterschreiben ließ. Die Verhaltensrichtlinien reichten von *Ich höre anderen zu und lasse sie ausreden* bis *Ich bespreche private Angelegenheiten in der Pause*. Heute würde ich die Regeln zusammen mit den Schülern erstellen und weiß inzwischen auch, dass sie kurz, verständlich, verbindlich und vor allem durchsetzbar sein müssen. Als Seminarleiter komme ich in viele Schulen und sehe inzwischen überall Regelplakate in den Klassenzimmern hängen. Häufig fehlt jedoch der Katalog mit Maßnahmen, die wirksam werden, wenn die Regeln nicht eingehalten werden. Meine vorgegebenen Maßnahmen reichten von Verwarnung, Umsetzen und zusätzlichen Hausaufgaben bis zur Benachrichtigung der Eltern. Erstaunlicherweise musste ich in den folgenden Wochen nur bis zur zweiten Stufe gehen. Häufig reichte die Verwarnung: »Willst du jetzt weiter quatschen oder umgesetzt werden?« Sie musste schnell und zügig erfolgen. Zu meiner Überraschung: Es funktionierte. Und ich wurde sogar von meiner stellvertretenden Klassenlehrerin bei der Durchsetzung der Regeln unterstützt. Ich hörte auch nichts mehr davon, dass sie Schüler in die Ecke stellte und wahllos Tadel verteilte. Die Biologielehrerin Frau Lenk kommentierte am Kopierer nur: »Es wurde Zeit.« Mehr Anerkennung war von ihr wohl nicht zu erwarten.

Komplizierter wurde mein Neustart in der 11. Klasse. Frau Janisch schlug mir vor, zunächst die Schüler zu befragen, was sie gut am Deutschunterricht finden und was sie gern ändern würden. Heute fasst man das unter dem Begriff Evaluation zusammen. Es existieren inzwischen seitenlange Listen mit Fragen, denen ein ausgetüfteltes System zugrunde liegt. Sie meinte, es würde reichen, mich auf diese beiden Fragen zu beschränken. Die Schüler würden von ganz allein das Hauptproblem benennen. So war es auch. Meinen Unterricht fanden sie interessant und abwechslungsreich. Mich zu nett. Viele notierten, dass sie genervt von der Unruhe seien. Ich müsse mich durchsetzen. Klare Botschaften. Ich habe sie mit den Schülern zusammen ausgewertet und erklärt, dass ich meinen Teil dazu beitragen werde. Dann fragte ich, was denn ihre Beiträge wären. Die Antworten spiegelten im Prinzip die bekannten Verhaltensregeln wider. Einen Katalog aufzuschreiben, war nicht nötig.

Mit Miriam und Philipp führte ich Einzelgespräche. Sie verstanden nicht ganz, warum ich sie als Hauptstörer identifiziert hatte. Miriam meinte jedoch, sie werde sich zusammenreißen, weil sie partout nicht umgesetzt werden wollte. Und Philipp erklärte, er strebe eigentlich eine Zwei in Deutsch an. Mein Unterricht motiviere ihn auch, mehr mitzuarbeiten als sonst. Ich bot beiden an, mit mir eine Stunde gemeinsam zu unterrichten. Während Miriam ablehnte, sagte Philipp zu. Beim Vorbereitungsgespräch fiel es ihm schwer, nicht den Coolen zu mimen und Absprachen über das Vorgehen zu treffen. Das zeigte sich auch in der Durchführung der Stunde. Wir wollten eine Kurzgeschichte interpretieren und hatten uns überlegt, sie am Anfang vorzutragen. Nach der Begrüßung und der Vorstellung des Themas begann Philipp zu lesen. Ich unterbrach ihn: »Philipp, ich sollte doch beginnen.« »Hä?«, kam es zurück. »Egal, dann lesen Sie als Zweites«, erklärte er. »Nein, wir hatten abgesprochen, dass ich beginne«, beharrte ich. Wir sahen uns an und die Klasse hielt für einen Moment den Atem an. Er ließ den Zettel mit dem Text sinken und meinte: »Okay, dann fangen Sie an.« Nach der Stunde erklärte er mir, es war mal gut, fünfundvierzig Minuten vorn zu stehen. Aber er werde niemals Lehrer. Am Ende der 11. Klasse stand auf Philipps Zeugnis tatsächlich eine Zwei in Deutsch. Aber die Geschichte ist damit noch nicht zu Ende.

Späte Rache
Zunächst aber zurück zu Frau Valentin, mit der ich redete, wie Frau Janisch damals mit mir. Es war ein Beratungsgespräch XXL. Ich erzählte von meinen Erfahrungen und empfahl ihr, Klassenregeln *und* Maßnahmen für deren Nichteinhaltung aufzustellen. Beides solle sie am besten mit dem Klassenlehrer absprechen, weil die Sanktionen auch von der Schulordnung abgedeckt sein müssen. Und ich verwies auf die vielen, durchaus praktischen Ratgeber, die in den vergangenen Jahren zum Thema Unterrichtsstörungen erschienen sind und neuerdings verstärkt den Begriff *Classroom Management* verwenden. Dieser Begriff kommt aus den USA und fand im Deutschen noch keine entsprechende Übertragung. Vielleicht scheut man sich auch vor der naheliegendsten Übersetzung: *Klassenführung*.

Im Prinzip geht es um Strategien von Lehrkräften im Umgang mit Unterrichtssituationen, wozu nicht nur Störungen, sondern auch deren Vorbeugung gehören. So ist der Schulpsychologe Walter Kowalczyk der Auffassung, dass sich Unterrichtsstörungen am wirkungsvollsten durch Prävention vermeiden lassen. Viele Lehrer würden erst im Nachhinein auf Störungen reagieren. Neben Regeln und einer Feedback-Kultur wäre auch professionelles Lehrerverhalten nötig: Das bedeute, »die Unterrichtssituation aktiv zu gestalten und die Klassengemeinschaft zu stärken«. Und er rät, sich frühzeitig Unterstützung zu suchen: im Kollegium oder beim Schulpsychologen. »Und das heißt nicht, dass ein Lehrer sich als Versager outet, sondern dass er weiß, es ist in der Regel erfolgreicher, wenn vier Augen auf eine Situation gucken, als wenn man sie nur mit zwei Augen betrachtet.«[14]

Am Ende des Gesprächs meinte Frau Valentin, für sie sei auch die Erkenntnis wichtig, die Störungen nicht persönlich zu nehmen. Man müsse wohl nach vorn schauen und dürfe nicht nachtragend sein. Ich sagte lieber nichts, denn ich habe das nicht durchgehalten. Zumindest nicht bei Miriam und Philipp. Nach der 11. Klasse wechselten sie in die Kursphase. Da ich sie nicht mehr im Unterricht hatte, begegneten wir uns nur noch auf dem Schulflur. Dann absolvierten sie 2004 ihr Abitur. Es war der Abiturball, auf dem ich stellvertretend für die Lehrer die Rede halten durfte. Ich nutzte sie für eine kleine Abrechnung. Überhaupt war die Rede adressatengerecht auf den Jahrgang zugeschnitten und weniger staatstragend gehalten. Ich erinnerte an Kursfahrten und witzige Unterrichtssituationen, sprach über die Nervenkostüme der Eltern und Lehrer. In diesem Zusammenhang griff ich die traditionelle Schülerumfrage über Lehrer auf: *Wer ist der verpeilteste? Wer ist der strengste? Wer ist der unpünktlichste? Bei wem lernt man am meisten für das Leben?* Dem überraschten Publikum teilte ich mit, dass ich auch bei den Lehrern eine Umfrage über die Schüler initiiert hätte. Ich wolle aber nur eine Kategorie würdigen: Die *nervigsten Schüler* des Jahrgangs. Ein Raunen ging durch den Saal. Ich sah das entsetzte Gesicht von Frau Janisch. Es war jedoch zu spät.

Dann ertönte eine Fanfare und meine Kollegin Jacqueline kam im schwarzen Cocktailkleid auf die Bühne und überreichte mir einen überdimensionalen Umschlag. Ich riss den Umschlag auf und erklärte, bevor ich das Ergebnis herauszog, leider hätten sich ausgerechnet bei dieser Frage die Lehrer verweigert. Das Ergebnis basiere nur auf meiner Antwort und sei daher etwas subjektiv. Als ich die beiden Namen Philipp und Miriam vorlas, brach großes Gelächter aus. Unter Applaus bat ich die beiden auf die Bühne und verkündete den Preis: eine gemeinsame Rezitation von Fausts Monolog im Studierzimmer. Philipp wirkte nicht glücklich. Er griff schnell nach dem Zettel mit dem Text, ging zum Mikrofon und begann mit dem Vortrag. Ich trat dazu und unterbrach ihn: »Philipp, ich beginne!« »Hä?«, krächzte er ins Mikrofon. Wir sahen uns an. Weil niemand zur Seite wich, drängelte sich Miriam dazwischen und sagte: »Jungs. Es ist doch wie immer. Am besten ich fange an.« Dann legte sie los. Natürlich war das alles abgesprochen. Und natürlich hatten wir vorher geprobt. Schließlich war das unser Kulturbeitrag zum Abiturball.

Die beiden haben mir nach zehn Jahren einen Brief geschrieben. Es war ein großer Umschlag, in dem auch ein Foto vom Abiball steckte. Sie gratulierten mir formvollendet zu meinem Lehrerpreis und behaupteten: »Und ohne falsche Bescheidenheit sind wir auch ein wenig stolz darauf, dass wir beide – auf irgendeine Art und Weise – unseren Beitrag dazu leisten konnten ☺.« Ich muss ihnen zustimmen. Sie erinnerten mit einem Zitat auch an die *Faust*-Rezitation und schlugen ein Treffen vor. Miriam ist inzwischen Assistentin der Geschäftsleitung in einem der größten Berliner Hotels und Philipp ist Kundenberater bei einer Bank. Sie halten noch immer Kontakt und haben sich in all den Jahren nicht groß verändert. Beim gemeinsamen Bier einige Wochen später wollten sie noch immer nicht so richtig glauben, dass sie meine Problemschüler waren und den Unterricht gestört hätten. Das verzerre doch das Gesamtbild. Schließlich habe Philipp seine einzige Zwei in Deutsch bei mir bekommen. An das Klopfen auf die Tische konnten sich beide überhaupt nicht mehr erinnern. Naja, sie wollten nicht.

Vom Pauker zum Multitasker
Warum Lehrer vormittags nicht mehr recht und nachmittags nicht mehr frei haben

»Geh sterben, du Opfer!«
Nicht ohne meine Sozialpädagogin

»Kann ich Sie einen Moment sprechen?«, fragte Carolin* nach der letzten Stunde. »Worum geht es denn?«, wollte ich wissen und stopfte ohne aufzuschauen meine Unterlagen in die Mappe. »Naja, das wollte ich mit Ihnen nicht gerade vor allen besprechen«, meinte Carolin und deutete mit einer Kopfbewegung auf ihre Mitschüler, die gerade den Klassenraum in Richtung Wochenende verließen. »Carolin, hat das nicht Zeit bis Montag?« Ich nahm den Schwamm und wischte die Krisen der Weimarer Republik von der Tafel. Es regnete, mein Auto parkte gefühlte dreitausend Meter vom Schulgebäude entfernt und Elke hatte beim Frühstück darauf bestanden, ich solle zum Geburtstagskaffee meiner Schwiegermutter pünktlich erscheinen.

Carolin wartete ab, bis ich mit dem Abwischen der Tafel fertig war. Ich legte den Schwamm in den Eimer und meinte: »Okay, dann aber bitte schnell und im Laufen.« Ich griff meine Mappe, ging zur Tür und zog mein Schlüsselbund aus der Hosentasche. Auf dem Flur stand Tobias*. »Wollen Sie auch noch mit mir sprechen?«, fragte ich ihn etwas genervt. »Nein«, antwortete er, »ich warte auf Carolin.« Die war im Klassenraum geblieben und rührte sich nicht von der Stelle. Ich schaltete das Licht aus und rief in den Raum: »Carolin?« Sie räusperte sich und fragte leise: »Ist es unmoralisch, sich umzubringen?« Ich sah sie entgeistert an: »Was haben Sie gesagt?« Carolin stand im Halbdunkel am Lehrertisch und blickte zu Boden. Erst jetzt entdeckte ich neben ihrem Rucksack eine Reisetasche. Ich ging zurück in den Raum und stellte meine Mappe vor ihren Rucksack. »Was haben Sie gesagt?«, wiederholte ich. Ihr Blick signalisierte: Sie haben mich ganz genau verstanden. Irgendwie wollte ich schnell reagieren, aber ich brachte kein Wort über die Lippen. Draußen peitschte der Regen gegen die Scheiben.

Carolin war siebzehn Jahre und saß in meinem Leistungskurs Geschichte. Ich war ihr Tutor. In einem knappen Jahr würde der Kurs Abitur machen. Carolin hatte in der letzten Zeit ein paar Mal unentschuldigt gefehlt und die Hausaufgaben vergessen – oder einfach nicht gemacht. Und ihre Leistungen könnten auch besser sein. Denn sie ist eigentlich eine Schlaue, wie Kollegin Lenk sagen würde. Aber Carolin hielt sich im Unterrichtsgespräch leider viel zu oft zurück. Wir hatten schon mehrmals gemeinsam überlegt, wie sich ihre mündliche Beteiligung verbessern könnte. Denn sie wollte studieren und brauchte gute Noten für eine erfolgreiche Studienplatzbewerbung. Und ja, ich hatte auch erfahren, dass ihr Freund vor einer Woche mit ihr Schluss gemacht hatte. Aber sich deshalb ... Carolin wischte sich eine Träne aus dem Auge und schaute wieder zu Boden. Ich setzte mich auf eine Schulbank und zwang mich, endlich auf ihre Frage zu reagieren: »Wir machen erst mal Abitur, Carolin.«

Bevor ich mich über meine hilflose Antwort ärgern konnte, ging plötzlich das Licht wieder an. Tobias kam in den Raum. »Würden Sie bitte vor der Tür warten?«, sagte ich ungehalten. Er kam meiner Aufforderung nicht nach, sondern näher: »Ich weiß, um was es geht.« »Sie wissen ...«. Rechtzeitig hatte ich mich unterbrochen. »Ja, ich weiß, dass Carolin zu Hause rausgeflogen ist«, sagte Tobias. »Wieso das denn?«, fragte ich. Carolin blickte nun auf und erzählte, dass sie der Stiefvater heute Morgen nach einem heftigen Streit vor die Tür gesetzt habe. Er hätte ihr noch gestattet, einige Sachen zu packen, und ihr dann den Wohnungsschlüssel abgenommen. Ihre Mutter sei schon auf der Arbeit gewesen. Aber das hätte an der Situation nichts geändert, weil sie immer zu ihrem neuen Lebensgefährten halte. »Wo wollen Sie denn jetzt hin?«, fragte ich. Carolin zuckte mit den Schultern. »Das ist das Problem, Herr Rauh«, meinte Tobias.

Carolin konnte sich nun nicht mehr zurückhalten und fing an zu weinen. Ich war froh, dass Tobias da war. Er nahm sie in den Arm und streichelte ihren Kopf. »Kinder, das können wir jetzt nicht im Klassenraum klären.« »Was schlagen Sie vor?«, fragte Tobias. »Carolin, wir müssen deine Mutter benachrichtigen.« »Auf keinen Fall! Ich werde weder mit diesem Typen noch mit meiner Mutter je wieder ein Wort wechseln«, meinte sie entschieden. Tobias unterstützte sie: »Geht nicht, Herr Rauh.« Ich wollte vermeiden, dass meine Hilflosigkeit offensichtlich wurde, und sagte schnell: »Ich gehe erst einmal ins Sekretariat zu Frau Sonne. Und ihr wartet bitte in der Cafeteria.«

Freitag nach eins
Sekretariat und Cafeteria befanden sich im Haus A. Weil es keinen Verbindungsgang zwischen den Gebäuden gab, musste man über den Hof. Und heute durch den Regen. Während ich über die Pfützen sprang, hoffte ich nur, der Schulleiter möge noch da sein. Frau Sonne saß in ihrem Drehstuhl und empfing mich wie immer mit einem Lachen: »Na, Robert, auch kein Zuhause?«

Nachdem ich ihr kurz erzählte, um was es ging, sagte sie bedauernd, dass der Schulleiter zusammen mit dem Stellvertreter bei einer Dienstberatung im Senat sei. Ohne lange zu zögern griff sie deshalb zum Telefon und rief den Schulpsychologischen Dienst Lichtenberg an. Der Schulpsychologe war bei einer Wei-

terbildung. »Ist wie früher«, meinte sie und legte den Hörer auf, »Freitag nach eins macht jeder seins.«
»Gibt es denn keine Vertretung?«, fragte ich. »Robert, wo denkst du hin. Unser Mann für alle Fälle ist für den gesamten Stadtbezirk zuständig.« Ich setzte mich vor ihren Schreibtisch und raufte mir die Haare. »Ich kann doch Carolin unmöglich zum Geburtstag meiner Schwiegermutter mitnehmen.« »Natürlich nicht«, meinte sie und spendierte mir eine Cola aus ihrem Kühlschrank. Sie versuchte mich zu beruhigen: »Wer darüber spricht, tut sich nichts!« Das hatte ich auch schon irgendwo gelesen. »Und wenn doch?«, fragte ich.

Wie eine Oase
Diese Geschichte ist über zehn Jahre her. Heute würde ich in einer ähnlichen Situation sofort Frau Sprenger aufsuchen. Ich müsste sie gar nicht anrufen, denn die Sozialpädagogin hat in unserer Schule sogar ein eigenes Büro. Es gleicht einem kleinen Wohnzimmer. Man fühlt sich irgendwie geborgen in dem Raum, der wie eine Oase im hektischen Schulalltag wirkt. Was sicher auch an Frau Sprenger liegt. Die große Frau mit langem blonden Pferdeschwanz strahlt mit ihrem freundlichen Gesicht die Botschaft aus, die für diesen Job unverzichtbar ist: Ich höre dir zu! Unsere Schule mit über tausend Schülern kann sich Frau Sprenger leisten, weil ihre Stelle aus Mitteln des offenen Ganztagsbetriebs finanziert wird. Immerhin eine volle Stelle. Das garantiert, was ihr am wichtigsten ist: »kontinuierliche Ansprechpartnerin ohne Termin«. Es überrascht mich, als sie erzählt, dass im Durchschnitt mehr Lehrer als Schüler zu ihr kommen. Für einige Kollegen, vor allem Klassenlehrer in jüngeren Jahrgangsstufen, ist Frau Sprenger mittlerweile unverzichtbar. Wenn es um soziale Probleme geht, gilt für sie die Devise: »Nicht ohne meine Sozialpädagogin!«
Die Diplomsozialpädagogin beschäftigt sich mit Konflikten

zwischen Lehrern und Schülern, zwischen Schülern untereinander sowie zwischen Eltern und Lehrern. Und sie benennt klar die Hauptursachen für die Konflikte: Stress in der Schule und Stress in der Familie. Beides habe in den letzten Jahren zugenommen. Lehrer suchen sie auf, weil sie eine Beratung bei Lernproblemen oder Leistungsauffälligkeiten eines Schülers wünschen. Voraussetzung für eine Lösung sei die Bereitschaft zu einem Gespräch, das häufig nur der Auftakt für einen längeren Prozess der Unterstützung sei. Erst im Verlauf der Beratung entscheidet Frau Sprenger, ob sie beispielsweise den Schulpsychologischen Dienst hinzuzieht. Wenn Schüler zu ihr kommen, dann geht es vor allem um Probleme mit Lehrern oder Mitschülern. Häufig fühle sich ein Schüler von einer Lehrkraft ungerecht behandelt oder in der Klasse isoliert.

Mich interessiert, ob es ihr gelingt, bei ihrer Gesprächsmoderation in allen Fällen neutral zu bleiben. Frau Sprenger muss nicht lange überlegen und verneint die Frage. Wenn ein Schüler einen anderen gemobbt habe, falle es ihr schwer, zu verbergen, dass sie das auch verurteile.

Warum nur wenige Schüler von selbst zu ihr kommen, dafür hat Frau Sprenger eine nachvollziehbare Erklärung: Die meisten Jugendlichen würden sie in erster Linie »nur« als eine weitere Lehrerin wahrnehmen. Und für viele Schüler sei es offenbar eine Überwindung, in die Sprechstunde eines unbekannten Erwachsenen zu kommen. Erst recht, wenn sie schon in einer Krise stecken. Daher ist es für sie wichtig, langfristige Beziehungen aufzubauen. Und Prävention! Daher agiert Frau Sprenger vor allem außerhalb ihrer Oase. Sie führt nicht nur Einzel- oder Gruppengespräche durch, sondern begleitet auch Schülerprojekte und Freizeitnachmittage, nimmt an Elterngesprächen und Wandertagen teil, organisiert Einzelbetreuungen über einen längeren Zeitraum und bietet Workshops, zum Beispiel Kommunikationstraining, an. Allerdings leidet auch ihre Arbeit unter dem Schulstress. Denn der vollgestopfte Alltag im Klingelrhythmus erlaubt kaum Freiräume für zusätzliche Aktivitäten, die einer Prävention dienen könnten.

Von München bis Hamburg
Obwohl die Bundesländer in den letzten Jahren immer mehr Sozialpädagogen und Schulpsychologen eingestellt haben, sind sie an deutschen Schulen nach wie vor eine Rarität. Auch das bildungspolitische Musterland Bayern kann hier nicht punkten. Stolz verkündete das Kultusministerium in einem Bericht für den Bildungsausschuss des bayerischen Landtags, dass es im Schuljahr 2013/14 immerhin 837 Schulpsychologen gab. Die Opposition und der Bayerische Lehrer- und Lehrerinnenverband (BLLV) präsentierten umgehend die Gegenrechnung: Lediglich 230 würden in Vollzeit arbeiten. Außerdem seien die 837 Schulpsychologen für rund eine Million Schüler im Freistaat verantwortlich. Dabei bedarf psychologischer Betreuung vor allem eins: Zeit! Wenn ein Schulpsychologe in einer halben Stunde komplexe Verhaltens- und Lernprobleme diagnostizieren und im Gespräch mit Schülern Lösungswege aufzeigen soll, so der BLLV-Vorsitzende, sei über die Qualität und den Erfolg der Arbeit eigentlich schon alles gesagt.[15]

Dass es in der Schulsozialarbeit noch weitere offene Rechnungen gibt, zeigt ein Blick in den Norden der Republik. In Hamburg sind immerhin 1500 Sozialpädagogen beschäftigt, aber sie haben andere Probleme. Hendrik Jellema ist einer von ihnen und arbeitet mit zwei Kollegen an einer Staatlichen Stadtteilschule in Hamburg, in der von Klasse 1 bis 13 etwa 1300 Schüler aus dreißig Nationen im Ganztagsbetrieb lernen. Neben seiner Beratungstätigkeit muss der Hamburger Sozialpädagoge zunehmend Lehrertätigkeiten übernehmen. Neben verschiedenen Kursen wie Jonglieren, das aufgrund von Raummangel auch schon mal in der Cafeteria stattfinden muss, soll Jellema in der sogenannten Übungszeit die Schüler bei der selbstständigen Arbeit in Englisch, Deutsch oder Mathe helfen. Studiert hat er diese Fächer nicht. Obwohl die Sozialpädagogen immer mehr Verantwortung und Aufgaben übernehmen müssen, würden sie dafür weder mehr Geld noch Anerkennung bekommen, kritisiert Jellema. Durch die zusätzlichen Tätigkeiten bleibe auch hier zu wenig Zeit für Beratung oder präventive Arbeit. Stattdessen werde der Sozialpädagoge zur Feuerwehr. Und Brandherde gibt es genug: »Die Kinder werden mehr und mehr alleingelassen, die Eltern sind wenig da. Mobbing, Burn-out bei Kindern, Depression sind häufige Folgen«, erklärt der Hamburger Sozialpädagoge.[16]

Wider Willen Mittäter
Diese Folgen haben sich verstärkt, weil der Schulalltag in den letzten Jahren anstrengender geworden ist. Unsere Kinder sollen immer früher immer schneller immer mehr lernen. Unterschiedliche Statistiken besagen, dass im Durchschnitt jeder dritte Schüler unter Leistungsdruck und Schulstress leide.[17] Das führt zu psychosomatischen Beschwerden wie Kopf- und Bauchschmerzen, Schlafproblemen, Niedergeschlagenheit, Unkonzentriertheit und Aggressionen. Weil die Schüler das selbst als nicht ganz so krass empfinden, werden diese Zahlen häufig als Panikmache abgetan.

Das scheint auch der renommierte Unicef-Kinderwertemonitor von 2014 zu belegen. Er bilanziert in seinem Fazit zum Schulstress: »Nur jedes vierte Kind gibt an, sich durch die Schule einigermaßen bis sehr stark belastet zu fühlen.« Interessant ist die Relativierung der Ergebnisse durch »nur«. Man kann es auch anders interpretieren: Jedes vierte Kind fühlt sich durch die Schule belastet. Das wären in meiner 9. Klasse von zweiunddreißig Schülern immerhin acht. Ich finde das alarmierend. Im Übrigen schätzen Eltern die Belastung ihrer Kinder in der gleichen Befragung weitaus höher ein: Es sind im Durchschnitt 30 Prozent, die ihr Kind einigermaßen bis sehr stark im Schulstress sehen.[18]

Viele Eltern beklagen, dass das Familienleben unter dem Leistungsdruck der Schule leide.

Allerdings sind auch die Erziehungsberechtigten ein Teil des Problems: Weil das Abitur mittlerweile für die große Mehrheit als der einzig annehmbare Schulabschluss gilt, so das Ergebnis der Studie *Eltern – Lehrer – Schulerfolg* des Bundesfamilienministeriums und der Konrad-Adenauer-Stiftung von 2013, üben sie zusätzlich Druck auf ihre Kinder aus. Für immer mehr Eltern habe die Schule die Rolle »einer zentralen Zuweisungsstelle für Lebenschancen« übernommen.[19] Und wenn es um Noten oder Schulabschlüsse geht – und das ist nicht nur meine Erfahrung – greifen Eltern zu allen Mitteln: Sie büffeln mit ihren Sprösslingen bis zur Erschöpfung, und wenn das nicht reicht, pumpen sie bis zu einhundert Euro pro Monat in den Nachhilfeunterricht. Und wer sich mehr leisten kann, schickt sein Kind lieber gleich auf eine Privatschule. Frühzeitig lernt das Kind, einen Kalender zu führen und die Nachmittage in sinnvolle Beschäftigungseinheiten zu untergliedern.

Natürlich ist den Eltern bewusst, dass sie Druck ausüben. Viele von ihnen sehen sich sogar wider Willen als Mittäter für den Schulfrust ihrer Kinder. Aber die Studie hat auch gezeigt, dass Müttern und Vätern anscheinend keine andere Wahl bleibt. Die vielen staatlichen Schulreformen, die eigentlich zur Verbesserung des Leistungsstandes der Schülerschaft beitragen sollten, hätten »viele Eltern verunsichert und den Schulalltag vieler Lehrer zusätzlich belastet«. Früheinschulung und verkürzte Gymnasialzeit sind für mich nur zwei Beispiele.

Was noch viel problematischer ist: Am sozialen Rand der Gesellschaft herrsche in Sachen Schule Resignation, so die Studie. Sozial schwache Familien, alleinerziehende Mütter und vor allem Migrationsfamilien würden sich häufig abgehängt fühlen. Ihnen fehle es an Unterstützung – in jeder Hinsicht.[20] In der Schule kommen alle und alles zusammen. Wenn die Schüler zusätzlich in die Pubertät kommen, knallt es vielerorts. Die Lehrer – selbst unter Druck und in Eile – können häufig nur noch eines leisten: Erste Hilfe.

»Es war ein Messer!«

»Sie sind ja verletzt!« Frau Kunert* nickte nur und lief eilig zum Waschbecken. Um ihre Hand hatte sie notdürftig mehrere Taschentücher gewickelt, aber das Blut war nicht aufzuhalten. Die Schulsekretärin sprang auf und holte den Verbandskasten. »Sind Sie gestürzt?« Die verletzte Lehrerin begann die Taschentücher vorsichtig von ihrer Hand zu lösen und murmelte: »Es war ein Messer.«

Das Blut lief nun ungehindert ins Becken. »Ach herrje«, rief die Sekretärin, »das ist ja eine richtige Fleischwunde.« Frau Kunert verzog schmerzverzerrt das Gesicht.

Während die Sekretärin die Wunde säuberte und fachkundig einen Verband anlegte, kam der Rektor ins Sekretariat. »Warum geht denn hier niemand ans Telefon?« Erst jetzt registrierten die Schulsekretärin das Klingeln und der Rektor die Situation. »Frau Kunert!«, rief er erschrocken aus. »Es war ein Messer«, wiederholte die Verletzte und ergänzte fast monoton: »Es war das Messer eines Schülers.« »Was?!« riefen Rektor und Schulsekretärin gleichzeitig aus. Die Verletzte biss sich vor Schmerzen auf die Lippen.

Frau Kunert ist Lehrerin an einer hessischen Realschule und unterrichtet seit exakt dreißig Jahren Deutsch und Englisch. Die pflichtbewusste Kollegin hat sich noch nie etwas zuschulden kommen lassen und engagiert sich in ihrer Freizeit seit Jahren im Landesvorstand des hessischen Lehrerverbandes. Dieses Ehrenamt und ihr Dienstjubiläum sollten in der nächsten Woche in der Landeshauptstadt mit dem *Ehrenbrief des Landes Hessen* ausgezeichnet werden. Und nun das.

Der Rektor wirkte plötzlich völlig konfus und bombardierte Frau Kunert mit Fragen: »Sollen wir einen Notarzt rufen? Wo ist das passiert? Wer ist der Täter?« Die Schulsekretärin sah ihn kopfschüttelnd an und geleitete die Lehrerin zu einem Stuhl. Frau Kunert nahm langsam Platz, schluckte mehrmals und flüsterte dann: »Ich habe meine Brille verloren.« Der Rektor und seine Schulsekretärin sahen sich hilflos an. Aus dem Radio drang ein Kommentar zur Landtagswahl in Thüringen. Obwohl die CDU stärkste Partei geworden sei, werde wohl erstmals ein Linker Ministerpräsident. Drohen uns nun hessische Verhältnisse, fragte der Journalist seine Hörer.

»Stellen Sie doch endlich das verdammte Radio ab!«, befahl der Rektor und hatte sich offenbar entschieden, nun aktiv zu werden. Während er in sein Dienstzimmer stiefelte, um sein Smartphone zu holen, öffnete sich die Tür auf der anderen Seite und die gewohnten Pausengeräusche fluteten herein. Zögerlich betrat nun ein Schüler das Sekretariat. »Hast du angeklopft?«, fauchte der Rektor, als er wieder ins Sekretariat zurückkam. »Ja«, stotterte er, »ich wollte Frau Kunert nur ihre Brille bringen.« Dann wandte er sich zur verletzten Lehrerin: »Frau Kunert, es tut mir wirklich sehr leid. Wir wollten das nicht!« Der Rektor ging einen Schritt auf den Schüler zu, nahm ihm die Brille ab und herrschte ihn an: »Name, Klasse. Sofort!« »Andrej*, 9e«, antwortete er. »Kennen Sie den Schüler?«, fragte der Rektor Frau Kunert. »Ja, er ist in meiner Klasse.« Der Rektor schaute wieder zu Andrej und setzte seine Befragung fort: »Wer ist ›wir‹? Und hast du auf Frau Kunert eingestochen?« »Nein!«, rief Andrej sofort. »Wer dann?« »Das ist das Messer von Mesut*.« »Ich will wissen, wer zugestochen hat!« »Keiner!« »Willst du mir weismachen, dass Frau Kunert sich selbst verletzt hat?« »Nein«, rief Andrej verzweifelt.

Die Schulsekretärin sah die beiden an, als beobachte sie ein Tennisspiel. Sie wagte aber nicht einzugreifen. »Wer hat Frau Kunert mit dem Messer verletzt?«, bohrte der Rektor erneut nach. Andrej sah nun zu Frau Kunert. »Stopp!«, rief sie und versuchte aufzustehen. Sie taumelte kurz und ließ sich wieder auf den Stuhl fallen, bevor ihr einer der drei zu Hilfe eilen konnte.»Andrej und Mesut haben sich im Klassenraum geprügelt. Bevor ich dazwischenging, hatte Mesut ein Messer gezogen«, erklärte sie.»Wo ist dieser Mesut?«, wollte der Rektor wissen. Andrej zuckte die Schultern.»Wo habt ihr jetzt Unterricht?« Andrej nannte den Raum und wollte das Sekretariat schnell wieder verlassen. Der Rektor hielt ihn am Ärmel fest:»Nein, nein. Du gehst in mein Zimmer!«, kommandierte er.»Und Sie gehen bitte diesen Mesut suchen.«»Ich?«, fragte die Sekretärin und fügte empört hinzu:»Niemals!« Sie stürzte sich auf das Telefon, das gerade wieder klingelte. Andrej verschwand im Dienstzimmer. Der Rektor knöpfte sein Jackett zu, gab Frau Kunert die Brille zurück und rief der telefonierenden Sekretärin im Rausgehen zu:»Und keine Presse!«

Die beiden Fußballer

Eine Viertelstunde später saßen sich der Rektor, Frau Kunert und die beiden Jungs im Dienstzimmer gegenüber. Der Rektor hatte einen großen Block und zwei Kugelschreiber vor sich platziert, Frau Kunert trug ihre verbundene Hand inzwischen in einer Schlinge, die ihr die Sekretärin herausgesucht hatte, und schaute apathisch auf ihre Schüler. Andrej pustete sich alle dreißig Sekunden seine blonden Haare aus der Stirn und Mesut starrte auf sein Messer, das vor ihm auf dem Konferenztisch lag. Die Pädagogen konnten nicht viel ermitteln. Mesut hatte sich in der Pause von Andrej provoziert gefühlt und sich dann wütend mit seinem Messer auf ihn gestürzt. Frau Kunert sei sofort dazwischengegangen und habe sich bei der Rangelei die Hand verletzt. Mehrmals fragte der Rektor nach dem Grund für die Provokation. Andrej wusste es nicht (mehr) und Mesut faselte etwas von einer Beleidigung, an die er sich aber auch nicht mehr erinnern könne. Klar und deutlich formulierte er dagegen in Richtung von Frau Kunert:»Ich möchte mich entschuldigen. Mein Vater wird selbst-

verständlich für den Schaden aufkommen. Ist Ehrensache. Ich wollte Sie nicht verletzen.«
»Aber Andrej wolltest du verletzen?«, fragte der Rektor provokativ. Mesut lehnte sich zurück und verstummte wieder. Minutenlanges Schweigen im Raum. Dann erklärte Frau Kunert: »Ich nehme die Entschuldigung an und werde auch von einer Anzeige bei der Polizei absehen.« Der Rektor widersprach ihr nicht. »Ich zeige ihn auch nicht an«, sagte Andrej schnell und pustete wieder seine Haare aus der Stirn. »Das hast du nicht zu entscheiden, sondern deine Eltern.« »Die sind auf meiner Seite«, sagte Andrej. Der Rektor schrieb etwas auf seinen Block, erhob sich und erklärte bedeutungsschwanger: »Der Fall wird der Schulbehörde gemeldet und hat für euch Konsequenzen. Welche genau, das wird die Klassenkonferenz entscheiden. Und Sie fahren jetzt zur Notaufnahme!« Auch die drei anderen erhoben sich. »Nein, nicht nötig«, widersprach Frau Kunert. »Das ist eine dienstliche Anweisung! Und die Unterrichtsgarantie in der 9e werde ich gewährleisten.« Schmunzelnd ergänzte der Rektor: »Ich werde Sie fachgerecht in Deutsch vertreten.«

Während die Jungs das Dienstzimmer verließen, hielt der Rektor Frau Kunert zurück. »Wie schätzen Sie das Verhältnis der beiden ein?« Frau Kunert erzählte ihm, dass Andrej in der Klasse sehr angesehen sei. Weil er im Verein Fußball spiele, leistungsstark sei und gut aussehe. Mesut sei zwar auch ein aktiver Sportler, trainiere Judo und im gleichen Fußballverein wie Andrej, sei in der Klasse jedoch eher ein Außenseiter. In den letzten Monaten habe sie zudem beobachtet, dass er sich immer mehr zurückziehe. Sie meine sich aber zu erinnern, dass die beiden vor drei Jahren sogar noch befreundet waren. »Sie sprechen unbedingt erst einmal mit Herrn Steinberg*«, schlug der Rektor vor.

Auf dem Weg zum Notarzt schrieb sie erst ihrem Mann und dann Herrn Steinberg eine SMS. Herr Steinberg ist Sozialpädagoge an der Schule und antwortete zuerst. Er sicherte ihr umgehend Unterstützung zu und schrieb, die beiden Fußballer auch zu kennen. Unter den Schülern genießt Herr Steinberg einen hervorragenden Ruf, was vor allem auf sein Engagement zurückzuführen ist. Der Sozialpädagoge hatte im Sommer parallel zur Fußballweltmeisterschaft 2014 zusammen mit den Sportlehrern ein großes Turnier an der Schule organisiert. Er riet Frau Kunert davon ab, den Fall mit der Klasse zu besprechen, und schlug ihr stattdessen vor, dass er zunächst allein mit beiden Jungen reden würde. Sie war damit einverstanden.

… und schoss ihn mit seinem Smartphone ab
In den folgenden Tagen beschlich sie langsam ein ungutes Gefühl. Warum erstatteten Andrejs Eltern tatsächlich keine Anzeige? Warum kam niemand aus der Klasse zu ihr, um über den Vorfall zu sprechen oder ihr vielleicht weitere hilfreiche Informationen für die Aufklärung zu geben? Und sie stellte sich die grundsätzliche Frage: Was weiß ich überhaupt von meinen Schülern?

Sozialpädagoge Steinberg berichtete der Klassenlehrerin, dass er in einem ersten gemeinsamen Gespräch mit den Jungen nichts erreicht habe. Die Fronten sind verhärtet und beide würden mauern. Aber er habe sich entschlossen, sie am Wochenende zum Fußballtraining zu begleiten. Am Sonntag sprach er auch mit dem Trainer. Der berichtete ihm, dass es eine Konkurrenz zwischen den beiden gäbe. Mesut sei aber eindeutig der bessere Fußballer. Er sei schneller und habe auch den größeren Willen. Darunter leide Andrej, der sich gern zum King aufspiele. Dass zwischen den beiden irgendetwas vorgefallen sei, habe auch er bemerkt, aber das seien die üblichen Hahnenkämpfe unter Alphatieren. Man dürfe das nicht überbewerten.

Herr Steinberg wartete am Eingang zum Sportplatz und fing Mesut ab. Er begleitete den Jungen zu einem türkischen Imbiss, den dessen Onkel betrieb. Mesut setzte sich auf seinen Stammplatz, es wurde Tee gebracht und Herr Steinberg brauchte nicht mehr zu fragen. Was Mesut erzählte, erfuhren am Montag auch der Rektor und Frau Kunert. Demnach waren vor drei Monaten Mesut und einige andere Mitschüler bei Andrej eingeladen, um sich das Finale der Fußballweltmeisterschaft anzusehen. Die Deutschen spielten gegen Argentinien. Andrejs Eltern waren verreist, hatten aber den Jugendlichen ihren Hausgarten für ein privates Public viewing zur Verfügung gestellt. Andrejs erwachsener Bruder sollte aufpassen. Der war aber nach Gießen gefahren, um sich das Spiel mit seinen Freunden in einem Biergarten anzusehen. Als Mario Götze das Tor schoss und Deutschland Weltmeister wurde, spendierte Andrej Whisky aus der Hausbar seiner Eltern. Mesut war schon nach den ersten zwei Bier schlecht geworden. Er hatte mal an einem Gin Tonic genippt, aber noch nie richtig getrunken. Während der Siegerehrung schwankte er zu einem Baum und übergab sich. Es blitzte neben ihm und er erkannte zu spät, dass es kein neuer Böller war, der den Nachthimmel erleuchtete. Andrej hatte ihn mit seinem nagelneuen Smartphone »abgeschossen«. Und grinste ihn an. Mesut war nicht in der Lage zu reagieren, er konnte sich nur wegdrehen. Das Foto landete noch in der Nacht auf der Pinnwand bei Facebook. Im Minutentakt wurde »Gefällt mir« geklickt. Dann folgten die Kommentare. Andrej eröffnete den Reigen: »Hier kotzt Mesut seine letzten Gehirnzellen aus.« Es kamen weitere. »Auch saufen will gelernt sein« oder »Wenn Loser brechen« waren noch die harmlosesten. Mesut forderte Andrej auf, das Foto rauszunehmen. Der pöbelte jedoch zurück: »Geh sterben, du Opfer!« In den Sommerferien verschwand das Foto, aber nicht die Erinnerung. Als die Schule wieder begann, reichte ein Grinsen von Andrej und seiner Clique – und Mesut fühlte sich provoziert. Irgendwann brannte ihm die Sicherung durch.

Klassenlieblinge als Täter?

Was Mesut passierte, ist ein typischer Fall von Cyber-Mobbing. Dieser Begriff wird verwendet, wenn jemand einen anderen absichtlich per Handy oder im Internet in den sozialen Netzwerken beleidigt oder bloßstellt, belästigt oder bedroht. Insbesondere Schüler werden im Netz zu kleinen Tastenkriegern. Die Hemmschwelle sinkt, weil die meisten anonym schreiben. Die *JIM-Studie* des Medienpädagogischen Forschungsverbundes Südwest, die seit 1998 den Umgang der Jugendlichen mit Medien untersucht, veröffentlicht auch regelmäßig ihre Erhebungen zum Thema Cyber-Mobbing. Danach gaben 12 Prozent der zwölf- bis neunzehnjährigen Internetnutzer im Jahr 2013 an, dass bereits Falsches oder Boshaftes über sie im Netz verbreitet wurde. Besonders betroffen sind hierbei die mittleren Altersgruppen (vierzehn bis fünfzehn Jahre: 16 Prozent, sechzehn bis siebzehn Jahre: 16 Prozent) sowie Jugendliche mit Hauptschul- (20 Prozent) sowie Realschulhintergrund (17 Prozent). Peinliche oder beleidigende Fotos und Videos wurden bei etwa 12 Prozent der Befragten ohne vorherige Erlaubnis ins Internet gestellt. Allerdings sei die Grenze zwischen Peinlichkeiten und Beleidigungen je nach individueller Bewertung von außen nur schwer nachvollziehbar.[21]

Cyber-Mobbing erscheine manchen nur als Modewort für ein altbekanntes Phänomen, glaubt die Publizistin und Medienforscherin Nayla Fawzi, die sich seit Jahren damit beschäftigt. Und in der Tat: Es bedarf keiner empirischen Studie, um zu erkennen, dass Mobbing unter Kindern und Jugendlichen keine neue Erscheinung ist. Allerdings klingen frühere Begriffe wie »Hänseln« und »Sticheln« heute verharmlosend. Wie auch immer wir dieses Phänomen bezeichnen, für die Opfer ist und bleibt dieses Bloßstellen eine seelische Qual. Und Nayla Fawzi verdeutlicht, dass Cyber-Mobbing eine neue Qualität hat, die weit über das hinausreicht, was das frühere Drangsalieren und Schikanieren ausgemacht hat: »Was vorher im privaten Bereich, auf dem Schulhof oder dem Nachhauseweg stattfand, steht jetzt im Netz. Für alle sichtbar und meist nicht mehr rückholbar. Das Wissen darum ist für viele Betroffene meist schlimmer als das Mobbing selbst. Hinzu kommt das Gefühl der Ohnmacht. Die Täter bleiben meist anonym und sind nicht greifbar – ohne einschreiten zu können, muss das Opfer die Übergriffe hilflos hinnehmen. Die Untersuchung verdeutlicht, dass offensichtlich auch vielen Tätern nicht bewusst ist, mit welch' erdrückender Gewalt die Opfer Cyber-Mobbing erleben.«[22]

Untersucht wird inzwischen auch, wer die typischen Täter im Netz sind. Eine Pilotstudie der Universität Hohenheim kommt dabei zu einem überraschenden Ergebnis und scheint die Geschichte aus Hessen idealtypisch zu bestätigen: Nicht die stillen und unauffälligen, sondern gut integrierte Jugendliche pöbeln im Netz. Die Klassenlieblinge attackieren andere, um bei ihren Mitschülern noch mehr zu punkten oder ihre Stellung zu behaupten. Dagegen sind die Mobbingopfer in der Regel Außenseiter.[23]

Zivilcourage auch im Netz

Bei der Verfolgung von Cyber-Mobbing stößt man in Deutschland noch immer an rechtliche Grenzen. Denn die Schikane im Netz ist kein eigener Straftatbestand. In Cyber-Mobbing vereinigen sich allerdings, so die *Polizeiliche Kriminalprävention der Länder und des Bundes*, einzelne Straftaten wie Beleidigung, Drohung oder die scheinbar harmlose Verbreitung von Bildern und Videos. Da Kinder unter vierzehn Jahren strafunmündig sind, sollte jedoch bei der Bestrafung der Erziehungsgedanke im Vordergrund stehen.[24] Die Schule entschied sich im Fall von Mesut und Andrej für eine Ordnungsmaßnahme: Die beiden wurden von der bevorstehenden Klassenfahrt ausgeschlossen. Sozialpädagoge Steinberg plädierte in der entscheidenden Klassenkonferenz dafür, den Jungen auch eine Chance zu geben, und schlug vor, sie für das nächste große Fußballturnier der Schule zu seinen

Co-Schiedsrichtern zu ernennen. Einige Lehrer meinten, das sei wohl doch zu viel der Ehre. Als der Rektor und Frau Kunert den Vorschlag unterstützten, wurde er als Antrag eingebracht und fand eine Mehrheit.

Zwei Tage später fuhren Frau Kunert und ihr Rektor zur Preisverleihung in die Landeshauptstadt. Die ausgezeichnete Kollegin nutzte ihre Dankesrede für einen Appell, die Lehrer und Eltern bei der Medienerziehung zu unterstützen. Es sei inzwischen eine Selbstverständlichkeit, dass man in den Schulen zwar den Umgang mit PC und Internet lerne, aber kaum etwas über die Medienwirksamkeit. Dazu bedürfe es keines neuen Faches, aber professioneller Unterstützung der Lehrkräfte durch Experten und schülergerechter Materialien. Von ihren Schülern forderte sie mehr Zivilcourage. Dass man nicht wegschaue, gelte auch für das Internet. Frau Kunert wurde anschließend auch selbst aktiv. Zusammen mit dem Sozialpädagogen Steinberg gründete sie eine AG »Stopp Cyber-Mobbing« und organisiert einmal im Schuljahr einen Projekttag zu diesem Thema. Auch in der Schulordnung wurde ein Zeichen gesetzt: Cyber-Mobbing wurde als Verbot aufgestellt. Herrn Steinberg war es wichtig, dass über dem Verbot der Satz steht: »Die Würde des Menschen ist unantastbar – auch im Netz.«

Die Steinbergs dieser Republik finden zum Glück immer mehr Akzeptanz und Wertschätzung bei Lehrern und Eltern. Vor allem ältere Kollegen sind häufig der Meinung, dass es früher ja auch ohne Sozialpädagogen gegangen sei. Die Politik solle doch das Geld lieber in Stundenreduzierungen oder kleinere Klassen investieren, damit man sich besser um jeden einzelnen Schüler kümmern könne. Ein typischer Reflex. Aber es ist nicht sinnvoll, immer gleich eine schulpolitische Forderung gegen die andere auszuspielen. Kleinere Klassen sind genauso wichtig wie fest angestellte Sozialpädagogen. Diese gehören zum Schulpersonal wie der Pädagogische Koordinator. Und im Kontext der Inklusion, des gemeinsamen Lernens von Schülern mit und ohne Behinderung, sind sie noch wichtiger geworden. Daher sollten wir Lehrer und Eltern uns dafür einsetzen, dass jede Schule mindestens einen fest angestellten Sozialpädagogen bekommt. Es wird nicht ausreichen, eine soziale Feuerwehr nur für Brennpunktschulen zu bilden; eine Prävention ist an allen Schulformen erforderlich. Prävention bedarf der Kontinuität. Und mit Frau Sprengers Worten geschrieben: einen verlässlichen Ansprechpartner.

Nicht auf Sicht rudern
Diesen Ansprechpartner hatte ich vor zehn Jahren nicht. Ich saß ratlos im Sekretariat, während Carolin und Tobias in der Cafeteria auf mich warteten. Immerhin hatte ich Frau Sonne. Sie ging zum Fenster und schaute gedankenversunken in den Regen. »Was mache ich denn jetzt?«, fragte ich. Frau Sonne setzte sich wieder auf ihren Drehstuhl und meinte: »Du musst die Mutter anrufen! Das Mädchen ist noch nicht achtzehn. Ich suche mal die Nummer raus.« Sie holte einen Ordner hervor und blätterte in den Seiten. »Carolin will das nicht«, meinte ich und stand auf. »Robert, das hat doch das Kind nicht zu entscheiden. Du bist der Tutor! Du hast die Verantwortung.« »Ich weiß.« Als ich das Sekretariat verlassen wollte, rief sie mir nach: »Ich habe die Nummer!« Ich ging aber nicht zurück.

In der Cafeteria waren bereits alle Stühle hochgestellt. »Kein Kaffee mehr da. Ist schon Feierabend, Herr Rauh«, rief mir eine Angestellte des Serviceteams zu. Carolin und Tobias standen am Fenster und sahen mich erwartungsvoll an. Und ich hatte nichts weiter als meine rechtlichen Bedenken zu bieten. Ich erklärte, dass Carolin noch nicht achtzehn sei und ich daher die Mutter benachrichtigen müsse. Carolin schüttelte wild ihren Kopf. Außerdem könne ich nicht zulassen, dass sie jetzt auf der Straße lande. »Das muss sie nicht«, sagte Tobias, »Sie kann bei uns bleiben. Meine Mutter hat sicher nichts dagegen. Carolin hat schon öfter bei uns übernachtet.«»Dann müssen wir jetzt auch Tobias' Mutter anrufen«, meinte ich. »Nein, nicht nötig. Das kläre ich«, sagte Tobias selbstbewusst. Ich sah die beiden an und stemmte meine Hände in die Hüften: »Kinder, so geht das nicht. Ihr habt mich jetzt ins Boot geholt, aber ich übernehme nicht die Rolle des blinden Passagiers. Denn ich trage Verantwortung. Auch gegenüber euren Eltern. Und ich kann als Erwachsener nicht auf Sicht rudern.« Ich nahm Carolins Reisetasche und lief Richtung Ausgang. An der Tür drehte ich mich um und sagte: »Ich telefoniere jetzt mit beiden Müttern. Und dann gehen wir in die Pizzeria. Ihr seid eingeladen.« Während Tobias grinste, meinte Carolin: »Ich habe absolut keinen Hunger.« »Okay, dann wird es nicht so teuer.« »Doch, Herr Rauh. Carolins Pizza nehme ich«, meinte Tobias und griff beide Rucksäcke.

Im Sekretariat führte ich im Beisein von Frau Sonne drei Telefonate. Mit drei Müttern. Tobias' Mutter war damit einverstanden, Carolin für eine Nacht oder länger aufzunehmen. Über die häuslichen Konflikte der Schulfreundin ihres Sohnes war sie erstaunlich gut informiert. Carolins Mutter war am Telefon kurz angebunden, weil sie noch im Büro saß. Sie erklärte sich aber bereit, am Montag zu einem Gespräch in die Schule zu kommen. Ich hatte das Gefühl, dass sie nur schwer ihre Tränen zurückhalten konnte. Vor dem dritten Telefonat habe ich mich, wenn ich ehrlich bin, am meisten gefürchtet. Das verlief aber völlig entspannt. Ich gratulierte meiner Schwiegermutter zum Geburtstag und sie zeigte für meine Entschuldigung überraschend Verständnis. Denn ihr war der Kuchen misslungen. Mittlere Katastrophe! Sie wolle jetzt nicht noch zum Bäcker laufen, weil es doch »so dolle regne«. Frau Sonne lachte laut auf und meinte: »Ach Robert, das sind ja alles Geschichten!« Eine halbe Stunde später saßen wir in der Pizzeria und Carolin bestellte Hawaii ...

»Erik, dein Stil passt hier nicht!«
Individuell fördern

»Willst du mit zu einer Buchvorstellung?« »Was wird denn vorgestellt?«, wollte ich wissen. Jacqueline lächelte mich charmant an: »Verrate ich nicht. Überraschung.« Ich werde nicht gern überrascht. Schon gar nicht morgens am Kopierer. Ich stand zehn vor acht in einer Schlange genervter Lehrer. Weil mal wieder einer von zwei Kopierern defekt war. Und dann kam Jacqueline mit ihrer Kulturfrage.

Jacqueline unterrichtet als Frau Geißler an meiner Schule wie ich Deutsch. Auf der gleichen Etage, drei Räume weiter. Uns verbindet noch einiges mehr: Wir sind ein Jahrgang, haben schon an einer anderen Schule zusammengearbeitet – und werden von den Schülern beim Abiball häufig zum Lehrerpärchen des Jahres gewählt. Schülerumfragen auf Abschlussveranstaltungen sind rational nicht immer zu erklären. Aber es gibt Anhaltspunkte: Mit Jacqueline mache ich viel Kultur. Meist zusammen mit *unseren* Kindern. Im letzten Jahr waren wir mit unserer 9. Klasse sogar im ehrwürdigen Deutschen Theater. Zweiunddreißig Schüler bei Dürrenmatts »Besuch der alten Dame«. Im Foyer sprechen uns häufig auch echte ältere Damen an. Oder nicken anerkennend in unsere Richtung. Schließlich sind wir Lehrer, die mit ihren Schülern ins anspruchsvolle Theater gehen.

Manchmal übertreibt Jacqueline. So schleppte sie ihren Leistungskurs Deutsch und mich letzten Winter ins Ballett. Ohne erkennbaren Bezug zum Lehrstoff. Aber die Schüler fanden es cool. Sagt Frau Geißler. In der Pause bin ich damals auf dem Gang ihrem Schüler Sören* begegnet. Wir haben kein Wort gewechselt, nur die Augen verdreht. Aber wahrscheinlich finden sie es super, mit Frau Geißler kulturell auszugehen. Im Prinzip finde ich das auch ganz prima. Aber jetzt stand ich in der Schlange vor dem Kopierer und wollte Arbeitsblätter vervielfältigen. Meine Antwort klang gereizt:

»Ich gehe doch nicht blind zu irgendeiner Buchvorstellung.«
»Du gehst ja mit mir.« Sie gab nicht auf. Und ich langsam nach:
»Wann denn?« Jacqueline lächelte wieder.

Ahnungslos fuhr ich mit meiner Deutschkollegin vier Wochen später, im September 2009, in die Berliner Torstraße. Vor dem Eingang des Veranstaltungsortes stand ein Indianer. Er trug eine fransenbesetzte braune Wildlederweste und typischen Indianerschmuck. Er rauchte und grinste uns freundlich an. »Nicht dein Ernst«, wandte ich mich an Jacqueline. Durch die Fensterscheiben sah man, dass schon fast alle Plätze besetzt waren. Dann entdeckte ich einen Aufsteller und traute meinen Augen nicht. Vorgestellt werden sollte die Biografie von Liselotte Welskopf-Henrich. Geschrieben von Erik Lorenz. Wenn Sie beide nicht kennen, erspare ich Ihnen jetzt das Googeln. Welskopf-Henrich ist eine Althistorikerin und Schriftstellerin, deren zahlreiche Indianerbücher zu den Klassikern der Jugendliteratur gehören und nicht nur Kinderherzen höher schlagen lassen. Ihr bekanntester Romanzyklus »Die Söhne der Großen Bärin« wurde in den 1960er-Jahren in der DDR sogar verfilmt – mit Gojko Mitić in der Hauptrolle. Eine neue Herausgabe der Reihe war gerade in Vorbereitung. Nun war zunächst die Biografie der Schriftstellerin erschienen.

Und dessen Autor? Erik Lorenz ist ein ehemaliger Schüler unserer Schule, der 2007 sein Abitur gemacht hatte. Er studierte seit zwei Jahren Internationales Marketing in den Niederlanden und legte nun ganz »nebenbei« mit einundzwanzig Jahren sein erstes Buch vor. In der Mittelstufe war ich vier Jahre lang sein Geschichtslehrer gewesen. Sein Talent zum Schreiben hatte ich wohl erkannt, es aber nicht gefördert.

In meinem Lehramtsstudium wurde zwar viel von Differenzierung gesprochen, weil ja die Leistungsunterschiede der Schüler immer größer werden. Aber wie entsprechende Unterrichtsszenarien konkret aussehen, wurde uns nicht beigebracht. Wir haben auch nicht gefragt. Das wäre jedoch elementar gewesen, denn Differenzierung meint Bemühungen des Lehrers, mittels methodischer Maßnahmen individuellen Fähigkeiten und Interessen einzelner Schüler innerhalb der Lerngruppe gerecht zu werden. Auch im Referendariat blieb das Thema individuelle Förderung von Schülern ein weißer Fleck; wir haben vor allem gelernt, Unterrichtseinheiten aus Lehrplänen abzuleiten und ein Stundenthema zu entwickeln, das nicht ausufert. Und im ersten Halbjahr meines Lehrerdaseins war ich froh, wenn ich es vor Mitternacht geschafft hatte, meine Stunden für den nächsten Tag vorzubereiten. Differenzierung war für mich zunächst in die Vitrine schulprogrammatischer Ansprüche verbannt. Bis ich auf Erik traf.

Erik entdeckt stilsicher Amerika

Ich muss ein paar Jahre zurückgehen. Als ich 2001 als Lehrer in Lichtenberg anfing, saß Erik gerade in der 8. Klasse. Es war eine meiner ersten Lerngruppen und ich habe diese zweiunddreißig Schüler als extrem pubertierenden Haufen in Erinnerung. Mit altklugen Sprüchen eilten einige ihrem Alter meilenweit voraus. In Geschichte hingen sie dagegen um Jahrhunderte zurück. Laut Lehrplan hätten sie bereits Ludwig XIV. in Versailles beschreiben müssen. Aber Geschichte war oft ausgefallen. Was im Schulalltag keine Tragödie ist. Weder für die Schulleitung, weil es kein Hauptfach ist, noch für die Schüler, denen das historische Zeitgefühl fehlt. Außerdem ist in diesem Alter der französische Barock genauso uncool wie die Renaissance, mit der ich in dieser Klasse meinen Geschichtsunterricht begann. Ich erklärte, was der Setzkasten an der Wand mit der Erfindung des Buchdrucks zu tun hat – und ließ Weltbilder malen. Dann segelte ja auch schon Kolumbus los. Diese Expedition finden auch Teenager im 21. Jahrhundert krass. Für mich ist es immer wieder erfreulich zu hören, über wie viel Vorwissen die Schüler bei diesem Thema verfügen und wie weit sie sich auf die Reise in die Neue Welt einlassen. Was sie vor allem interessiert: Warum heißen die Ureinwohner Indianer? Stimmt das mit den Menschenopfern? Und waren die Europäer tatsächlich die Ersten, die Amerika entdeckten?

Die letzte Frage wurde in dieser Klasse von Erik gestellt. Er habe gehört, dass die Chinesen bereits vor Kolumbus in Amerika gelandet seien. Es war das erste Mal, dass ich den blassen Jungen links in der ersten Reihe bewusst wahrnahm. Während er unschuldig lächelte, funkelten seine Augen mich herausfordernd an. Ihm schien sofort klar, dass ich davon noch nichts gehört hatte. Und mir war klar, dass er weit mehr wusste, als er bereit war zuzugeben. Tatsächlich hatte der britische Schriftsteller Menzies 2002 in seinem Buch »1421. Als China die Welt entdeckte« die Hypothese aufgestellt, dass eine riesige Flotte unter dem chinesischen Seefahrer Zheng He siebzig Jahre vor Kolumbus nicht nur den amerikanischen Kontinent entdeckte, sondern auch einhundert Jahre vor Magellan die erste Weltumsegelung absolvierte. Es wurde Eriks erster Vortrag in Geschichte. Seine Mitschüler und ich erfuhren vom wichtigsten Beweisstück des Autors: eine chinesische Landkarte von 1418, auf der alle Kontinente der Erde verzeichnet sind. Auch Amerika. Die Echtheit dieser Karte, die nur in einer Kopie von 1763 überliefert ist, wird jedoch bestritten. Nicht nur aus diesem Grund, so Eriks Resümee, habe die Fachwissenschaft diese Theorie umgehend verworfen.

Eriks Frage löste bei mir eine detaillierte Recherche im Netz aus. Wozu sonst im Lehreralltag kaum Zeit ist. Bei dieser Gelegenheit fand ich einen frei zugänglichen Pool für differenziertes Material zum Thema Kolumbus. Es war das erste Mal, dass ich für den Unterricht verschiedene Aufgabentypen konzipierte. Handlungsorientiert verfassten die Schüler beispielsweise Tagebucheinträge aus der Sicht der Entdecker und der »Entdeckten«. Oder sie verfassten Zeitungskommentare über die Eroberung. Am Ende landete Kolumbus vor Gericht. In unserem Klassenzimmer. Anklage, Verteidigung und Zeugen – Differenzierung auch vor dem fiktiven Richter. Und Ludwig der Franzose musste weiter warten. Denn zunächst ließ ich die obligatorische Lernerfolgskontrolle (LEK) schreiben.

In der Arbeit mussten die Schüler Aufgaben wie die folgenden lösen:
- Stelle die Voraussetzungen der Entdeckungsfahrten dar.
- Nenne die Namen und Fahrtrouten der Entdecker.
- Erläutere am Beispiel des Azteken- oder Inka-Reiches, ob man von einer Hockkultur sprechen kann.
- Stelle die Folgen der Eroberung dar.

Die Arbeit fiel nicht gut aus. Bei der Rückgabe lange Gesichter in allen Reihen. In solchen Situationen kommen häufig zwei klassische Lehrerfloskeln zur Anwendung: »Also, ich habe mehr von euch erwartet.« Oder: »Da haben einige mal wieder nicht genug gelernt.« Ich setzte noch einen drauf; gleich vorn links, in der ersten Reihe: »Also, Erik, gerade deine Arbeit hat mich enttäuscht. Es war Wissen gefragt. Und keine Reiseberichte. Wie soll ich das denn bepunkten?« Das war natürlich eine rhetorische Frage. Er wagte nichts zu erwidern. Und ich war ja noch nicht fertig. »Erik, dein Stil passt hier nicht. Das ist eine LEK und kein Essay.« Wobei mir bewusst war, dass er den Begriff »Essay« wahrscheinlich nicht mal buchstabieren konnte. Geschweige denn erklären. Aber wenn man als Lehrer erst einmal in Fahrt ist … »Vielleicht wird aus dir ja mal ein Reiseschriftsteller. Aber für spätere Arbeiten und vor allem für die Klausuren in der Oberstufe sehe ich schwarz.« Er lachte kurz auf, griff schnell nach seiner LEK und sah in dieser Stunde nicht mehr nach vorn.

Natürlich würde ich meine Aussagen heute gern abmildern oder gleich abstreiten. Nicht einmal das Lehramtsstudium kann ich diesmal für mein abwertendes Urteil verantwortlich machen. Viel problematischer war jedoch, dass ich mit dieser schriftlichen Leistungsüberprüfung zum einen das Vorurteil, Geschichte sei ein reines Lernfach, voll bestätigte und dass ich zum anderen die von mir zuvor praktizierte Differenzierung ad absurdum geführt hatte. Denn es mussten alle in der Klasse die gleichen Aufgaben bearbeiten.

Diese Erfahrung spiegelt ein grundsätzliches Dilemma von individuellem Fördern in der Unterrichtspraxis wider. Obwohl inzwischen eine Vielzahl von Unterrichtsideen und -materialien veröffentlicht wurde und die Schulbücher unterschiedliche Aufgabenniveaus anbieten, wird diese Differenzierung in der Praxis nicht konsequent zu Ende geführt. Nach Angeboten differenzierter Leistungsüberprüfungen sucht man häufig vergebens. »Und ich bin auch nicht bereit, diese selbst zu erstellen«, erklärt meine Kollegin Brigitte gleich. »Weißt du, was das für ein Aufwand ist? Vom umständlichen Korrigieren ganz zu schweigen.« Ungeachtet dieses bekannten Abwehrmusters führt Brigitte zu Recht noch ein weiteres, entscheidendes Argument an: »Beim Mittleren Schulabschluss in der 10. Klasse – und im Abitur sowieso – geht das ja auch nicht.« Spätestens bei der Abschlussprüfung sind also alle wieder gleich.

Die Schule entdeckt das Individuum

Individuelles Fördern gehört jedoch spätestens seit PISA zum Kanon der bildungspolitischen Zaubermittel. Die Schule hat das Individuum entdeckt. Und die Kultusministerien gerieren sich bei dieser Entdeckung mal wieder als Vorreiter. Denn inzwischen haben alle Bundesländer das individuelle Fördern in ihren Rahmenlehrplänen, einige sogar im Schulgesetz verankert.[25] In Nordrhein-Westfalen ist das individuelle Fördern bei Versetzungsgefahr auch verbindlich geregelt.[26] Wenn das Kind sitzen zu bleiben droht, ist die individuelle Förderung für Eltern also auch einklagbar. Die angeführten Mittel, Förderpläne und -angebote, sind dagegen nicht neu.

Wie allerdings die individuelle Förderung unserer Schüler in der konkreten Unterrichtspraxis gestaltet werden soll, ist nicht geregelt. Mit dem Verweis auf die Autonomie wird das großzügig den Schulen selbst überlassen. Dabei ist noch nicht mal jedem klar, was individuelles Fördern genau bedeutet. Viele Lehrer glauben, wenn sie die Tische umstellen und in Teams leistungsstarke und -schwache Schüler – im methodischen Idealfall in Stamm- und Expertengruppen – zusammenarbeiten lassen, würden sie bereits binnendifferenziert agieren. Auch die Bildungsforscher bleiben in ihren Definitionen vage. Unzählige Abhandlungen kämpfen sich seitenweise durch theoretische Vorüberlegungen und feuern immer neue Begriffe in die aufgewühlte bildungspolitische Diskussion.

Vielleicht kann man es vereinfacht so formulieren: Damit unsere Kinder den bestmöglichen Bildungserfolg erzielen, sollten sie entsprechend ihrer Lernausgangslage[27] so gefördert werden, dass sie ihre Talente und Fähigkeiten entfalten können. Das schließt sowohl die Kompensierung von Lerndefiziten als auch die gezielte Förderung von Begabungen ein. Voraussetzung ist die Individualisierung von Lernwegen. Denn jeder lernt anders. Der Darstellungstext in einem Geschichtsschulbuch über den Konflikt zwischen dem Staufer Friedrich Barbarossa und dem Welfen Heinrich dem Löwen im Spätmittelalter kann beispielsweise auf verschiedenen Wegen erschlossen werden: wesentliche Stichpunkte notieren, ein Schaubild erstellen oder den Text bildlich umsetzen. Außerdem könnten unterschiedliche Hilfen zur Verfügung gestellt werden: vom Begriffsglossar bis zu Zwischenüberschriften.

Wir Lehrer müssen diese Wege anbieten und entscheiden, wie und auf welchen Niveaustufen unsere Schüler die Aufgaben lösen und ob das in Einzel- oder Teamarbeit erfolgen soll. Auch der Begriff »Differenzierung« lässt sich in diesem Zusammenhang aus schulorganisatorischen Gründen weiter differenzieren: Wenn man den Klassenverband nicht auflöst, spricht man in der Regel von innerer Differenzierung, wenn man dagegen Lerngruppen beispielsweise nach Leistungsstand oder Interessen einteilt oder Schüler unterschiedlicher Klassenstufen gemeinsam unterrichtet, heißt es äußere Differenzierung.²⁸ Die gängigsten Beispiele für die äußere Differenzierung sind jahrgangsübergreifendes Lernen in der Grundschule, die Einrichtung von Förderkursen in der Oberschule oder das Kurssystem in der gymnasialen Oberstufe.

Wachsende Ungleichheit im Klassenzimmer

Dass individuelles Fördern immer wichtiger wird, zeigt die Schulrealität. Die wachsende Vielfalt im Klassenzimmer stelle das alte Pauken im Gleichschritt infrage, schreibt der Wissenschaftsjournalist Martin Spiewak. »Schon bevor Kinder die Schule betreten, sind die Unterschiede enorm. Zwischen Jungen und Mädchen, schnellen und langsamen Lernern, Einwandererkindern und Einheimischen.«²⁹ Auch im Gymnasium spüren wir die zunehmende Heterogenität, die durch die Einführung des zweigliedrigen Schulsystems noch verstärkt wurde. Eine weitere Herausforderung ist die inklusive Umgestaltung des Bildungssystems: Schüler mit sonderpädagogischem Förderbedarf werden künftig in die »normalen« Regelschulen integriert. Ohne Differenzierung wird die Inklusion nicht funktionieren.³⁰

Der Ruf nach individualisiertem Lernen wird seit Jahren immer lauter, aber er ist nicht neu. Bereits die Reformpädagogik Anfang des 20. Jahrhunderts stellte das einzelne Kind in den Mittelpunkt der Lehr- und Lernkonzepte. Die Ansätze wurden 1970 auch in den westdeutschen »Strukturplan für das Bildungswesen« aufgenommen. Und in der bildungspolitischen Debatte der 1970er-Jahre wurde bereits der Zusammenhang zwischen innerer Differenzierung und Chancengleichheit diskutiert. Bis auf wenige Leuchtturmschulen ist das individuelle Fördern aber bis heute noch eine pädagogische Wunschvorstellung. Das wird sich auch nicht ändern, wenn man weiterhin diese hehren Ansprüche zum Maßstab erhebt, aber die Rahmenbedingungen nicht anpasst.³¹ Bleibt es bei den großen Klassen, bleibt die individuelle Förderung eine Illusion.

Längst wird uns Lehrern bei schulinternen Evaluationen die mangelnde Binnendifferenzierung auch von Schülern bescheinigt, wenn sie bei den vorgegebenen Aussagen

- »Ich habe die Möglichkeit, an selbst gewählten Aufgaben zu arbeiten.«
- »Ich bekomme meinem Leistungsstand entsprechende Aufgaben.«
- »Wenn ich fertig bin, bekomme ich zusätzliche Aufgaben.«

in der Regel *Trifft eher nicht zu* ankreuzen. So erhielt ich beispielsweise im Jahr 2010 bei der Auswertung einer Schülerbefragung, an der sich unsere Schule im Rahmen eines berlinweiten Evaluations-Netzwerkes beteiligt hatte, bei dem Kriterium »Binnendifferenzierung« die Rückmeldung, es bestehe noch immer »Entwicklungspotenzial«. Ich kann mich nicht damit trösten, dass dieses Urteil auch der Schule insgesamt bescheinigt wurde.

Weil Evaluation auch so ein neues Zauberwort ist, schickt die Schulbehörde jetzt Inspektionen in die Schulen, um zu überprüfen, wie unsere schulpädagogische Bibel, genannt Schulprogramm, in dieser so entscheidenden Frage umgesetzt wird. Dann streifen die Inspektoren – bewaffnet mit vielen Formularen und strengen Blicken – mehrere Tage durch das Schulhaus und die Klassen. Am Ende wird der Schule ein seitenlanger Bericht zugestellt. Ich möchte nicht nachfragen, wer meiner Kollegen den überhaupt gelesen hat. Zielführend und motivierend wäre es gewesen, uns einen Studientag zum Thema individuelle Förderung mit kompetentem Personal zu verordnen, das dann – ausgehend vom Ist-Zustand an unserer Schule – diese Fortbildung auf unsere konkreten Gegebenheiten zugeschnitten hätte. Die Investition hätte sich gelohnt. Denn was in der Debatte häufig vergessen wird: Auch die Lehrkräfte müssen gefördert werden. Wenn wir sie nicht motivieren und weiterbilden, fehlt uns der wichtigste Akteur für die Schaffung vielfältiger Lernwege im Rahmen einer neuen Schulkultur. So aber murkst wieder jeder für sich, um sich in kleinen Schritten dem fernen Ziel zu nähern, der Heterogenität im Klassenzimmer irgendwie professionell und fachkundig zu begegnen.

Erik profitiert von meinen Bemühungen leider nicht mehr. Denn inzwischen habe ich die traditionelle schriftliche Leistungsüberprüfung im Geschichtsunterricht modifiziert. Der Klasse werden zwei oder mehr Alternativen vorgelegt. Der Schüler hat also zu Beginn der Leistungsüberprüfung die Qual der Wahl. Die mutigste Variante ist die Methoden-LEK. Hierbei erhält der Schüler einen Text oder eine Bildquelle, die er analysieren und interpretieren muss. Entscheidet er sich für diese Variante, darf er alle Unterlagen heranziehen. Es ist eine klassische Anwendungsaufgabe. So bekam meine derzeitige 9. Klasse in Geschichte beispielsweise einen Historikertext zur Frage: »Wer trägt die Verantwortung für den Beginn des Ersten Weltkriegs?« Der Textauszug stammte von der Historikerin Annika Mombauer, die anlässlich des Jahrestags 2014 ein Buch über die Julikrise 1914 veröffentlicht hat. Von zweiunddreißig Schülern entschied sich zwar nur ein Viertel für diese Variante, aber 80 Prozent von diesem Viertel haben ihre Leistung im schriftlichen Bereich verbessert. Dafür lohnt sich natürlich der Aufwand für eine differenzierte Leistungsüberprüfung. Die Abwechslung hat auch meine Motivation bei der Korrektur erhöht.

Im Berliner Zentralabitur versucht man diesem Anspruch des individualisierten Lernens gerecht zu werden. Der Schüler hat entsprechend seinen Fähigkeiten zum Beispiel in Geschichte die Chance, zwischen mehreren Aufgabentypen zu wählen. Neuerdings ist darunter auch der Typ: »Darstellen historischer Sachverhalte in Form einer historischen Argumentation«. Hört sich etwas hochtrabend an und ist für manche Schüler tatsächlich auch abschreckend, denn man bearbeitet das Thema ohne Materialgrundlage. Dass Erik dieses Format gewählt hätte, steht außer Frage.

Erik gründet eine Schülerzeitung
Wenigstens hat Erik von einer weiteren Erkenntnis meines Selbststudiums profitiert. Denn ich habe gelernt, dass individuelles Fördern auch auf den Einzelnen abzielen kann. Also habe ich mir vorgenommen, auf dieser Ebene etwas in meiner Lehrermacht Stehendes zu unternehmen. Vorausgesetzt, die entdeckten Potenziale korrespondieren mit den Inhalten und Kompetenzen meiner Fächer. Diese Voraussetzung war bei Erik erfüllt.

Vier Lernerfolgskontrollen und zwei Jahrgangsstufen später gründete der inzwischen fünfzehnjährige Erik zusammen mit seiner Mitschülerin Lena* in der 10. Klasse eine Schülerzeitung. Ich war sein Geschichtslehrer geblieben und er saß noch immer vorn links in der ersten Reihe. Seine Blässe hatte dagegen nicht überlebt. Im April 2004 erschien die erste Ausgabe mit dem wenig spektakulären Titel »W.I.R.«, was ausgeschrieben folgende Trias ergab: witzig – informativ – raffiniert. Der Untertitel – ein vom Namensgeber unserer damaligen Schule abgeleiteter Sinnspruch: »Ich lese, also weiß ich!« – war da schon origineller und fasste den zentralen Anspruch der neuen Zeitungsmacher zusammen: Sie wollten informieren – aus der Sicht der Schüler. Von Anfang an war die zunächst mit Klammeraffe zusammengeheftete Blattsammlung mehr als »nur« eine Schülerzeitung. Magazin trifft es besser. Es wurden Schulereignisse wie Sportfest oder Abistreich thematisiert, vor allem aber setzten die beiden Jung-Redakteure mit Gewinnspielen, Umfragen, einer »Meinungsecke« oder der Wahl zum »Lehrer des Monats« auf Interaktion mit ihren Lesern. Außerdem veröffentlichten sie Film- und Buchrezensionen, Reportagen, wie beispielsweise über den Tsunami 2004, sowie Porträts über interessante Berufe. Ihnen gelang es sogar, eine renommierte Journalistin der *Financial Times* zu interviewen.

Es war ein enormer Aufwand und bedurfte natürlich der Unterstützung. Denn bei einem so anspruchsvollen Konzept stößt man neben dem Zeit- und Stressfaktor auch schnell an Überforderung und finanzielle Grenzen. Hilfe bekamen Lena und Erik von zwei Lehrern: ihrem Deutschlehrer, der zugleich ihr Klassenlehrer war, und mir, ihrem Geschichtslehrer. Die Unterstützung eines solchen Projekts ist eine echte pädagogische Herausforderung, eine Balance zwischen Motivation in Form von positivem Feedback und Beratung in Form von kritischen Hinweisen: Wie strukturiert man ein Inhaltsverzeichnis, wie führt man ein Interview, wie baut man eine Reportage auf? Auf die Nachbesprechung einer Ausgabe habe ich mich besonders gut vorbereitet. Ich zählte zunächst die positiven Aspekte auf und leitete dann vorsichtig zu »Hinweisen« über. Weder wollte ich mich in die Redaktionsarbeit einmischen noch einen neuen demotivierenden Spruch ablassen – wie damals in der 8. Klasse. So amüsierte ich mich nur im Stillen über den investigativen Journalismus bei einem bekannten Thema: Lena informierte in einem reißerischen Artikel unter der Überschrift: »Unfassbar: Geschichtsbücher lügen!« über weitere – vorsichtig ausgedrückt – Ungereimtheiten in der historischen Überlieferung von Kolumbus' Entdeckung, die ihr »Chefredakteur Erik« herausgefunden hatte.

Viel wichtiger war jedoch: Endlich war auch Eriks Stil gefragt. In der Schülerzeitung spezialisierte er sich auf Reiseberichte. Und er bekam auch gleich einen journalistischen Leckerbissen vor die Feder gesetzt. Denn wer hat als Zehntklässler schon die Chance, über eine Reise nach China zu schreiben? Unsere Schulpartnerschaft mit dem *Iron and Steel College Beijing* in Peking verschaffte nicht nur Erik eine außergewöhnliche Klassenfahrt. Auf vier Seiten konnte er sich anschließend mit seinen Eindrücken und Erlebnissen, die von »faszinierend« bis »erschreckend« reichten, über das Land der Gegensätze ausleben. Ich weiß nicht, ob er damals schon davon geträumt hat, später weiter zu schreiben. Denn wenige Jahre später sollte er während seines Marketingstudiums für ein Auslandssemester in Hongkong weilen und seinen ersten Reisebericht »Hongkongs Inselwelten« 2011 in einem professionellen Magazin veröffentlichen.

Apropos Marketing. Bewundernswert war auch das Engagement der beiden Schüler, wenn sie auszogen, um Anzeigenkunden zu gewinnen. Der Filmpalast Cinemaxx verschenkte Bonuskarten und bescherte Erik den ersten Presseausweis seines Lebens. Auch für mich sprang etwas heraus. Mein damals gestarteter Kreativwettbewerb bekam ungeahnte Aufmerksamkeit und ermöglichte den Gewinnern in der Kategorie Gedichte eine erste »Veröffentlichung«. In einer Ausgabe »durfte« ich als Externer auch mein erstes Interview führen: mit zwei politik-interessierten Schülern aus unterschiedlichen Jahrgängen. Tilo beispielsweise sagte damals mit neunzehn Jahren voraus, dass 2020 die Wirtschaftsmächte noch immer die Oberhand haben und die menschliche Entfremdung und die Naturkatastrophen zunehmen werden. Alles in einem Atemzug. Und er beendete folgenden Satzanfang: »Wenn ich Bildungsminister wäre, würde ich … auf mehr Pädagogik setzen und mehr Politik unterrichten lassen.« Außerdem forderte er einen »individuelleren Stundenplan«; eine »Grundbildung« sollte aber bestehen bleiben. Leider habe ich damals nicht nachgefragt, was er sich darunter konkret vorgestellt hat. Das Interview endete mit diesem rhetorischen Spiel.

»Wer sind diese beiden Halunken?«
Die Zeitung wurde zunehmend populär. Kaum standen Erik und Lena im Schulfoyer und verkauften die Exemplare, waren sie umringt. Sie starteten ein Relaunch und kooperierten mit dem Kunstkurs, der nun die Titelbilder entwarf. Allerdings hatten die beiden auch einen handfesten Skandal zu verantworten. Ihre Aprilausgabe 2005 war gerade erschienen und binnen einer Hofpause vergriffen. »Weißt du auch, warum?«, fragte mich unsere Schulsekretärin Frau Sonne, weil ich beklagt hatte, kein Exemplar ergattert zu haben. Sie lachte laut auf und zeigte auf die Tür zum Zimmer des stellvertretenden Schulleiters. »Hat *er* alle Ex-

emplare aufgekauft?«, fragte ich. »Nein, aber er hätte es sicher gern getan.« Wieder lachte sie laut auf. Dann kam er Herr Wandel* aus seinem Zimmer gestürmt. Mit hochrotem Kopf brüllte er ins Sekretariat: »Wer sind diese beiden Halunken?« Frau Sonne antwortete trocken: »Steht doch im Impressum.« Er hörte gar nicht hin, sondern brüllte weiter: »Die Zeitungen werden eingesammelt und eingestampft.« Und er ergänzte wild gestikulierend: »Alle!« Wir sahen ihn fragend an. Wagten aber nicht zu lachen. Dann lief er zurück in sein Zimmer und knallte die Tür hinter sich zu.

Frau Sonne gab mir ihr Exemplar und nannte mir die brisante Seite. Auch in dieser Ausgabe hatten Lena und Erik nicht auf die beliebte Rubrik »Lehrersprüche« verzichtet. Herr Wandel wurde gleich mehrmals zitiert. Auf die Sprüche über seine Frau oder über anzügliche Anspielungen verzichte ich hier. Auf andere Beispiele nicht: »Natürlich darf in der 11. Klasse kein Unterricht ausfallen – weil ihr ja alle blöd seid.« Oder: »Der ist dumm wie ein Schwein rennt.« Mir blieb das Lachen im Halse stecken.

Nach dem Unterricht traf ich die beiden Redakteure völlig aufgelöst im Schulflur. »Endlich, Herr Rauh, Sie müssen uns helfen«, flehte Lena. »Herr Wandel rennt fluchend durch die Flure und sucht uns.« »Warum habt ihr auch so drastische Sprüche ausgewählt?« Erik meinte: »Drastisch? Das waren noch die harmlosen Sprüche. Die schlimmsten haben wir extra nicht abgedruckt.« Lena verdeutlichte den Ernst der Situation: »Er hat zu anderen gesagt, dass er uns fertigmachen wird.« »Naja, das wollen wir erst einmal sehen«, antwortete ich mutig und malte mir aus, wie wir drei für die Pressefreiheit auf die Schulbarrikade gehen. Der Konflikt wurde aber zivilisiert geregelt. Es sollte keinen Nachdruck der Ausgabe geben, was ohnehin nicht vorgesehen war, und Herr Wandel verlangte in der nächsten Ausgabe eine Gegendarstellung, die ihm zugesichert wurde. Er fühle sich diskriminiert, in der Öffentlichkeit diffamiert und zudem völlig falsch zitiert.

Von Ärger mit kritischen Artikeln über die eigene Schule oder den Unterricht eines Lehrers können viele Jungredakteure republikweit ein Lied singen. Kai Mungenast, Vorstandssprecher der *Jugendpresse*, weiß um die Schwierigkeiten. Daher bietet dieser Medienverband für Jugendliche für solche Konflikte Hilfe an und bemüht sich, Schüler und Schulleitung an einen Tisch zu bringen.[32] Weil wir Jugendliche zu mündigen und kritischen Bürgern erziehen sollen, ist es wichtig, Schülerzeitungen zu fördern. Außerdem sind sie hervorragend für fächerübergreifenden Projektunterricht geeignet. An vielen Schulen erfreuen sich Schülerzeitungen und die neuen Formate im Online-Bereich längst großer Beliebtheit. Und diese fördern journalistische Talente. Außerschulische Institutionen haben das längst – auch für sich – erkannt. So zeichnet der *Spiegel* jedes Jahr die besten Schülerzeitungen aus. 2014 wurde das Magazin *Mittelpunkt* der Gesamtschule Hardt in Mönchengladbach zum Gesamtsieger gekürt. Deren »Art Director« sagte in einem Interview, er mache teils mehr für seine Zeitung als für die Schule.

Das wollten Lena und Erik damals nicht riskieren. Als sie in die gymnasiale Oberstufe wechselten, gaben sie das Zeitungmachen auf. Da sich leider keine journalistischen Nachfolger fanden, hatte sich W.I.R. mit einem eher unfreiwilligen Paukenschlag verabschiedet, dem nun auch Herrn Wandels Gegendarstellung zum Opfer fiel. Lena und Erik absolvierten zwei Jahre später unbeschadet ihr Abitur. In der sogenannten »5. Prüfungskomponente« übrigens glänzte Erik bei Frau Geißler mit einer Belegarbeit zu einem ungewöhnlichen Thema: »Die belletristischen Werke Liselotte Welskopf-Henrichs. Wahre Dichtung oder dichterische Wahrheit?« – und erreichte die höchste Punktzahl.

Und zwei Jahre später eine »echte« Biografie, bei einem richtigen Verlag! Anerkennend schüttelte ich Erik die Hand, als wir den Veranstaltungsraum betraten. Jacqueline war die Überraschung gelungen und er hatte auch dichtgehalten. Bevor Student Erik aus seinem Buch las, trat der Indianer auf. Es handelte sich um den kanadischen Künstler Quentin Pipestem, der dem Stamm der Blackfoot angehört. Er trug – begleitet von Handtrommel und Flöte – indianische Gesänge vor, berichtete über Rituale und Zeremonien seines Volkes und führte einen imposanten Reifentanz auf. Erik hatte den Künstler im Internet kontaktiert und für den Auftritt engagiert. Es war nicht die einzige Überraschung an diesem Abend. Bei der abschließenden Diskussion saß auch der Sohn der berühmten Schriftstellerin, Rudolf Welskopf, auf dem Podium.

Anschließend haben wir die Buchpremiere im Restaurant gefeiert. Wie die Profis. Mit vier ehemaligen Mitschülern Eriks und uns beiden Ex-Lehrern. Natürlich kam auch die Anekdote von meiner Rückgabe der Geschichts-LEK in der 8. Klasse zur Sprache. Und Erik erzählte, dass er weiter schreiben wolle. Wenn er Verlage finde, wolle er auch seine Reiseberichte veröffentlichen. Niemand hielt ihm in der Runde vor, dass es Reiseliteratur wie Sand am Meer gibt. Ich sowieso nicht. Vier Jahre später ist die Palette der Publikationen, die der inzwischen Siebenundzwanzigjährige alle neben seinem Studium und seinem jetzigen stressigen Job in einem Startup-Unternehmen geschrieben hat, wirklich beeindruckend. Er veröffentlichte nicht nur mehrere Reisebücher, vor allem über »sein Land« Laos, sondern ist nun auch Mit-Herausgeber der Länderreihe *Wie wir es sehen*, in der bisher Bände über Australien, China, Indien und Frankreich erschienen sind. Demnächst soll auch ein Kinderbuch über einen der berühmtesten Häuptlinge der Geschichte erscheinen: Sitting Bull. Vielleicht fördert dieses Buch auch das Interesse am Fach Geschichte.

Bei Kolumbus mache ich mir in dieser Hinsicht jedoch keine Sorgen. In meiner 7. Klasse erklärte neulich eine Schülerin, dass nicht Kolumbus, sondern die Muslime Amerika entdeckt hätten. Woher sie das denn wisse? Nuryils* Augen blitzten unter dem Kopftuch kurz auf: vom türkischen Präsidenten. Wie damals bei Erik musste ich erst einmal recherchieren. Und tatsächlich hatte

Erdogan im November 2014 bei einer Rede vor lateinamerikanischen Muslimen in Istanbul aufgedeckt, dass seine historischen Landsleute schon 1178 in Amerika gelandet seien. Kolumbus hätte in seinem Logbuch eine Moschee auf einem Hügel an der Küste Kubas erwähnt. Weitere Indizien für muslimische Aktivitäten in der Neuen Welt enthüllte der türkische Präsident nicht. Es gibt wohl auch keine. Was dagegen belegt ist: Die europäischen Entdecker und Eroberer bezeichneten die Altamerikaner häufig als »Ungläubige«, »Mauren« und deren Heiligtümer als »Moscheen«. Nuryil wird nun einen Vortrag halten. Geschichte wiederholt sich doch.

Gleichheit bedeutet nicht automatisch Gerechtigkeit
Inklusion auf Biegen und Brechen

»Was machst *du* denn da?« Frau Zastrow* sah den Jungen entsetzt an. Der Zehnjährige reagierte nicht, sondern zerriss das Arbeitsblatt über die Olympischen Spiele in Griechenland weiter in Stücke. »Wie heißt du?«, fragte die Lehrerin und überlegte, ob sie ihm lieber gleich das Arbeitsblatt oder das, was davon übrig geblieben war, aus der Hand reißen sollte. »Er heißt Riko*«, antwortete seine Nachbarin. Sie stellte dessen Namensschild wieder aufrecht und ergänzte: »Ich bin die Irina*.« Frau Zastrow lächelte kurz und war für einen Moment abgelenkt. Riko begann die Papierschnipsel nun zu bespucken. Während einige Mitschüler laut »Iiiih« riefen, brüllte Frau Zastrow: »Riko, hör auf damit!« Der Junge reagierte jedoch nicht auf die Lehrerin. Stattdessen nahm er die bespuckten Schnipsel und rieb sie sich ins Gesicht. Frau Zastrow drehte sich weg. »Voll behindert, der Typ«, meinte Achmed*. Er stand auf, ging nach vorn und spuckte seinen Kaugummi lautstark in den Mülleimer. Auf dem Rückweg boxte er Devin* in den Arm und raunte ihm zu: »Na, du Streber, hast schon alles ausgefüllt?« Frau Zastrow reagierte jetzt sofort. Bevor Devin aufspringen und auf Achmed losgehen konnte, drückte sie den Angegriffenen in die Schulbank zurück. Der zeigte Achmed wütend den Stinkefinger. Zu Achmed sagte sie eindringlich: »Und du setzt dich sofort hin!« »Isch hab doch nix gemacht«, maulte der Schüler. »Der Typ hat mir den Finger gezeigt. Ist erlaubt, oder was? Alle behindert hier!« Frau Zastrow antwortete Achmed nicht, sondern wandte sich wieder Riko zu. Der schmierte sich noch immer die bespuckten Schnipsel ins Gesicht. Seine Nachbarin Irina meinte: »Er muss sich hinlegen.« »Hinlegen?«, wiederholte die Lehrerin fragend. »Pennen gehen!«, rief Achmed nach vorn. »Dann geh isch aber Schulhof.«

Am liebsten wäre Frau Zastrow selbst rausgegangen. Nicht raus auf den Schulhof, sondern aus dieser inklusiven Grundschule. Zurück an ihr altsprachliches Gymnasium, an dem sie im Januar 2015 erfolgreich ihr Referendariat in den Fächern Deutsch und Geschichte absolviert hatte. Ich war ihr Fachseminarleiter für Geschichte. Sie wurde jedoch nicht von der Schule übernommen. Schuld ist – welche Überraschung – ihre Fächerkombination. Deutsch und Geschichte sind an Gymnasien keine Mangelfächer. Daher bot die Berliner Senatsschulverwaltung der engagierten Junglehrerin nach den Winterferien 2015 die Stelle in einer inklusiven Grundschule an. Der Wechsel war ein Bildungsschock.

Das Gymnasium, an dem sie zuvor unterrichtet hatte, gehört zu den bekanntesten und beliebtesten in der Hauptstadt. Es gilt als Eliteschule. Jedes Schuljahr übersteigen die Anmeldungen die Zahl der Aufgenommenen. Die Schule profiliert sich nicht über einen fachbezogenen Schwerpunkt, sondern lässt sich von drei Werten leiten: Leistung, Weltoffenheit und freundliches Lernklima. Allein der erste Wert muss alle Vorkämpfer für die Einheitsschule auf die bildungsgerechte Palme bringen. Und *In-*

klusion taucht in der Rubrik *Profil* erst gar nicht auf. Das Gymnasium ist Partnerschule der Berliner Filmfestspiele, die Schülerzeitung hat schon mehrere Preise gewonnen – und Frau Zastrow präsentierte uns Seminarleitern in der Examensstunde mit ihrer 10. Klasse eine gelungene Pro-Contra-Debatte zum Thema *Die USA im Vietnamkrieg – Verteidiger oder Aggressor?* Schüler Janek* leitete die Debatte ohne Moderationskärtchen so professionell, als moderiere er seit Jahren eine TV-Talkshow.

Sechs mit I-Status

»Keine Diskussion mehr!«, rief Frau Zastrow in die Klasse. Sie ging zur Tafel und schrieb eine Uhrzeit an. »Ihr habt für die Bearbeitung des Arbeitsblattes fünfzehn Minuten Zeit. Wer Fragen hat, der meldet sich. Und ihr fangt jetzt an!« Sie setzte einen drohenden Blick auf, ließ ihn 180 Grad durch den Klassenraum schweifen und stoppte bei Achmed. Der rief nur: »Was wollen Sie? Hab keine Frage« und beugte sich über sein Arbeitsblatt. Nach einer Minute quatschten die ersten wieder.

Riko wedelte mit seinem Hefter. Frau Zastrow brachte ihm ein neues Arbeitsblatt, das er gleich wieder zu zerreißen begann. Seine Banknachbarin Irina kommentierte trocken: »Sie regen ihn auf.« »Bitte?« »Ja, der Riko ist doch Aurist. Alles Neue regt ihn auf. Sagt Frau Eschenburg*, unsere Klassenlehrerin. Und du bist ja neu«, erklärte Irina. »Du meinst, er ist Autist«, korrigierte Frau Zastrow, ohne darauf einzugehen, dass die Schülerin sie duzte. »Ich kann dir den Raum zeigen, wo Riko sich immer hinlegt«, bot Irina an, ohne auf die Verbesserung der Lehrerin einzugehen. Achmed, der das Gespräch verfolgt hatte, rief sofort dazwischen: »Isch kann Sie dahin führen.« »Nach der Stunde!«, sagte die Lehrerin. »Dann könnt ihr mir beide den Raum zeigen.« »In der Pause muss isch Cafeteria«, erklärte Achmed. Dann meldete sich Devin. Frau Zastrow ging zu seinem Tisch: »Du hast eine Frage zu dem Text?« »Nein, ich wollte wissen, warum Berlin eigentlich nicht Olympia kriegt?« Sie wollte ihm antworten, wurde aber gleich wieder unterbrochen. Ein Junge in der letzten Reihe war unter die Bank gerutscht. Sie lief sofort zu ihm. Achmed beruhigte sie: »Is normal. Er sucht seine Bauklötzer. Hat Frau Eschenburg im Schrank.«

Es war Frau Zastrows erste Stunde in der 5b. Bis zu den Osterferien sollte sie die erkrankte Klassenlehrerin Frau Eschenburg vertreten. Vor Beginn der Stunde hatte ihr die Schulleiterin im Vorbeigehen den Klassenordner übergeben: »Sechs mit I-Status, zwei werden geprüft.« Schüler mit I-Status haben Anspruch auf spezielle Förderung. In Berlin umfasst dieser Förderbedarf neben »Autismus« die Bereiche »Lernen«, »Hören«, »Sehen«, »körperliche und motorische Entwicklung« sowie »emotionale und soziale Entwicklung«. In der 5b heißt das konkret: drei Schüler mit geistiger Behinderung, ein seh- und ein hörbehindertes Kind sowie ein Autist – eben Riko. »Und gibt es Schulhelfer?«, wollte Frau Zastrow wissen. »Schulhelfer?«, rief die Direktorin fragend zurück und verschwand im Sekretariat.

In dieser Grundschule unterrichten normalerweise dreißig Kollegen. Zurzeit sind vierzehn krank. Die einzige Sonderpädagogin befindet sich überall und nirgends, die Schulhelferstunden sind immerhin beantragt. Frau Zastrow ist selbst Klassenlehrerin, absolviert wöchentlich achtundzwanzig Unterrichtsstunden und vier Aufsichten von je zwanzig Minuten. Sie erteilt nicht nur ihre studierten Fächer Deutsch und Geschichte, sondern sie muss auch Mathe und Musik unterrichten. Sie verfügt weder über eine Grundschul- noch über eine Sonderpädagogikausbildung.

Nach der Stunde begab sich Frau Zastrow auf die Suche nach einem Raum für Riko. Denn der Raum, den ihr Irina zeigte, war schon belegt. Eigentlich hatte sie jetzt Aufsicht ...

So kann Inklusion nicht funktionieren. Dabei geht es hier eigentlich um ein besonders sensibles Thema. Inklusion ist ein Menschenrecht. Und revolutioniert die Bildung. Inklusion bedeutet Einbeziehung; also genau das Gegenteil von Ausgrenzung. Die Einbeziehung gilt auch – und gerade – für die Schulbildung. Mit der Ratifizierung der *UN-Konvention über die Rechte von Menschen mit Behinderung* hat sich Deutschland 2009 auch zur Umsetzung im Schulwesen verpflichtet: Demnach müssen behinderte Kinder keine Sonderschule mehr besuchen, sondern können in der Regelschule gemeinsam mit allen anderen Kindern lernen, wenn die Eltern das wollen. Wie dieser Anspruch konkret umzusetzen ist, darüber herrscht Uneinigkeit. Jedes Bundesland hat seine eigene bildungspolitische Inklusionsgeschwindigkeit. Während Bremen bestrebt ist, möglichst schnell alle Sonderschulen aufzulösen, bevorzugen beispielsweise die beiden Südländer, Bayern und Baden-Württemberg, einen schrittweisen Weg zum gemeinsamen Lernen. Einige Bundesländer wie Berlin feilen seit Jahren an einem Konzept.

»Verhaltensoriginell«
Während die Inklusion vielerorts schon praktiziert wird, liefert sich die pädagogische Wissenschaft ideologische Grabenkämpfe. Die Befürworter für eine radikale Umsetzung der Inklusion stellen nichts anderes als die Systemfrage. Inklusion soll das mehrgliedrige Schulsystem durch *eine Schule für alle* ersetzen. In einer inklusiven Schullandschaft hätten weder Sonderschulen noch Gymnasien einen legitimen Platz. Einer der Wortführer, der Hamburger Erziehungswissenschaftler und Sonderpädagoge Hans Wocken, sieht in der Einrichtung von Sonderschulen ohnehin eine Verletzung der Menschenrechte und begreift bereits eine amtliche Begutachtung zur Beschreibung des Förderbedarfs als diskriminierend. Überhaupt sei jegliche Behinderungsetikette diskriminierend, »weil sie die Teilhabe von Kindern mit Behinderungen am sozialen Verkehr in der Altersgruppe und im alltäglichen Leben sowie eine unbeschädigte Identitätsentwicklung nachhaltig beeinträchtigen können«. Zudem ebne in diesem all-

täglichen Umgang der Kinder die Etikettierung als Behinderte den Weg zur Beschimpfung als »Behinderte«.[33] Das können alle Lehrer bestätigen: »Bist du behindert?« ist in der Schülerkommunikation keine Frage, sondern eine Beleidigung. Und die Frage zieht eine grundsätzliche nach sich: Darf man behinderte Schüler überhaupt noch »behindert« nennen? Es bleibt ungewiss, ob andere Begriffe wie »verhaltensoriginell« dieses Problem lösen. Das bezweifelt nicht nur aus sozialer, sondern auch aus medizinischer Perspektive der Berliner Erziehungswissenschaftler Bernd Ahrbeck, einer der renommiertesten Inklusionskritiker. Er plädiert für eine klare Diagnostik: »Wenn ein Kind blind ist oder gehörlos, ist das noch leicht zu erkennen. Aber es gibt Kinder, deren Beeinträchtigungen auf den ersten Blick weniger auffallen, die schwer lernen oder massive Probleme in der emotional-sozialen Entwicklung haben.« Auch zum Fall des bundesweit bekannten elfjährigen Henri aus Baden-Württemberg, der am Down-Syndrom leidet und auf Wunsch seiner Mutter mit seinen Freunden aus der Grundschule auch das Gymnasium besuchen sollte, hat der Kritiker eine klare Position: Das Ansinnen der Mutter hält er für abwegig. Die zentrale Funktion von Schule sei ja nicht der Erhalt von Freundschaften: »Schule ist vor allem dazu da, dass Kinder etwas lernen und sich weiterentwickeln. Wenn man die Sicht von Henris Mutter auf die Spitze treibe, dann dürfte in Zukunft jeder junge Mensch aufs Gymnasium gehen, wenn er sich dort wohler zu fühlen glaubt.« Er halte es zwar für sehr gut vertretbar, dass geistig behinderte Kinder mit nicht behinderten gemeinsam eine Grundschule besuchen, aber in den weiterführenden Schulen werde es schwierig. Wenn das Kind dort dem Unterricht nicht folgen könne, »besteht die Gefahr, dass es emotional und sozial außen vor bleibt und vereinsamt«. Und Ahrbeck beruft sich dabei auch auf den Wortlaut der UN-Konvention: Behinderte haben das Recht auf Bildung und Schulbesuch. Aber von »der Schule für alle« stehe in der UN-Behindertenkonvention nichts.[34] Der Professor hat recht. In Artikel 24 findet sich der Absatz: Bei der Verwirklichung des Rechts auf Bildung gewährleisten die Vertragsstaaten, dass »Menschen mit Behinderungen gleichberechtigt mit anderen in der Gemeinschaft, in der sie leben, Zugang zu einem integrativen, hochwertigen und unentgeltlichen Unterricht an Grundschulen und weiterführenden Schulen haben«.[35] Welche Schule ist jedoch für Kinder mit einer Behinderung die richtige? Genau diese Frage lässt sich nicht pauschal beantworten. Wenigstens lässt sich so viel sagen: Die Einheitsschule ist nicht die Lösung. Da können die Inklusionsdogmatiker mit der UN-Konvention wedeln, so viel sie wollen. Gleichheit bedeutet nicht automatisch Gerechtigkeit.

Was ist gerecht?

Es ist nicht gerecht, wenn einem Kind mit Behinderung der Besuch einer Regelschule verwehrt wird. Aber ist es gerecht, wenn für ein Kind mit Behinderung an der Regelschule keine adäquaten Bedingungen existieren? Wie soll ein Lehrer in einer Klasse, in der unter den vierundzwanzig Schülern ein geistig behindertes neben einem hochbegabten Kind, ein hörbehindertes neben einem verhaltensauffälligen Kind sitzt, jedem Schüler gerecht werden? Wer einmal eine solche Klasse unterrichtet hat, wird bestätigen, dass eine individuelle Förderung nicht realisierbar ist. Letztendlich leiden alle: die Schüler mit und die ohne Handicap. Und auch die Lehrkraft. In einer Inklusionsklasse müssten mindestens zwei Lehrer unterrichten und entsprechend des Förderbedarfs ausreichend Schulhelfer, die die Arbeit der Pädagogen im Klassenraum unterstützen. Welches Land kann sich das leisten?

Es ist illusorisch, alle Schüler mit und ohne Behinderung in eine Schule zu integrieren. Bei körperbehinderten Kindern ist diese Integration kein Problem, wenn die räumliche und personelle Ausstattung stimmt. Aber was ist mit einem geistig behinderten Schüler? Viele Inklusionseltern berichten, dass ihr Kind in der Grundschule im Unterricht noch gut mitkam. In der Regelschule begannen dann die Probleme: viel Hektik, wenig Zeit, keine Geduld – und fehlendes Personal.

In Nordrhein-Westfalen startete im Sommer 2014 Tina Brune, Mutter eines lernbehinderten Jungen mit Seh- und Hörstörungen, eine Online-Petition für den Erhalt der Förderschulen. Innerhalb eines halben Jahres unterschrieben knapp 16 500 Bürger. Frau Brune begründet ihre Forderung mit dem »Recht auf Bildung« und fügt im gleichen Satz hinzu: »und manche Kinder sind dafür auf den Lernort Förderschule angewiesen«. Sie befürwortet die Inklusion, aber der gemeinsame Unterricht an Regelschulen reiche mit zwei bis drei Förderstunden in der Woche nicht aus, »um jedem betroffenen Kind gerecht zu werden«.[36] Viele Schulleiter berichten, dass selbst diese Förderstunden zusammengestrichen werden müssen. Die Kollegen werden schlichtweg für die Vertretung gebraucht. Außerdem fehlt es an qualifiziertem und zusätzlichem sonderpädagogischen Personal. Bund und Länder stellen in ihrem *Nationalen Bildungsbericht 2014* fest, dass lediglich ein Drittel der rund 71 000 Lehrer an Förderschulen über einen sonderpädagogischen Abschluss verfügt.[37] Über die Qualifikation des Personals an Regelschulen gibt es keine verlässlichen Zahlen.

Die Schulbehörden erreichen immer mehr Beschwerden. Exemplarisch zeigt das der öffentliche Brandbrief der Hamburger Stadtteilschule *Am Heidberg* aus dem Jahr 2014. Das Lehrerkollegium warnt darin vor einer Überlastung und rechnet vor, wie sich in den letzten Jahren die Voraussetzungen für inklusives Lernen massiv verschlechtert haben: »Die Zuweisung der Ressourcen deckt den tatsächlichen Bedarf nicht.« Und der Ruf der Lehrer zeigt, wie alleingelassen sie sich fühlen: »Aufgrund der hohen Zahl verhaltensauffälliger Schüler ist ein halbwegs normaler Unterrichtsalltag in vielen Klassen nur möglich, weil unsere engagierten Kollegen über ihre Belastungsgrenzen hinaus (…) für das Gelingen der Inklusion (…) kämpfen.«[38] Auch den Schulbehörden müsste inzwischen klar sein: Inklusion gibt es nicht zum Nulltarif. Neben dem Erhalt der Förderschulen bedarf es an den Regelschulen ausreichender Personal-, Raum- und Finanzausstattung sowie neuer Unterrichtskonzepte und einer qualifizierten Weiterbildung der Lehrkräfte. Inklusion muss zudem verpflichtender Bestandteil der Lehrerausbildung an den Universitäten werden. Solange das alles nicht umgesetzt ist, kann Inklusion in Deutschland nicht gelingen.

Der Zeit voraus
Es gibt jedoch viele Schulen, in denen Inklusion durchaus funktioniert. Das kann ich aus eigener Erfahrung bestätigen. Denn seit 2005 unterrichte ich an einem Gymnasium, das bereits seit zwanzig Jahren Inklusion praktiziert. Zunächst war ich skeptisch und reagierte etwas verunsichert, als der erste schwer körperlich behinderte Schüler in einem Rollstuhl von einem Schulhelfer in meinen Klassenraum gebracht wurde. Der siebzehnjährige Leo* hatte zuvor mühelos den Mittleren Schulabschluss geschafft und wollte nun unbedingt das Abitur. Als einen seiner Leistungskurse wählte er Geschichte und bekam mich als Lehrer. Was ihn gar nicht erfreute:»Frau Haffner* wäre mir lieber gewesen«, gab er unverhohlen in einem ersten Gespräch zu.»Die kennt meine Macken schon.« Damit meinte er nicht seine Behinderung, sondern seine Sturheit und seine direkte Art.

Etwas gnatzig erklärte ich ihm, dass ich dafür auch nichts könne. Ich sei neu an der Schule, weil meine alte schließen musste. Nach der Wiedervereinigung waren die Schülerzahlen in Ostberlin rapide zurückgegangen. Viele Schulstandorte mussten aufgegeben werden. Es traf auch unser Gymnasium in Lichtenberg. Inzwischen ist es abgerissen und unsere Schulsekretärin Frau Sonne lacht in einer Grundschule weiter. Zusammen mit dem Großteil des Kollegiums wechselte ich an ein anderes Gymnasium im gleichen Stadtbezirk, das nur drei Kilometer entfernt liegt. Es ist ein Neubau, der behindertengerecht ausgestattet ist. Es gibt Fahrstühle und spezielle Toiletten. Auch die personelle Ausstattung mit Schulhelfern, die den Schülern nicht nur im Unterricht zur Hand gehen, sondern sie auch zur Toilette oder in die Mensa begleiten, ist vergleichsweise gut. Allerdings ist auch hier nicht alles perfekt. So wurden im Schuljahr 2014/15 nur 75 Prozent der notwendigen Schulhelferstunden bewilligt.

Unter den mehr als 1100 Schülern lernen bei uns zurzeit knapp fünfzig mit einem Handicap. Manche Beeinträchtigungen sind auf den ersten Blick nicht sichtbar. Sie reichen von Diabetes und Rheuma über Hör- und Sehbehinderungen bis zur Erkrankung des Herz-Kreislauf-Systems. Das erfährt man alles von unserem Inklusionsteam, das seit 2006 existiert: zwei Inklusionsbeauftragte, fünf Schulhelfer sowie eine Sozialpädagogin, die beratend zur Seite steht. Das Team organisiert den Schulalltag der Inklusionskinder. Und es rechnet beispielsweise aus, wie hoch der Nachteilsausgleich für jeden Schüler ist. So erhielt Leo bei Klausuren 15 Prozent mehr Zeit und durfte einen Computer verwenden. Während die anderen Schüler mit ihren Stiften über das Papier rasten, hämmerte Leo die Sätze in seinen Laptop. »Sehen Sie, ich bin der Zeit mal wieder voraus«, kommentierte er. Sein trockener Humor brachte uns immer wieder zum Lachen, was den Umgang mit ihm von Anfang an erleichterte.

Als er das erste Mal schwer krank wurde und für längere Zeit zu Hause bleiben musste, nahm ich mit ihm E-Mail-Kontakt auf. Ich hatte mich lange dagegen gewehrt, mit Schülern E-Mails auszutauschen. Stellen Sie sich mal vor, man kommuniziert auf diese Weise nur mit einem Teil der rund zweihundert Schüler, die man wöchentlich unterrichtet! Aber ich wollte Leo Aufgaben übermitteln und über das Geschehen im Kurs berichten. Er ließ Grüße bestellen und ergänzte seinen Gesundheitsbericht um ein »kleines Kranken-1x1«, damit ich die medizinischen Abkürzungen verstehe. Irgendwann bat er mich um »intellektuelle Herausforderungen«, die er vom PC aus meistern könne. So entwickelten Leo und ich eine mobile Grafik für ein Urteilsmodell im Geschichtsunterricht. Wenn ich es heute im Seminar verwende, steht unter der Computeranimation unser gemeinsames Copyright.

Zwischenzeitlich verschlechterte sich Leos Gesundheitszustand. Er musste operiert werden. Frau Haffner und ich besuchten ihn im Krankenhaus. Tapfer überstand er auch unsere Fürsorge. Und wie immer kommentierte er trocken das Geschehen: Seine Schulabwesenheit hätte schließlich auch Vorteile. So hätte er nicht mit meinem Geschichtskurs zur Exkursion in die *Berliner Unterwelten* gemusst. Dort sei ihm die Luft zu knapp und die Wege noch holpriger als in Rom. Damit spielte er auf eine gemeinsame Erinnerung an, die ihren Ursprung in der Antike hatte. Als ich im ersten Semester ein Bild von einer Prozession auf die Akropolis zeigte, meldete Leo sich und meinte, die Griechen seien fortschrittlicher als die Römer gewesen. Auf meine Nachfrage, er möge das begründen, verwies er auf ein Detail in der Rekonstruktionszeichnung. Die Menschen mussten keine Stufen erklimmen, sondern liefen über eine schiefe Ebene zum berühmtesten Tempel der Welt empor. »Wenn Sie mich etwas anschieben würden, käme ich da problemlos hochgerollt«, kommentierte er.

Der Vergleich mit Rom erschloss sich mir erst, als wir einige Monate später versuchten, mit dem Rollstuhl das Forum Romanum zu überwinden. Ich hatte mir anfangs gar nicht vorstellen können, dass wir Leo auf unsere Kursfahrt nach Rom mitnehmen würden. Aber der Schulleiter brachte es auf eine programmatische Gleichung: »Unsere Schule ist ein inklusiver Lebens- und Lernort. Mit Ihrer Kursfahrt in die italienische Hauptstadt erweitern Sie nun den Radius.« Also flog der Kurs nach Rom, inklusive Leo. Er wurde von seinen Eltern und einem Schulhelfer begleitet und übernachtete in einem behindertengerechten Hotel. Tagsüber nahm er an den gemeinsamen Ausflügen teil. Und wurde von den Mitschülern durch die Straßen des rückständigen Roms bugsiert.

Eines Abends kam ich mit meiner Reisekollegin Frau Lenk vom Einkaufen ins Hotel und sah im Hofeingang Leos Rollstuhl stehen. Er war leer. Ich rief sofort die Eltern an. Sie beruhigten mich, dass alles in Ordnung sei. Leo wäre bei seinen Mitschülern. Sie hatten ihn nach oben getragen. In einem der Hotelzimmer saß er auf einem Bett und spielte gerade mit einem anderen Schüler Schach. Es wirkte vertraut – und völlig normal.

»Für Projektarbeit hast du also noch Zeit«
Schule, öffne dich!

»Du möchtest bitte mal zum Chef kommen!«, rief mir unser Schulsekretär schon von Weitem zu. »Gleich?«, antwortete ich etwas irritiert und schaute auf die Uhr. In zehn Minuten begann die erste Stunde, und ich wollte noch ein Arbeitsblatt kopieren und den Fernseher aus dem Medienraum holen. »Sofort!«, rief er entschieden zurück. Ich wechselte die Richtung und spürte Unbehagen. Denn wer am Montagmorgen zum Schulleiter gerufen wird, der hat ein Problem. Normalerweise liegt ein Zettel im Fach, auf dem ein Gesprächstermin steht oder um Rücksprache gebeten wird.

Auf dem Weg zum Schulleiter fahndete ich in Gedanken nach möglichen Sünden aus der letzten Woche: Welche Statistik hatte ich vergessen, welche Aufsicht versäumt? Oder hatte ich eine »Bitte um Rücksprache« übersehen? Ich könnte zu meiner Verteidigung vorbringen, dass das Schuljahr noch jung sei und ich mehrmals den Unterricht einer erkrankten Kollegin vertreten musste. Von Schülern lernen, heißt auch Ausreden lernen. Ich durchschritt das Sekretariat und riskierte einen Blick auf die vielen Aushänge an der Wand, konnte jedoch auf die Schnelle keine Indizien für mögliche Versäumnisse entdecken. Stattdessen fiel mir auf, dass schon wieder ein Monat rum war. Auf dem Tresen schob der Sekretär die Kalenderschablone auf den 2. September 2013.

»Guten Morgen, Herr Rauh«, empfing mich der Schulleiter freundlich, was zunächst nichts zu bedeuten hatte. Ich grüßte zurück und blieb am Eingang stehen. »Machen Sie doch hinter sich die Tür zu und nehmen Sie bitte Platz.« Wir setzten uns, und er durchkämmte die Papierstapel auf seinem Tisch. Ich sah ihm bei der Suche aufmerksam zu und wünschte, er würde jetzt nichts finden. Dann zog er ein Schreiben hervor und lehnte sich langsam zurück. Es würde also länger dauern. Ich beschloss, auf Ausreden gänzlich zu verzichten. »Haben Sie sich gestern das TV-Duell angesehen?«, fragte er. »TV-Duell?« »Na ja, Merkel gegen Steinbrück.« »Ja, natürlich«, antwortete ich etwas irritiert. »Ich werde dieses Duell gleich im Politikunterricht analysieren.« »Gehen Sie denn davon aus, dass sich das alle Schüler angeschaut haben?« »Einige wollten schon deshalb einschalten, weil Stefan Raab einer der vier Interviewer war. Wir werden uns aber zusammen einige Ausschnitte ansehen.« Mir fiel ein, dass ich den Fernseher noch holen wollte. Ich sah etwas nervös auf die Uhr und konnte mir nicht vorstellen, dass der Schulleiter mit mir kurz vor Acht über das Kanzler-Duell sprechen wollte.

Aber er fragte weiter: »Und wer wird Ihrer Meinung nach das Rennen machen?« »Ich denke, dass Peer Steinbrück inhaltlich und vor allem rhetorisch punkten konnte, aber man muss sicher kein Prophet sein, um vorauszusagen, dass Angela Merkel die Wahl wieder gewinnen wird.« Der Schulleiter strich sich über seinen Bart und meinte: »Ist Ihnen aufgefallen, dass die Bildung in der Diskussion keine Rolle spielte?« »Ländersache«, kommentierte ich nur kurz. Und sah nun etwas demonstrativer auf die Uhr. »Ja, Herr Rauh«, begann er bedeutungsschwer, »dann spiele ich heute mal Prophet.« Dann schaute er auf das herausgefischte Schreiben und erklärte: »Sie werden in diesem Jahr mit dem Deutschen Lehrerpreis ausgezeichnet. Als einziger Berliner. Herzlichen Glückwunsch dazu!« Ich sah ihn verdutzt an. »Lehrerpreis?«»Den Deutschen!«, sagte er und fügte schmunzelnd hinzu: »Ist keine Ländersache.« Die Schulklingel ertönte. Nun lehnte ich mich zurück.

Dönerleistungskurs

Von dem Preis hatte ich noch nie etwas gehört. »Es ist der renommierteste Lehrerpreis und er wird vom Deutschen Philologenverband und der Vodafone Stiftung vergeben«, klärte mich mein Schulleiter auf, als könne er meine Gedanken lesen. »Und wie kommt das? Ich meine, ...«»Ich habe damit nichts zu tun«, unterbrach er mich schnell und riss seine Hände hoch. »Sie bekommen den Preis in der Kategorie ›Schüler zeichnen Lehrer aus‹. Und nominieren dürfen Schüler einen Lehrer nur, wenn sie die Schule beendet haben. Haben Sie eine Idee, wer das gewesen sein könnte?«

Ja, die hatte ich. Auf dem Weg zum Medienraum schrieb ich Dustin eine SMS. »Haben Sie etwas mit einem Lehrerpreis zu tun?« Dustin hatte in meinem letzten Leistungskurs Geschichte gesessen und im Sommer 2013, also vor einem Vierteljahr, sein Abitur absolviert. Die Telefonnummern des ehemaligen Kurses waren alle in meinem Handy gespeichert, seit wir damals an einem mehrtägigen Projekt teilgenommen hatten. Während ich den Wagen mit dem Fernseher in den Klassenraum schob, kam die Antwort: »Haben Sie ihn denn gewonnen?« Dahinter ein Smiley. »Herr Rauh, Sie sind kein gutes Vorbild«, rief eine Schülerin aus der 10. Klasse, mit der ich jetzt das TV-Duell analysieren wollte. »Handys sind doch im Unterricht verboten.«

Eine Woche später hatte ich einen regulären Termin beim Schulleiter. Inzwischen hatte er die offizielle Einladung zur Preisverleihung und das zweiseitige Nominierungsschreiben der Schüler erhalten. Alle Kursteilnehmer hatten unterschrieben. Als ich die Begründung lesen wollte, hielt mich der Schulleiter zurück: »Schauen Sie sich das in Ruhe an. Sie sollten dabei auch besser sitzen.«»Haben Sie es denn schon gelesen?«»Natürlich!«, rief er sofort erfreut aus,»das ist unverkennbar Dustins Stil. Und der Junge hat auch nichts ausgelassen.«»Aha?«, reagierte ich vorsichtig.»Ihr Geschichtskurs nannte sich ›Dönerleistungskurs‹?«»*Das* hat Dustin erwähnt?«»Also stimmt es!« Er lachte. Ja, es stimmte. Irgendwann war es zur Tradition geworden, dass wir nach einer Exkursion zusammen Döner essen gingen. Wie sich herausstellte, handelte es sich um eine kursverbindende kulinarische Vorliebe. Und meine Schüler waren bestens über alle Facetten des sich drehenden Grillfleisches informiert: Norman* über die attraktivsten Angebote der Stadt, Nadine* über die genauen Kalorien und Dustin über die Historie des bekanntesten Imbissgerichtes der türkischen Küche. So erfuhr ich beispielsweise, dass der berühmte preußische Offizier Helmuth von Moltke als Militärberater des Osmanischen Reiches Anfang des 19. Jahrhunderts seine Dönermahlzeit im Tagebuch festhielt und das am Spieß gebratene und in Brotteig eingewickelte Hammelfleisch als»ein sehr gutes, schmackhaftes Gericht« gewürdigt hatte. Als wir nach einem Kinobesuch am Bahnhof Zoo Döner aßen, hätte man das auch als fächerverbindende Exkursion verkaufen können: Anfang der 1970er-Jahre soll dort der erste Dönerimbiss in Deutschland eröffnet haben. Und wir waren jetzt der erste Dönerleistungskurs im Land.»Wir hoffen, Sie verstehen, liebe Jury«, lautete Dustins letzter Satz in der Begründung. So bekommt man also den Deutschen Lehrerpreis.

Erster unter Gleichen
Der Schulleiter meinte:»Also, damit Sie jetzt keinen falschen Eindruck bekommen, zitiere ich mal eine Passage aus der Begründung, die mir besonders gut gefällt: ›Es war eine fantastische Lernatmosphäre, die uns das Lernen ungemein vereinfachte. Herr Rauh war für uns Lehrer und Freund. Er konnte sich jeder-

zeit durchsetzen und seine Autorität bewahren. Dennoch kam er auch stets auf uns zu und lachte gern mit uns. (...) Wie wichtig ihm sein Beruf ist, zeigte er, als er mit uns an dem Projekt *Zukunftsportal Antike* teilnahm. Dabei investierte er viel Zeit und Mühe, um uns einerseits darauf vorzubereiten und es andererseits mit uns durchzuführen.‹« Der Schulleiter übergab mir das Schreiben und schlussfolgerte: »Ich vermute, dieses Projekt war ausschlaggebend für die Schüler, Sie zu nominieren.« Ich war in diesem Moment zu keiner Reflexion fähig, sondern brauchte jetzt erst einmal einen Kaffee. Später im Auto überlegte ich mir, welchen Eindruck diese Schülerbegründung für den Preis wohl auf andere Lehrer machen würde. Nicht die Dönergeschichte, sondern das große Antikeprojekt. Für so etwas hat der Kollege also noch Zeit!

Nein, die habe ich eigentlich nicht. Denn inzwischen geht es mir wie den meisten Lehrern: Für Projekte verfüge ich weder über Kapazitäten noch über ausreichende Motivation. Dabei bin ich ein großer Fan von Projektarbeit. Nicht nur, weil sie eine Alternative zum traditionellen Unterricht ist, sondern weil sie Bildungsideale vereint, von denen der pädagogische Einzelkämpfer im Klassenzimmer häufig nur träumen kann: Die Schüler beschäftigen sich mit einem Thema oder einem Problem fachübergreifend in einem Team – und das möglichst selbstverantwortlich und selbstorganisiert. Das Projektthema orientiert sich dabei nicht nur an den Interessen der Schüler, sondern hat auch eine gesellschaftliche Praxisrelevanz. Und am Ende liegt ein Ergebnis in Form eines »Produktes« vor.[39] Was mich am Projektunterricht darüber hinaus fasziniert und in der Literatur häufig gar nicht erwähnt wird: Er fördert nicht nur die Kooperation der Schüler untereinander, sondern hat auch positive Auswirkungen auf das Lehrer-Schüler-Verhältnis. Der Lehrer hält zwar die Fäden zusammen, aber bei der Problemlösung und der konkreten Erarbeitung eines Produktes ist er »nur« der Erste unter Gleichen.

So weit die Theorie. Projektunterricht ist im Schulalltag eher die Ausnahme. Denn aufgrund des erhöhten Stundendeputats für die Lehrkräfte in den letzten Jahren, der nach wie vor vollen Klassen und Kurse sowie der Verkürzung der Abiturzeit an Gymnasien (G8) ist es an den weiterführenden Schulen kaum noch möglich, etwas zu organisieren, was die Bezeichnung Projekt verdient. Vor allem im zweiten Halbjahr wird es eng. Der Schulkalender ist durchlöchert von Terminen, die sich nicht verschieben lassen und alle Kräfte bündeln: Vergleichsarbeiten in den unterschiedlichsten Jahrgangsstufen sowie die Abschlussprüfungen in Klasse 10 und 12. Wenn die Schule dann durch unvorhergesehene Ereignisse wie Masern, ausgefallene Heizungen oder eine Amokdrohung für einen Tag schließen muss, kommt selbst der beste Zeitplan ins Rutschen. Ich bewundere immer wieder unsere Musiklehrer, die ungeachtet aller organisatorischen Widrigkeiten fantastische Konzerte aus dem Schulboden stampfen. Bevor es zur umjubelten Aufführung kommt, müssen sie vor zeitraubenden Chorproben mit Engelszungen nicht nur die Kollegen, sondern auch die Schüler überzeugen.

Besonders kompliziert ist es, ein Projekt in der Oberstufe zu organisieren, weil der Schultakt durch feststehende Klausurtermine diktiert wird. Irgendein Kurs schreibt immer gerade eine Klausur oder die Schüler dürfen nicht fehlen, weil gerade abiturrelevante Themen behandelt werden.

Obwohl den Behörden diese Schulrealität bekannt ist, wird die Projektarbeit in jedem neuen Lehrplan wieder aufs Neue gepriesen: Sie unterstütze insbesondere »die Wirksamkeit individuellen Lernens«. Und: »Selbstständige Leistungen der Schüler, wie die Teilnahme an Wettbewerben«, würden in besonderer Weise den Zielen des Unterrichts entsprechen.[40] Wann habt ihr, liebe Kollegen, das letzte Mal mit einem Projekt an einem Wettbewerb teilgenommen?

Jung und Alt

Bei mir liegt das schon einige Jahre zurück: Im Schuljahr 2006/07 beteiligte ich mich am Geschichtswettbewerb des Bundespräsidenten zum Thema »Jung und Alt in der Geschichte«. Der Kurs entschied sich nach längerer Diskussion für die Untersuchung des Verhältnisses von Jung und Alt in Familienunternehmen, die in Berlin ein Einzelgeschäft betreiben. Zu den Untersuchungsobjekten gehörten mit jeweils drei Generationen neben dem weltberühmten Imbiss Konnopke am Prenzlauer Berg das Feinkostgeschäft Rogacki in Charlottenburg, das längst geschlossene Schmuckkäst'l der Familie Ellenberger im Bahnhof Alexanderplatz sowie mit acht (!) Generationen die Glaserei Lassan in Pankow. Meine Schüler trafen bei ihren Recherchen auf ein traditionelles Familienbild, das ungeachtet der Zunahme kinderloser Ehen und Lebensgemeinschaften, alleinerziehender Mütter und Väter sowie sogenannter Patchworkfamilien in den letzten Jahrzehnten von der jüngeren Unternehmergeneration nicht infrage gestellt wurde. Im Gegenteil: Während für meine Schüler feststand, dass sie nach dem Abitur einen von ihren Eltern unabhängigen beruflichen Weg einschlagen würden, schien es für die Unternehmerkinder ein Naturgesetz zu sein, das Geschäft ihrer Eltern fortzuführen. Beeindruckt waren die Schüler von dem respektvollen Umgang der Generationen im Ringen um Tradition und Moderne, wenn es beispielsweise um die Einführung moderner Kommunikationsmittel oder neuer Geschäftsideen ging. Allerdings war 2007 noch nicht vorauszusehen, dass es bei Konnopke an der Schönhauser Allee drei Jahre später zu einem heftigen, auch über die Medien ausgetragenen Familienstreit zwischen Mutter und Sohn um die Geschäftsübergabe kommen würde.

Rollenkonflikte gab es auch in unserer Projektarbeit: Kurz vor Abgabe der Projektmappe musste ich mir als dem Ersten unter Gleichen meine Paukerbefugnisse zurückholen – um Druck auszuüben, damit die Schüler ihre Texte schrieben und das Projekt nicht auf der Zielgerade scheiterte. Am Ende waren wir wieder gleich, denn auch ich geriet vor allem aufgrund der zeitgleichen Klausurkorrekturen in Terminnot. In der letzten Nacht vor dem offiziellen Abgabetermin für den Wettbewerb habe ich mir geschworen: Kein Projekt mehr!

Ins Schwanken geriet ich erst wieder auf der Alster in Hamburg. Unser Beitrag hatte nicht nur den Förderpreis des Landes Berlin gewonnen, sondern wir erhielten 2008 auch die Einladung zu einer Matinee ins Thalia Theater. Die Schüler erlebten den berühmtesten Zeitzeugen Deutschlands. Zunächst waren sie etwas irritiert, als die Moderatorin Sandra Maischberger zu Beginn der Veranstaltung bekannt gab, dass man die Rauchmelder im Theater abgeschaltet habe. Und dann reagierten sie zunehmend amüsiert: Erst paffte Helmut Schmidt die Bühne zu, dann blaffte er die Moderatorin an. Sie hatte mal wieder eine »blöde Frage« gestellt. Respektvoll und regelrecht weichgespült begegnete er den Jugendlichen, die dem Altkanzler auf dem Podium Fragen stellen durften. Messerscharf dagegen seine Kritik an der deutschen Chinapolitik in der Tibetfrage. Die Debatte sei schief. In Tibet, das bereits seit dem 13. Jahrhundert als Teil Chinas anzusehen sei, habe es nie Demokratie oder Menschenrechte im westlichen Sinne gegeben. Man müsse anerkennen, dass das kommunistische China nach der Annexion im Jahr 1959 immerhin die Leibeigenschaft abgeschafft habe. Die Deutschen sollten sich angesichts ihrer Geschichte mit politischen Belehrungen gegenüber China zurückhalten. Schiefe Blicke auf dem Podium und in vielen Reihen. Aber zwei Schüler entschieden sich spontan, die Tibetfrage zum Thema ihre Präsentationsprüfung zu machen. Der rauchende Zeitzeuge lieferte auch noch Gesprächsstoff auf unserer anschließenden Alsterrundfahrt. Wenn ich Helmut Schmidt noch als Kanzler erlebt habe, sei ich wohl doch älter, als sie vermutet hätten … Auch Schüler interessieren sich zuweilen für das GanzZEITliche.

Exzellenz und Berliner Schüler

Nach der Matinee mit Helmut Schmidt öffnete ich mich wieder neuen Projektideen. Die ungewöhnlichste lieferte im Schuljahr 2011/12 meine ehemalige Verlagskollegin Sabine Cofalla, die mir von dem Projekt *Zukunftsportal Antike* vorschwärmte.[41] Was ich spannend fand, war das ungewöhnliche Produkt: Etwa einhundert Schüler aus unterschiedlichen Schulen sollten einen Antike-Kongress simulieren. Ausschlaggebend für meine Bewerbung um die Teilnahme war jedoch die Aussicht, mit professionellen Partnern zusammenzuarbeiten. Denn der Initiator war kein Geringerer als die *Berlin-Brandenburgische Akademie der Wissenschaften* und das *Exzellenzcluster Topoi*. Uns sollten Topwissenschaftler und Medienprofis zur Seite stehen. Sabine meinte: »Du wärst also nicht allein!«

Dann aber kamen andere Zweifel: Mein damaliger Leistungskurs Geschichte, der Dönerkurs, befand sich zwar in der 12. Klasse und stand kurz vor dem Abitur, aber einen wissenschaftlichen Kongress mitorganisieren? Nicht zu Unrecht frotzelte der Journalist Christian Füller in seinem Artikel über das Projekt: »Exzellenz und Berlins Schulen? Wie geht das zusammen? Das Cluster gehört zu den besten deutschen Forschungseinrichtungen. Die Schulen an der Spree hingegen werden zum Miserabelsten gerechnet, was man in der Republik finden kann: dumm und kein bisschen sexy. In der Pisa-Bundesliga haben die Berliner Schüler die Abstiegsplätze abonniert.«[42]

Was passieren kann, wenn ein Spitzenwissenschaftler aus der Forschungsmitte auf Schüler vom Stadtrand trifft, durfte ich später live miterleben. Zuvor hatte ich nicht nur die Zusage für die Teilnahme, sondern auch die Unterstützung meines Schulleiters erhalten, der die Schüler und mich insgesamt drei Tage für das Projekt freistellte. Außerdem stand mir Robin zur Seite, ein ehemaliger Schüler, der zurzeit Geschichte und Latein auf Lehramt studiert. Robin war eine Idealbesetzung für den Zweiten unter Gleichen. Weil er genauso cool war wie die meisten Jungs aus meinem Kurs, gab es keine Anlaufschwierigkeiten im neuen Drei-Tage-Team.

Von Aristoteles bis Weizsäcker
Robin und ich hatten den dreizehn Jungen und drei Mädchen meines Kurses das Projekt gemeinsam vorgestellt. Wir versuchten die Formulierung des Anschreibens »Das Zukunftsportal macht die Antike als Grundlage unserer europäischen Kultur lebendig und führt sie an geisteswissenschaftliche Arbeitstechniken, Forschungs- und Berufsfelder heran« etwas schülergerecht herunterzubrechen: Sie bekommen die einmalige Chance, zusammen mit Wissenschaftlern und Medienprofis einen Kongress über spannende Themen der Antike zu veranstalten. Während wir den Projektplan an die Tafel skizzierten, kam die erste Frage: »Gehen wir anschließend auch Döner essen?«

Nach einer großen Einführungsveranstaltung fanden am zweiten Tag die wissenschaftlichen Workshops statt. Robin und ich hatten unsere Schüler für den Kurs Rhetorik angemeldet. Den leitete der Philosoph Tim Wagner. Ein Glücksfall für dieses Projekt und für meine Schüler. Sein Workshop fand in der Akademie statt – mit Blick auf den schönsten Platz Europas. Während einige Schüler am Fenster zum ersten Mal auf den Gendarmenmarkt schauten, sah ich in die Unterlagen für den Wissenschaftsworkshop. Mir wurde himmelangst: dreißig Seiten Rhetoriktexte. Von Aristoteles bis Weizsäcker. Aber Tim Wagner gelang es, ohne Begrüßungsschmeicheleien und Medienzauber, sondern kraft seines kompetenten Auftretens und seiner brillanten Rhetorik, meine Schüler für sich und die Texte einzunehmen. Und sie herauszufordern. Ihnen etwas zuzutrauen. Die Jugendlichen waren bereit, in die antike Rhetorik einzutauchen und sie anschließend in praktischen Übungen anhand von selbst gewählten Themen auszuprobieren: Welche Argumentationsstrategie ist geeignet, um ein Publikum zu überzeugen? Höhepunkt war ein

Rededuell zwischen Dustin und mir zu der Frage, ob der Schulunterricht erst um neun Uhr beginnen sollte. Der Lehrer war dafür, der Schüler dagegen. Dustin argumentierte auf Augenhöhe. Tim Wagner hatte an einem Tag in der Rhetorikausbildung meiner Schüler mehr erreicht als ich in einem Semester.

Spätestens nach dieser Übung war klar, wer unseren Kurs auf dem Kongress mit einem Redebeitrag vertreten würde. Während also am dritten Tag Dustin mit seinem Partner Besim unter der Regie von Tim Wagner den Kongressbeitrag zur antiken Rhetorik vorbereitete, arbeiteten die anderen aus meinem Geschichtskurs mit den Schülern aus den anderen Schulen in verschiedenen »Praxis-Workshops«. Die Grafikdesigner erstellten einen Flyer und die Redakteure eine Publikation. Das »Orga-Team« bereitete den Ablauf des Kongresses und die Filmmannschaft dessen Dokumentation vor. Es wäre vermessen und unfair, diese organisatorische Professionalität im Alltag von Lehrern und Schülern zu erwarten. Schule braucht Partner.

Nicht in diesem Outfit

Sechs Wochen später war es so weit: Im berühmten Leibniz-Saal der Akademie fand der Antike-Kongress statt. Dustin und Besim hatten bis zum Schluss an ihrer Rede gefeilt, die sie mit einer praktischen Rhetorikübung zu einem aktuellen Thema abschließen wollten. Dustin erwähnt in seiner Begründung für den Lehrerpreis in diesem Zusammenhang ein nächtliches Telefonat mit mir. In der Rückschau spricht das zunächst für ein außergewöhnliches Engagement des Lehrers, der nachts um ein Uhr mit einem Schüler noch die Details für eine Kongressrede am nächsten Morgen bespricht. Aber ich war erst spät von einer Veranstaltung gekommen – und Dustin nicht früher fertiggeworden.

In der Akademie am Gendarmenmarkt herrschte viel Betrieb. Nahezu zweihundert Schüler waren erschienen. Aus unserer Schule waren meine Kollegin Frau Haffner und der Schulleiter gekommen. In der ersten Reihe nahm neben der Akademieleitung auch eine Abordnung des Berliner Senats Platz. Überall postierten sich Medienvertreter. Es herrschte eine fast feierliche Stimmung. Ich wurde dagegen immer unruhiger, weil Dustin und Besim noch nicht erschienen waren. Als sie kurz vor Beginn endlich in den Saal stürmten, traute ich meinen Augen nicht. Während Dustin im Jackett erschienen war, trug Besim ein ausgewaschenes schwarzes T-Shirt. »In diesem Outfit können Sie unmöglich auf die Bühne. Nicht in diesem Raum!« »Sie sagen doch immer: Auf den Inhalt kommt es an«, entgegnete Besim und griente. »Besim, meine Aussagen passen nicht zu jeder Lebenssituation«, entgegnete ich. »Guten Morgen, Herr Rauh«, sagte Dustin und verlängerte dabei die Silben in der Betonung zu einer Kommunikationskritik. »Haben Sie etwa Angst, wir könnten Sie blamieren?«, fragte Dustin. Tim Wagner gesellte sich dazu. Er begrüßte seine Schützlinge freundlich, klopfte ihnen anerkennend auf die Schulter und geleitete sie zu ihren Plätzen.

Dann begann der Kongress. »Bist ganz schön aufgeregt«, meinte Frau Haffner, die neben mir saß. »Ist das ein Wunder?« »Die Jungs machen das schon«, meinte sie. Vor der Pause waren Besim und Dustin an der Reihe. Ich war sprachlos: Die beiden redeten frei. »Und schick sehen sie aus«, kommentierte meine Kollegin. »Allerdings sollte man Besim für den Abiball empfehlen, dass er sich einen Anzug in seiner Größe kaufen sollte.« »Ja, ja«, antwortete ich nur kurz. Besim trug mein schwarzes Jackett. *Kulturradio* berichtete später über die beiden schmucken jungen Männer und ihr rhetorisches Talent. In dieser Reihenfolge. Und über den kleinen Paukenschlag am Ende ihres Auftritts. Denn für ihre Erprobung der antiken Rhetorik hatten sie sich ein brisantes schulpolitisches Thema ausgesucht. Sie stellten vor den Ohren der Berliner Senatsschulverwaltung die Entscheidung über die verkürzte Gymnasialzeit infrage. Niemand schien in dem Moment prädestinierter als die Schüler der ersten Jahrgänge, die in Berlin schon nach zwölf Jahren ihr Abitur erhalten würden. Die beiden sahen sich gegenüber den Abiturienten, die dreizehn Jahre Zeit hatten, benachteiligt – auch im Hinblick auf die Bewerbung an den Universitäten und Ausbildungsbetrieben. Sie verwiesen auf die Zahl der Rücktritte: 1400 Schüler hätten im Schuljahr 2011/12 freiwillig die 11. Klasse wiederholt und sich so »das gestohlene Jahr« zurückgeholt.

Nach tosendem Applaus verlangte die Moderatorin spontan eine Stellungnahme des Senats. Zwei Journalisten kamen mit ihren Mikrofonen in die erste Reihe gestürmt. Nach einigem Hin und Her über die Frage, wer nun antworten sollte, kam das offizielle Statement: Man werde zunächst abwarten und nach einiger Zeit prüfen lassen, ob die G8-Schüler tatsächlich benachteiligt seien. Außerdem wolle niemand ernsthaft die Reform der Reform. Buh-Rufe im Saal.

Es gibt in der Friedrichstraße nicht viele Dönerbuden. Aber Norman hatte diesmal nicht unter dem preislichen Aspekt recherchiert, sondern einen Imbiss herausgesucht, der einen Big-Döner im Angebot hatte. Über Smartphone hörten wir Dustin im Deutschlandradio: »Also ich hab's mir genauso vorgestellt – mit der Kulisse, mit dem Publikum, mit allem. Meine Erwartungen wurden voll erfüllt.«[43]

Interessant ist, dass sich in der Schülerbegründung für den Lehrerpreis die entscheidenden Vorteile finden, die bereits in der Reformpädagogik vor hundert Jahren der Projektarbeit zugeschrieben werden: »Außerdem zeigte Herr Rauh uns mit dem Projekt, wie sehr er uns vertraute. Damit stärkte er nicht nur unser Selbstbewusstsein im Umgang mit neuen Herausforderungen, sondern zeigte uns auch, dass wir allein arbeiten können, ohne ständige Kontrolle.« Naja, bis auf das Outfit.

Vernetzte Schulen
Auch für uns Lehrer bleibt Projektunterricht eine Herausforderung, solange sich die schulischen Rahmenbedingungen nicht ändern. Aber wenn wir wollen, dass unsere Schüler nicht auf Projekte verzichten, dann müssen wir nach neuen Wegen suchen. Schule muss und kann selbst tätig werden. Dafür muss sie sich öffnen. Lehrer und Schulleitungen sollten sich mit Einrichtungen wie Sportvereinen, Unternehmen, Jugendeinrichtungen, Musikschulen und Museen in der Region vernetzen. Es muss ja nicht gleich die Akademie der Wissenschaften sein. Den Kooperationsmöglichkeiten sind dabei keine Grenzen gesetzt. Längst bieten kulturelle Einrichtungen wie Theater, Opern und Konzerthäuser den Schulen – häufig über extra geschulte Theaterpädagogen – eine Zusammenarbeit an. Schließlich ist die junge Zielgruppe das Publikum von morgen. Diese Angebote werden noch viel zu wenig genutzt. Lehrer geben häufig zu bedenken, dass Musizieren oder Theaterspielen weder zu den Kernkompetenzen der Schulausbildung gehört noch auf Prüfungen vorbereitet. Und sie beklagen den hohen Organisationsaufwand und die Kosten.

Die Argumente zählen aber nicht mehr. Denn dass das Spielen und Musizieren auf der Bühne Hemmungen abbaut und das Selbstbewusstsein stärkt, ist längst bewiesen. Auch die Schulung der Kommunikationsfähigkeit ist nicht zu unterschätzen. Und Präsentationsprüfungen gehören in den meisten Bundesländern inzwischen zum Prüfungskanon beim Mittleren Schulabschluss und Abitur. Inzwischen bieten Theatergruppen sogar an, mit Workshops an die Schule zu kommen. Der Förderverein der Schule könnte, unterstützt von einem geringen Selbstbeitrag der Schüler, die Finanzierung übernehmen. Kooperation muss aber nicht automatisch Geld kosten. Abgesehen vom Sponsoring, über das in deutschen Schulen häufig noch die pädagogische Nase gerümpft wird, ließen sich ehrenamtliche Helfer in den Schulalltag integrieren. In den nächsten Jahren rollt auf die Schulen eine Pensionierungswelle in der Lehrerschaft zu. Unter ihnen gibt es Pädagogen, die sich noch immer fit fühlen und gern ihre Erfahrungen weitergeben würden; sie sollte man durch gezieltes Werben nicht nur für Projekte, sondern für den Nachhilfeunterricht, für das Coaching jüngerer Kollegen oder als Konfliktlotsen in ihre Schule zurückholen.

Medien goes to Lichtenberg

Eine Woche vor der Preisverleihung Ende November 2013 hatte ich ein erstes Interview. Es war mein erstes überhaupt. Verabredet hatte ich mich mit der Journalistin vom Berliner *Tagesspiegel* in einer Charlottenburger Schule, wo ich einen Unterrichtsbesuch bei einem Referendar hatte. Sie lächelte mich freundlich an, holte ein Heft und einen Bleistift aus der Tasche und meinte: »Na, dann erzählen Sie mal.« »Wie lang soll denn der Artikel werden?«, fragte ich vorsichtig. »Kommt ganz darauf an, was Sie mir an Inhalten bieten. Und Geschichten«, antwortete sie und lachte. Ich überlegte und wusste nicht, wo ich anfangen sollte. Auch sie schaute mich jetzt nachdenklich an und meinte nach einigen Sekunden: »Sie wissen offenbar nicht, was auf Sie zukommt.«

Mein Schulleiter wusste es. Er hatte vorausschauend eine Pressekonferenz einberufen. Das fand ich völlig übertrieben. Es war ihm aber nicht auszureden. Er lud auch Dustin und einige Schüler aus dem alten Geschichtsleistungskurs ein. Einige Medienvertreter hatten sich O-Töne der Nominierer gewünscht. Da ich der einzige Preisträger aus Berlin war, konzentrierte sich die Berichterstattung auf mich. Und weil sich so viele Journalisten angemeldet hatten, musste ich mit meinem neuen Geschichtskurs in einen größeren Unterrichtsraum ausweichen. Denn natürlich wollte man den »Lehrer des Jahres« auch bei der Arbeit erleben. Im Unterricht beschäftigten wir uns mit dem Konflikt zwischen Welfen und Staufern im Spätmittelalter. Als die Journalisten und Kameramänner in den Raum strömten, formulierten die Schüler gerade eine Presseerklärung für Kaiser Barbarossa. Der Rotbart kämpfte auch publizistisch gegen seinen Widersacher, Heinrich den Löwen. Die Sammlung von Kriterien für eine solche Erklärung wurde plötzlich durch einen anderen Streit unterbrochen. Es kam zu einem heftigen Wortgefecht, weil die Journalistin vom *Deutschlandfunk* ihr Mikro persönlich zum Lehrertisch trug und damit der *Tagesschau*-Kamera im Weg stand. Der Kampf um die besten Bilder im Kleinen. Medienkunde live.

Das RTL-Team kam zu spät und stellte verblüfft fest, die Schule läge »ja echt weit ab vom Schuss«. Überhaupt schienen einige erstaunt, dass jemand aus einer weniger bekannten Schule vom Rand der Stadt den Preis gewonnen hatte. Von allen Pressevertretern wurde betont, man sei überrascht über die offene Atmosphäre und die freundlichen Schüler. Und ich war überrascht, wie professionell meine Kursteilnehmer mit Kameras umgingen. Sie machten nicht nur eine gute Figur, sondern waren auch in der Lage, spontan und unverkrampft ein pointiertes Statement abzugeben. Also, das haben wir ihnen nicht beigebracht.

Weil es für die Medien eine Sperrfrist bis zur Preisverleihung am folgenden Montag gab, liefen die Berichte zeitgleich auf allen Kanälen. Ich erhielt Hunderte Nachrichten, vor allem von ehemaligen Schülern. Zur offiziellen Veranstaltung begleiteten mich mein Schulleiter und Dustin. Die »Königsmacher« lächelten stolz in die Kamera des *Tagesspiegel*-Fotografen, und während ich auf der Bühne stand, heckten sie gemeinsam aus, dass die Ehrung damit noch nicht zu Ende sei. Als ich am nächsten Tag in die Schule kam, flimmerte mein Porträt über den Bildschirm neben dem Vertretungsplan. Darunter stand die Information: Glückwunsch und Gratulationscour im Foyer in der ersten großen Pause. Auch das war dem Schulleiter nicht auszureden. »Muss das wirklich sein? Ich weiß nicht, ob Sie verstehen, dass mir das unangenehm ist. Vor meinen Kollegen.« »Da müssen Sie jetzt durch!«, antwortete er entschieden und ging später auf Nummer sicher: In der Pause holte er mich persönlich aus dem Lehrerzimmer ab. Die Mehrheit der Kollegen blieb sitzen. Durch die Fensterscheibe sah ich die ersten Schüler auf den Hof strömen. Wir liefen über den Flur und es blieb nur zu hoffen, dass wenigstens mein neuer Geschichtskurs in dem weiträumigen Foyer ein kleines Spalier bildete. Als ich jedoch hinter der Glastür die Schülermassen sah, lief mir ein Schauer über den Rücken.

Routiniert griff der Schulleiter zum Mikro und erzählte von dem Antike-Projekt. Dustin sprach über die Lernatmosphäre und – na klar – über die gemeinsamen Döneressen. Dann übergab er die Prämie von eintausend Euro der Schule. Ich nahm die Dankesrede zum Anlass, um über die Erfahrungen der Medien in unserer Schule am Stadtrand zu berichten. Welchen positiven Eindruck sie hatten. Und was das auch für unseren Stadtbezirk bedeutet. Deshalb gelte der Preis auch unserer Schule, unseren Schülern. Zu dem Zeitpunkt wusste man noch nicht, dass ein Jahr später erneut ein Lehrer aus Lichtenberg den Preis gewinnen sollte. Wieder ein Geschichtslehrer. Auch ein Robert.

Nach dem Gänsehaut-Applaus traf ich schnell wieder auf die Schulrealität: Spontan wurde mir eine Vertretung in der 6. Klasse verpasst. Auf dem Weg zu den Kleinen begegnete ich meiner Kollegin Brigitte: »Sag mal, gab es bei dem Preis auch objektive Kriterien?« Sie erwartete keine Antwort, sondern lief einfach weiter.

Berechtigt für Erziehung – und Bildung?

Was Eltern ändern können

Von Nörglern und Ignoranten
Wolfgangs Elterntypologie

»Da drüben stehen sie«, murmelte Martina* und deutete mit einer Kopfbewegung auf die andere Straßenseite. Ich schaute aus dem Fenster in die gezeigte Richtung und erkannte die wartenden Eltern. Mit einer Stunde Verspätung war unser Reisebus gerade vor unserer Schule zum Stehen gekommen. Einige Mütter winkten ihren Kindern zu, die jetzt hektisch damit begannen, ihre Rucksäcke und Jacken aus der Gepäckablage über den Sitzen zu angeln. Der Busfahrer drehte sich zu uns herum und forderte eindringlich: »Sagen'se an, dass keener wat verjessen soll! Och den Müll nich!« Meine Kollegin griff nach dem Mikro und machte die Ansage. Niemand schien ihr richtig zuzuhören. Die ersten stürmten auch schon aus dem Bus und liefen ihren Müttern und Vätern in die Arme.

Ich verstaute Handy und Wasserflasche in meinem Rucksack, griff reflexartig nach meinem Autoschlüssel und spürte irgendwie Erleichterung. Hinter mir lag meine erste Klassenfahrt als Lehrer. »Reden wir denn jetzt noch mit den Eltern?«, fragte ich Martina. »Ach wo!«, antwortete sie schnell. »Das sind die Taxi-

Eltern.« Ich sah sie fragend an. »Die chauffieren ihre Kinder nur zum Bus und zurück«, erklärte meine Kollegin. »Naja, wohl eher das Gepäck ...«, warf ich ein. »Ach ja, das Gepäck. Und nächste Woche wieder die Schultasche. Heutzutage werden die Herrschaften doch überall hingefahren: zur Schule, zum Sportverein, zum Musikunterricht, zur Party. Wenn es ginge, würden einige Eltern ihre Kinder direkt in den Klassenraum fahren.« Martina griff nach ihrer Handtasche und fügte beim Aussteigen hinzu: »Aber mit uns reden? Kein Wort. Und kein Dank. Kinder einsacken und dann nichts wie weg. Naja, du wirst es gleich selbst erleben.« Kurz bevor sie den Bus verließ, rief sie mir noch zu: »Gehst du bitte durch die Reihen und schaust, ob die Kinder alles mitgenommen haben?« Der Busfahrer nickte unterstützend.

Beinbruch wäre schlimmer

Ich absolvierte also den letzten pädagogischen Dienst auf meiner ersten Klassenfahrt im Juni 2002. Weil der stellvertretende Klassenlehrer plötzlich krank geworden war, hatte mich der Schulleiter gefragt, ob ich einspringen könne. Es wäre gewissermaßen auch eine Probefahrt – für mich als jungen Kollegen, versuchte er mir die außerunterrichtliche Herausforderung kurz vor den Sommerferien schmackhaft zu machen. Und meine Kollegin war natürlich sehr erfreut. Sie hätte eine tolle Jugendherberge ganz in der Nähe des Strandes gebucht. Was auf einen Lehrer zukommt, wenn er mit einer 8. Klasse auf Reisen geht, verriet sie mir vorher lieber nicht. So viel lässt sich sagen: Es ist ein Fulltime-Job mit kleinen und – wenn man Glück hat – ohne größere Katastrophen. Hien* wurde im Bus schon bei der Hinfahrt schlecht.

Kommentar meiner Kollegin Martina: »Zum Glück nur eine.«

Samir* und Pascal* prügelten sich gleich am ersten Abend. Bevor ich am Tatort eintraf, blutete der eine schon aus der Nase. Bei der Aufklärung war der Grund des Streits nicht mehr zu ermitteln.

Martina: »Zum Glück nur die Nase.«
Katja* verlor bei einer längeren Wanderung ihr neues Handy. Sie wirkte so, als hätte sie sich selbst verloren. Und drückte für mehrere Stunden die Stimmung der halben Klasse.
»Hätte sie nicht einen Schal verlieren können!«
Pedro* und Felix* erwischten wir beim Rauchen. Wir hätten sie von den Eltern abholen lassen können. Eltern und Schüler hatten vorher eine entsprechende Vereinbarung unterschrieben. Aber: »Zum Glück keine Drogen.«
Bei Laura* löste ein Wespenstich eine allergische Reaktion aus. Mit dem Auto des Herbergsvaters brachte ich sie am Abend ins Krankenhaus und holte sie am nächsten Tag wieder ab.
»Beinbruch wäre schlimmer«, kommentierte meine Kollegin.
Und weil parallel zur Klassenfahrt die Fußballweltmeisterschaft in Japan und Südkorea lief, kamen wir mindestens zwei Nächte gar nicht zum Schlafen. Es waren Schüler plötzlich im Fußballfieber, die noch nie einem Ball hinterhergelaufen sind.
Wenigstens war die Rückfahrt sehr entspannend; vor Erschöpfung schlief die Hälfte. Die Stimmung war ohnehin gedrückt. Wegen Ronaldo. Der Torschützenkönig des Turniers hatte im Finale gegen Deutschland die Brasilianer mit zwei Toren zum fünften Weltmeistertitel geschossen. Bei vielen Mädchen flossen schon vor dem Abpfiff die ersten Tränen. Martina musste trösten und hätte lieber meinen Part übernommen: Ich fachsimpelte mit den Jungs über den Patzer von Oliver Kahn beim ersten Tor der Brasilianer in der 67. Minute.
»Na, wurde wat verjessen?«, wollte der Busfahrer wissen. »Nur ein Buch«, antwortete ich. »Ach, ihr seid Gymnasium.«
Als ich ausstieg, waren die meisten Schüler mit ihren Eltern schon verschwunden. Meine Kollegin unterhielt sich mit einer Mutter. Samantha*, ihre Tochter, stand entnervt daneben und starrte immer wieder auf ihr Handy. Ich holte unsere Koffer, und bevor ich meiner Kollegin entgegnen konnte, dass sie ja nun doch mit einem Elternteil gesprochen habe, rief sie mir schon zu:

»Die Eltern haben Samantha abgemeldet. Sie wird im nächsten Jahr eine andere Schule besuchen.« Sie holte kurz Luft und ergänzte verärgert: »Das sagt die mir so zwischen Tür und Angel. Kurz vor Toresschluss. Das wissen die doch schon länger. Ist doch keine Art!« Bevor ich reagieren konnte, sprach mich von hinten plötzlich ein Mann an: »Sind Sie der Lehrer, der meine Laura wegen des Wespenstichs ins Krankenhaus gebracht hat?« »Ja«, bestätigte ich und reichte ihm die Hand, um mich vorzustellen. Der Vater ergriff schnell meine Hand und gab zu verstehen, dass er keine Zeit verlieren wolle. »Laura hat ihre Kopfhörer in dem Auto des Herbergsvaters liegen lassen.« Dann drehte er sich zu seiner Tochter, die auf der anderen Straßenseite stand. »Laura, sind die Kopfhörer vom Walkman?« »Das ist ein MP3-Player, Papa!«, rief sie ihm zu. Lauras Vater wendete sich wieder mir zu: »Jedenfalls sind die Kopfhörer weiß.«

Unterhaltungen mit Eltern gehören nicht dazu

Das ist dreizehn Jahre her, aber ich weiß noch genau, wie sprachlos ich war. Was erwartete Lauras Papa von mir? Dass ich umgehend den Herbergsvater an der Ostsee anrufe und nach den Kopfhörern suchen lasse? Dass ich eine Postnachsendung organisiere? Oder gleich selbst zurückfahre? Es war das erste Mal, dass ich mich gefragt habe, was da schiefläuft, oder besser: nicht läuft. Zwischen Lehrern und Eltern. Aber ich beruhigte mich schnell mit der Erklärung, dass dieses Erlebnis zum Abschluss einer Klassenfahrt nicht als Spiegelbild für das Eltern-Lehrer-Verhältnis tauge. Der Bus war nicht pünktlich und die Eltern wollten ins Wochenende.

»Immerhin«, so meinte Martina zufrieden, »müssen wir nicht Taxi spielen.« Alle Schüler waren von ihren Eltern abgeholt worden. Ins Zweifeln geriet ich erst eine Woche später – auf dem Abiturball.

Hier treffen Mütter und Väter ein letztes Mal mit Lehrern zusammen, bei denen ihre Kinder jahrelang Unterricht hatten. »Kinder« ist eigentlich nicht korrekt. Es sind jetzt junge Erwachsene, die wochenlang auf diesen feierlichen Abschluss hingefiebert und sich nun in Schale geschmissen haben. Der Abend, auf dem sie in der Regel auch die Abiturzeugnisse überreicht bekommen, wird von der Schulleitung und einem »Abiball-Komitee« der Schüler organisiert. Häufig in einem Kongresshotel.

Nach der Klassenfahrt also die nächste schulische Premiere: Es war mein erster Abiturball als Lehrer. Natürlich war ich neugierig, wie ein solcher Abend heutzutage über die Bühne geht. Äußerst professionell: großer Saal und große Bühne mit tadelloser Mikrofonanlage, große Leinwand mit gestochen scharfem Bild und ein Büfett, das kaum einen Wunsch offen lässt. An unzähligen runden Tischen saßen die Angehörigen der Abiturienten; an drei Extratischen neben der Bühne die Lehrer. Zwischen Zeugnisübergabe und Kulturprogramm kam das, worauf vor allem Eltern und Lehrer sehnsüchtig gewartet haben: der Sturm auf das Büfett. Die Kellner schenkten inzwischen nach. Und die Stimmung wechselte von feierlich zu ausgelassen. Im Saal herrschte ein einziges Stimmengewirr. Unterhaltungen zwischen Lehrern und Eltern gehörten nicht dazu. Sie hatten sich zwar am Eingang gesehen und vielleicht kurz begrüßt, sie waren sich am Büfett und beim Anstehen an der Toilette begegnet; im Saal hielten sie jedoch Abstand. Bis auf eine Mutter, die dem Schulleiter aufgeregt berichtete, das Zeugnis ihrer Tochter sei fehlerhaft, fand niemand von den Eltern den Weg zu uns Lehrern. Man hätte die drei Pädagogentische auch zurück ins Lehrerzimmer beamen können.

Aber auch meine Kollegen zeigten kein Interesse, mit den Eltern ihrer Abiturienten ins Gespräch zu kommen. Als ich meine Verwunderung äußerte, ließ mich meine Kollegin Martina gar nicht ausreden: »Was sollen wir denn heute mit denen noch reden? Abitur ist gelaufen.« Und Brigitte fragte spitz: »Willst du uns den Abend verderben?« Einige lachten. Ich gab noch nicht auf.

Herr Lohrmann*, der als Tutor gerade den Schülern seines Mathe-Leistungskurses die Zeugnisse auf der Bühne übergeben hatte, erntete mit seinem nüchternen Rückblick allgemeine Zustimmung am Tisch: Er hätte in den zwei Jahren Tutorium nur einmal Kontakt mit einem Vater gehabt. Der beschwerte sich über eine Klausurnote. Ansonsten sei niemand zu den Elternsprechtagen gekommen. Ich wollte noch fragen, woran das liegt, kam aber nicht zum Zuge. Brigitte sprang auf und rief in die Runde: »Wer kommt jetzt mit zum Kuchenbüfett?«

»Das ist nicht so einfach, junge Kollegen«
Nach dem Kulturprogramm begann der Ball. Tatsächlich eröffneten die Abiturienten den Tanz mit einem Walzer. Etwas unbeholfen bewegten sie sich in ihren teuren Roben und Anzügen über das Parkett. Aber der Tanzkurs hatte sich gelohnt. Anerkennendes Klatschen im Publikum. Während der DJ anschließend das Musikgenre wechselte und die Regler nach oben fuhr, strömten die ersten aus dem Saal. Als ich vom Frische-Luft-Schnappen zurückkam, hatten die meisten Eltern und Lehrer den Abiturball bereits verlassen. An meinem Tisch saßen noch zwei Kollegen: Wolfgang und Daniel*. Wolfgang kennen Sie ja schon. Er ist seit über dreißig Jahren Lehrer für Sport und Geografie. In den ersten Monaten hatte er mir schon viel über das Lehrersein erklärt. Jetzt war es gleich wieder so weit. Und Daniel, ein junger Kollege für die Fächer Sport und Latein, sollte im neuen Schuljahr bei uns anfangen und vor allem den Fachbereich Latein unterstützen. Der Schulleiter hatte ihn zum Abiball eingeladen, damit er die Kollegen schon mal kennenlerne. Die Lateinlehrer allerdings waren als Erstes nach Hause gegangen.

Wir bestellten Bier und Wolfgang eröffnete väterlich seinen Vortrag: »Wisst ihr, junge Freunde, das mit den Eltern ist nicht so einfach.« Dann stellte er uns seine Typologie der Elternschaft vor. Da ich Vergleichbares später immer wieder von Kollegen gehört habe, lohnt sich ein Blick auf Wolfgangs Klassifikation. Die erste Gruppe sind die *Überengagierten*. Sie bieten freiwillig ihre Unterstützung an und setzen sich für die Belange der Klasse ein. Häufig übernehmen sie unaufgefordert die Wortführerschaft und qualifizieren sich damit für den Job, der auf Elternversammlungen häufig schwer vermittelbar ist: der des Elternsprechers. Obwohl bei diesen Eltern die Grenzen zwischen Engagement und Einmischung fließend sind, weiß Wolfgang: Die Gruppe der Überengagierten ist unverzichtbar.

Im Gegensatz zu den *Nörglern*, der zweiten Gruppe. Sie haben ständig was zu meckern. Wenn es sich nicht um die stinkende Toilette, die Schlange vor der Essensausgabe oder den ständigen, unzumutbaren Raumwechsel handelt, sind es einzelne Lehrer und deren Lehrmethoden oder die ungerechte Zensierung. Die Nörgler nutzen auf Elternabenden den Tagesordnungspunkt »Verschiedenes« für das langatmige und aufgeregte Vortragen von Problemen, die andere Eltern bis dahin nicht hatten.

Eine dritte Gruppe bilden die *Überbesorgten*. Heute würde man sie »Helikopter-Eltern« nennen. Ihre Kinder würden sie am liebsten mit einer schusssicheren Weste und einem Funkgerät ausstatten, damit sie im Notfall jederzeit die Eltern informieren können: über Stundenausfall, schlechtes Mensaessen, defekte Heizungen sowie Schikanen von Mitschülern – und Lehrern. Wolfgang meinte, es handle sich hier um eine Gluckenhysterie, die schwer behandelbar sei.

Bevor er die vierte Gruppe vorstellte, kamen zwei Abiturienten an unseren Tisch. Es wäre an der Zeit, uns mal einen zu spendieren. Ich zögerte etwas, aber Wolfgang erklärte, das Abhängigkeitsverhältnis sei seit null Uhr beendet. Gemeinsam gingen wir an die Bar und kippten einen Tequila. Den brauchten wir jetzt auch: Für die vierte Gruppe, deren Charakterisierung mein Kollege vornahm, als die beiden Ex-Schüler wieder zur Tanzfläche schlenderten. Es handelt sich um die *Hinterhältigen*. Sie seien nach außen hin freundlich, indem sie einen loben und andere

Kollegen, bevorzugt Vorgänger, schlechtmachen. Irgendwann, mahnte Wolfgang mit erhobenem Zeigefinger, sei man dann selbst dran. Die Beschwerden kämen ohne Vorankündigung aus dem Hinterhalt. Überraschend werde man zum Schulleiter bestellt oder müsse sich gleich beim Schulrat melden. All diese Gruppen hätten etwas gemeinsam, erklärte Wolfgang am Ende seines Vortrages und grinste. Sie seien Minderheiten. »Und was ist mit der Mehrheit?«, wollte ich wissen. »Die Mehrheit sind die *desinteressierten Ignoranten.*«

Auf dem Nachhauseweg habe ich mich gefragt, warum wir das nicht im Studium gelernt haben. Nicht Wolfgangs Elterntypologie, sondern den Umgang mit den Eltern. Schließlich ist man als Pädagoge nicht nur Fachlehrer, sondern auch Klassenlehrer und in der gymnasialen Oberstufe Tutor. Dass wir nach den Sommerferien »auf jeden Fall« als Klassenlehrer für eine neue 7. Klasse eingesetzt werden, hatte der Schulleiter Daniel und mir, den jungen Kollegen, schon am Rande des Abiturballs signalisiert. Daher sammelten wir drei Tage später beim Lehrer-Sommerfest in unserer Schule Ratschläge zur Durchführung von Elternversammlungen. Frau Lenk gab uns »Regel Nr. 1« auf den Weg: »Niemals das Heft aus der Hand nehmen lassen. Es ist wie bei den Schülern. Du bist der Boss!« Kollegin Brigitte riet uns, die Sorgen der Eltern zwar ernst zu nehmen, aber wenn es keine Lösung gibt: »Dann vertagt das Problem! Sonst kommt es zu endlosen Diskussionen.« Ja, und Kollege Wolfgang erinnerte an die Nörgler aus seiner Typologie: »Redet sie müde! Damit es beim Tagesordnungspunkt ›Verschiedenes‹ nur einen Wunsch gibt: gleich die Verabschiedung.« Eine Kollegin drückte uns freundlicherweise ihr Papier mit allgemeinen Informationen für die erste Elternversammlung einer 7. Klasse in die Hand. Im Anhang sogar einen Lageplan der Schule: Wo befindet sich das Sekretariat, wo die Mensa. »Und hier sitzen wir«, sagte Wolfgang und malte ein Kreuz auf den Lageplan. Es war das Lehrerzimmer. »Das zeigt ihr den Eltern aber nicht«, meinte Brigitte.

Kampfzone Elternabend
Lehrer und Eltern – ziemlich beste Partner!

Zum neuen Schuljahr bekam nur ich die »versprochene« 7. Klasse und mein Kollege Daniel Granitz* eine 9. Klasse. Daniel musste für eine Lateinlehrerin einspringen, die die Lerngruppe bereits in der 7. und 8. Klasse geleitet und im Sommer überraschend die Schule gewechselt hatte. Beide wurden wir also erstmals Klassenlehrer. Während ich nach einigen Wochen mit den Schülern Probleme bekam,[44] knallte es bei ihm auf dem Elternabend. Daniel war es nicht gelungen, die bisherige Klassenlehrerin vor der ersten Elternversammlung, die meist schon in der zweiten Schulwoche stattfindet, telefonisch zu kontaktieren. »Mach dir selbst ein Bild! Ist immer das Beste«, riet ihm Brigitte. Und klopfte ihm lachend auf die Schulter. Brigitte hatte am gleichen Abend Elternversammlung und lief forschen Schrittes ins Klassenzimmer. Bestimmt absolvierte sie gerade ihren fünfzigsten Elternabend. Vermutlich war sie durch nichts mehr zu überraschen.

Als Daniel den Raum betrat, fiel ihm ein, dass er den Projektor nicht ausprobiert hatte. Irritiert schaute er aber zunächst in die halbleeren Reihen. Etwas hilflos fragte er, ob denn schon alle da seien. Niemand antwortete. Zwei Mütter in der ersten Reihe zuckten mit den Schultern. »Wir fangen aber schon an. Nicht dass wir wieder auf jeden Zuspätkommer warten müssen«, forderte ein Vater und schaute demonstrativ auf die Uhr. Es war genau achtzehn Uhr.

Mit der Begrüßung wartete Daniel einen Moment, bis zwei Mütter am Fenster, die über ihr Wiedersehen offenbar sehr erfreut schienen, ihre Unterhaltung endlich beendeten. Daniel stellte sich als neuer Klassenlehrer vor, wurde aber sofort unterbrochen. Ein Vater aus der letzten Reihe hatte zwar die Hand gehoben, redete jedoch gleich drauflos: »Wenzel, Rainer*, mein Name. Herr Granitz, ick hab da gleich mal ne Frage: Reden wir heute och über dit Betriebspraktikum?« Ehe der Lehrer antworten konnte, blaffte eine an der Tür sitzende Mutter gereizt nach hinten: »Steht doch auf der Einladung!« Daniel drehte sich wieder zu Herrn Wenzel, der zurückfauchte: »Lesen kann ick och selbst. Es jeht nur darum: Ick muss früher weg, weil ick einen wichtigen Termin habe. Daher würd ick vorschlagen, dass wir dit Thema gleich am Anfang besprechen.« »Wir müssen alle weg!« Die Mutter an der Tür schüttelte entnervt den Kopf. Daniel erinnerte sich an den Rat von Frau Lenk: Nicht das Heft aus der Hand nehmen lassen! »Also, ich stelle Ihnen gleich mal die Tagesordnung vor«, unterbrach er den Disput. Eigentlich wollte er noch sagen, was er unterrichtet und dass er neu an der Schule war, dass er zum ersten Mal Klassenlehrer ist und dass er nach den ersten Unterrichtsstunden einen guten Eindruck von der Klasse hat. Stattdessen schritt er zum Projektor, um die Folie mit der Tagesordnung aufzulegen. Natürlich funktionierte das Gerät nicht.

Das wurde schon im letzten Jahr versprochen

Hektisch versuchte Daniel den Fehler zu beheben, probierte eine andere Steckdose, klopfte gegen das Gehäuse und prüfte das Verbindungskabel. Während die beiden Mütter am Fenster ihre Unterhaltung fortsetzten, ging die Tür auf und zwei weitere Eltern betraten den Raum. Gefolgt von unserer Kollegin Frau Krahl*. »Herr Granitz, ich beginne in Ihrer Klasse mit meinem Rundgang über die Drogen«, erklärte sie, ohne eine Antwort abzuwarten. Herr Wenzel rief nach vorn: »Kann denn nicht der verantwortliche Lehrer für das Betriebspraktikum bei uns anfangen?« Auch ihn ignorierte sie und murmelte vorwurfsvoll, ohne Daniel anzusehen: »Der Projektor funktioniert wohl nicht, Herr Granitz?« Dann richtete sie sich auf und erhob ihre Stimme: »Da der Projektor nicht geht, muss es so gehen. Also, liebe Eltern, ich bin Frau Krahl und an unserer Schule die Drogenbeauftragte.«

Sie sah auf ihren kleinen Zettel und holte noch einmal tief Luft. Das nutzte ein Vater aus, der bisher nur auf sein Handy gestarrt hatte. »Dann bekommen Sie ja bald richtig viel zu tun.« »Wieso?«, fragte Frau Krahl verwundert. »Na, die Grünen wollen doch den Anbau von Hanf legalisieren. Wenn die das durchkriegen, finden Sie bestimmt viele Freiwillige für die Schulgarten-AG.« Einige lachten und Frau Krahl verzog das Gesicht. »War ein Scherz!«, ergänzte der Mann und schaute wieder auf sein Handy. »Es gibt Späße, die gehen einfach nicht. Ihre Kinder gehen schließlich auf ein Gymnasium.« »Von wegen«, meinte eine Mutter aus der ersten Reihe. »Wollen Sie uns erzählen, nur weil das ein Gymnasium ist, werden keine Drogen genommen?« Die Mutter spielte auf einen Vorfall aus dem letzten Jahr an. Der Hausmeister hatte zwei Schüler mit einem Joint erwischt. Daraufhin hatte der Schulleiter angeordnet, dass die Drogenbeauftragte die Präventivmaßnahmen der Schule in den Elternversammlungen vorstellen sollte.

Frau Krahl reagierte nicht auf den Einwurf der Frau, räusperte sich und fuhr in ihrer Ansprache fort. Inzwischen verließ Daniel den Raum, um einen funktionierenden Projektor zu suchen. Er fand auf die Schnelle aber keinen neuen. Nachdem Frau Krahl den Klassenraum wieder verlassen hatte, stellte er die Tagesordnung mündlich vor. Wurde aber erneut unterbrochen. Eine Mutter im schwarzen Kostüm meldete sich und wollte wissen, wo denn der Übersetzer bleibe. Sie deutete auf die vietnamesischen Eltern, die den Klassenlehrer mit fragenden Gesichtern ansahen. Er konnte nur versichern, dass er sich beim nächsten Mal vorher darum kümmern würde. »Das wurde schon im letzten Jahr versprochen«, meinte die Frau im Kostüm. Und ein Mann ergänzte: »Ach, sogar schon in der 7.« Es klopfte und der Verantwortliche für das Betriebspraktikum erschien. Er legte eine Folie auf und schaltete den Projektor ein. Er funktionierte.

Die Besprechung zog sich hin und Daniel wünschte sich, dass wenigstens Wolfgangs Ratschlag bei ihm funktionieren würde: die Eltern müde reden. Aber müde wurde in diesem Klassenraum offenbar nur er. Nachdem alle Fragen zum Praktikum beantwortet waren, kam es zur Wahl des Elternsprechers. Bevor er einleitend etwas über die Bedeutung dieses Amtes sagen konnte, meldete sich Herr Fuchs* und erklärte seine Bereitschaft, sich zusammen mit Frau Behrend* wiederwählen zu lassen. Eine Mutter meinte sofort: »Los, dann gleich abstimmen.«

Kurz vor halb neun rief Daniel »Verschiedenes« auf und öffnete ein Fenster. Herr Wenzel war schon seit einer halben Stunde bei seinem Termin. Als sich mehrere Eltern meldeten, ahnte Daniel, dass es jetzt erst richtig losgehen würde. Er versuchte nun, Brigittes Rat zu befolgen – und jedes Problem ernst zu nehmen.

Für das offenbar größte Problem musste er eine Lösung allerdings kategorisch ausschließen. Es wurde gefordert, die Französischlehrerin auszuwechseln. Man hätte das schon im letzten Schuljahr verlangt. Obwohl er mehrmals darauf hinwies, dass sich die Schüler und auch die Eltern die Lehrer nicht aussuchen können, machten sich einige Luft. Die Kollegin würde nicht richtig erklären und verlange zu viel. Außerdem könne sie sich nicht durchsetzen und brülle die Kinder an. Ein Vater meinte, in seinem Unternehmen würde man solche unfähigen Leute entlassen: »Abmahnung und dann raus!«

Dann meldete sich Frau Kugler*. Ihr Simon* hätte in der letzten Woche seine Mathehausaufgabe ordnungsgemäß abgegeben. Nun würde der Mathelehrer jedoch behaupten, in dem Stapel hätte sich kein Blatt von Simon befunden. Simon bekam daraufhin eine Sechs. Ungerecht sei das, empörte sich Frau Kugler. Bevor Daniel reagieren konnte, standen erst zwei, dann weitere drei Leute auf. Darunter auch der Mann mit dem Handy. Im Rausgehen drehte er sich zum Lehrer und sagte: »Sorry, aber wir kennen die Frau Kugler schon länger. Im vorletzten Jahr hat Simon den Schlüssel seines Schließfachs nicht gefunden. Und im letzten Jahr fand er den Raum nicht, in dem die Vergleichsarbeit in Mathe geschrieben wurde. Münchhausen hätte seine Freude. Viel Spaß noch.« Die Tür fiel ins Schloss.

»Früher gab es mehr Respekt«

Am nächsten Tag erzählte mir Daniel von »seinen« Eltern. Ich konnte gar nichts sagen, da mir meine Elternversammlung in der neuen 7. Klasse noch bevorstand. Aber ich begann mich langsam zu fürchten. Wenn damals schon »Frau Müller muss weg« im Kino gelaufen wäre, dann hätte ich mir eine Ritterrüstung besorgt. Wenn es die Kinder endlich auf das Gymnasium geschafft haben, gibt es nämlich ein neues Ziel: die Probezeit überstehen!

Aber ist das Verhältnis zwischen Lehrern und Eltern tatsächlich so gestört? Ich habe Freunde nach ihren Erfahrungen als Schülereltern befragt. So viel steht fest: Elternabende sind unbeliebt. Obwohl es um die Schulbildung ihrer Kinder geht, wird vor allem die verlorene Zeit beklagt. Und von Gleichgesinnten wird man gern schon Tage vor dem Ereignis bedauert. Dabei finden pro Schuljahr in der Regel nur zwei Elternabende statt. Jana meinte, sie habe sich sehr wohl für die Bildung ihres Sohnes interessiert, könne sich jedoch nicht an eine interessante Elternversammlung erinnern. Sie hätte sich mit ihrem Mann geeinigt, dass immer nur einer hingehe, damit sich nicht beide den Abend versauen. Und sie hätte sich nur auf den Weg in die Schule gemacht, um im Interesse des Sohnes Präsenz zu demonstrieren: »Das war die einzige Motivation.« Ihr Tipp: Die Termine könne man auf einem A4-Blatt schriftlich mitteilen und die Probleme der Eltern, die häufig keine seien, ließen sich an Lehrersprechtagen klären.

Jörg* meinte, es sei harmlos, was ich von Daniel erzählt hätte. Schließlich habe niemand seine Kompetenz als Lehrer infrage gestellt. Und die Belange, über die diskutiert wurde, seien noch der »normale Wahnsinn«. In einer Elternversammlung, die er durchlitt, habe eine Mutter gefordert, dass der Klassenraum ins Parterre verlegt werden müsse. Ihrem kleinen Sohn sei es mit der schweren Schultasche nicht zumutbar, die großen Treppen hinaufzusteigen. Jörg erinnerte sich, wie er der Mutter zurief: »Spenden Sie der Schule einen Fahrstuhl!«

Inzwischen sind auch jede Menge Erfahrungsberichte in Buchform publiziert worden. Daniel ist also nicht allein. Und alle scheinen zu bestätigen, was offenbar jeder ohne Statistik zu wissen glaubt: Eltern und Lehrer sind ziemlich beste Feinde. Das jüngste Buch mit dem vielsagenden Titel: »Schlachtfeld Elternabend. Der unzensierte Frontbericht von Lehrern und Eltern« hat – nicht ganz überraschend – auch eine Elternklassifikation zu bieten, die Wolfgangs Typen noch weitere hinzufügt: die *Absitzer*, die *Lästerfrauen*, die *Meckerer*, die *Lehrer-Eltern*, das *Eltern-Doppelpack*, die *Ökos* und die *Manager*. »Nirgendwo«, so die Autorinnen und Mütter Bettina Schuler und Anja Koeseling, die sich selbstkritisch zu den *Helikopter-Müttern* (bei Wolfgang noch die *Überbesorgten*) zählen, »treffen unterschiedliche Interessen und emotionale Verstrickungen derart ungebremst aufeinander.«[45] Konflikte sind damit vorprogrammiert. Nicht wirklich beruhigend ist auch die Erkenntnis der beiden Autorinnen, dass der Elternabend nach einer Dreiviertelstunde vorbei wäre, wenn nur Väter kommen würden. Sie seien weniger emotional. Davon ist mittlerweile auch Jörg überzeugt: Männer hätten einfach keine Lust – und keine Zeit, über die Frage zu diskutieren, ob es ratsam sei, die Kinder zu verpflichten, einen Schirm zum Wandertag mitzunehmen.

Ich habe viele ältere Kollegen gefragt, ob denn Elternabende früher auch so abliefen? Das wurde verneint. Und auch die Lehrerbefragung von Schuler und Koeseling scheint dieses Meinungsbild zu bestätigen. Früher habe es mehr Respekt und weniger sinnlose Diskussionen gegeben.[46]

Wer ist schuld?
Und wer ist für diese Entwicklung verantwortlich? Ohne langes Zögern antworteten mir gegenüber viele Lehrer: die Eltern! Fragt man nach einer Begründung, gehen die Vorwürfe gleich ins Grundsätzliche: Eltern würden sich als Schulexperten aufspielen,

weil sie selbst Schüler waren und daher aus eigenem Erleben zu wissen glauben, was guten Unterricht ausmache. Sie seien zu sehr auf Noten fixiert und nur daran interessiert, dass ihre Kinder die Schule mit einem guten Durchschnitt verlassen. Viele Eltern würden den Erzählungen ihrer Sprösslinge glauben, anstatt sich bei den Lehrern über die »Wahrheit« zu informieren. Überhaupt sei bei vielen Eltern das Interesse am Schulalltag ihrer Kinder nur gering ausgeprägt. Kontakt zur Schule würden sie erst suchen, wenn es handfeste Probleme gäbe.

Dürften Lehrer bei den Erziehungsberechtigten ihrer Schüler das Sozialverhalten bewerten, müsste die Mehrheit mit einem »Mangelhaft« rechnen. Am schlimmsten sei für viele Pädagogen die schwer zu ertragende Anspruchshaltung der Eltern. Eine ältere Kollegin spitzte ihre Schuldzuweisung ungefiltert zu: »Die heutigen Mütter und Väter verlangen für ihre oft unerzogenen Schützlinge ein perfektes Lernumfeld. Wird das nicht geboten, werden sie ungemütlich und garstig. Und die Elternversammlung bietet ihnen das Forum. Lehrer sind aber nicht dazu da, die Defizite der Erziehung im Elternhaus auszugleichen.« Noch eine Zuspitzung weiter steht der Vorwurf des Erziehungsversagers im Raum. Dass Eltern dann mit Empörung reagieren, ist sehr gut verständlich.

Der bekannte dänische Erziehungsexperte Jesper Juul und die Familientherapeutin Helle Jensen warnen vor der Verlockung, »auf die unsoziale und selbstzufriedene Anspruchsmentalität einiger moderner Eltern als Ursache für das angespannte Verhältnis zwischen Eltern und Lehrern hinzuweisen«. Die Wirklichkeit sei komplexer. Ungeachtet dessen sei das Verhältnis durch Frustration geprägt. Vor allem auf Seiten der Pädagogen. In den letzten Jahren sei den beiden Therapeuten »die Unsicherheit und die Angst aufgefallen, die für viele Lehrer mit Elternabenden verbunden sind«.[47] Auch meine Beobachtung ist: Elternkontakte lösen bei vielen Lehrern Stress aus. Denn auch an dieser Front sehen sie sich als Einzelkämpfer. Mein Bedauern hält sich jedoch in Grenzen. Denn das zu Recht kritisierte Elterngebaren wird durch das Verhalten der Lehrer in vielen Fällen erst ausgelöst. Die Autorin Christine Eichel führt das auf die »oft unterentwickelte Beziehungskultur an deutschen Schulen« zurück. Pädagogen würden die Eltern häufig nicht als Partner, sondern als unliebsame Störenfriede betrachten: »Lieber schotten sie sich halb ängstlich, halb ignorant ab, anstatt zu kooperieren.« Sie würden es gewohnt sein, in Hierarchien zu denken, und gerieren sich gern wie Potentaten. Für sie sei es eine Majestätsbeleidigung, wenn Eltern Kritik üben.[48]

Studien bestätigen diese Einschätzung. Der Erziehungswissenschaftler Werner Sacher kommt beispielsweise zu dem Ergebnis, dass zwar eine überwiegende Mehrheit der Eltern »zu ihrer völligen Zufriedenheit« mit den Lehrkräften kommunizieren könne, gleichzeitig aber ein Großteil der Eltern die Kooperationsbereitschaft der Lehrer negativ einschätze. So glaubten 42 Prozent, »dass Lehrkräfte es nicht gerne haben, wenn Eltern ihnen Verbesserungsvorschläge machen, und fast die Hälfte hatte den Eindruck, dass Lehrkräfte sich nicht gerne von Eltern helfen lassen«.[49] Sind also wir Lehrer für die Beziehungskonflikte verantwortlich?

Gegenseitige Erwartungen

Gegenseitige Schuldzuweisungen tragen natürlich nicht zur Entspannung bei, sondern vergiften das Klima zusätzlich. Entscheidend ist: Wie lassen sich die Gräben überwinden? Die Therapie könnte mit der Frage nach den gegenseitigen Erwartungen beginnen. In der Praxis ist sie sicher eine rhetorische. Oder wurden Sie als Mutter oder Vater schon einmal nach Ihrer Erwartung an Schule und Lehrer gefragt?

Doch es gibt solche Befragungen. Sacher hat aus mehreren Untersuchungen die am häufigsten geäußerten Erwartungen von Eltern zusammengestellt: Danach sollen Lehrkräfte erreichbar und ansprechbar sein. Eltern wollen in der Schule mitsprechen und mitwirken können. Sie erwarten eine Förderung ihrer Kinder und beklagen zugleich das Fehlen ausreichender Förderung. An der Spitze der Erwartungen rangieren neben einer offenen, freundschaftlichen Lernatmosphäre auch die regelmäßigen Qualitätsprüfungen des Unterrichts.[50] Interessant ist in diesem Zusammenhang auch eine Studie zu den Bildungszielen von Menschen mit Migrationshintergrund der Heinrich-Heine-Universität Düsseldorf von 2015. Zwei Drittel der Eltern wünschen sich danach mehr Informationen über das deutsche Bildungssystem oder über Förderprogramme, um ihre Kinder in der Schule besser zu unterstützen. Zugleich räumt die Studie mit einem gängigen Klischee auf: Für Eltern mit Migrationshintergrund ist der Bildungserfolg ihrer Kinder alles andere als unwichtig.[51]

Und umgekehrt? Was sind die Erwartungen von Lehrern an Eltern? Hierzu gibt es nur wenige statistische Erhebungen. Nach meinen Lehrerbefragungen wird erstens erwartet, dass Eltern die Unterrichtsarbeit zu Hause unterstützen, indem sie ihren Kindern beim Lernen helfen und die Erledigung der Hausaufgaben kontrollieren. Viele Lehrer wünschen sich darüber hinaus, dass Eltern ihre Kinder pünktlich in die Schule schicken – nach einem Frühstück! Der zweite Erwartungskomplex umfasst: Eltern sollen Bereitschaft zeigen, in Schulgremien mitzuarbeiten, regelmäßig an Elternversammlungen und Lehrersprechtagen teilnehmen sowie die Lehrkräfte bei außerunterrichtlichen Aktivitäten, wie Schulfesten, Klassenfahrten oder Exkursionen, unterstützen. Eine Minderheit von Lehrern äußerte drittens, dass sie sich von den Eltern keine Einmischung in ihre Unterrichtsarbeit wünschen. Diese Erfahrung beschreibt auch Sacher.[52] Stellt man die Ergebnisse einander gegenüber, ist man fast überrascht, dass einige Erwartungen gar nicht so weit auseinanderliegen.

Willkommenskultur
Wie baut man nun Brücken? Voraussetzung ist eine Willkommenskultur, die sich nicht nur auf den »Tag der offenen Tür« beschränkt. An solchen Tagen präsentieren sich die Schulen von ihrer besten Seite, um Eltern für die Anmeldung ihrer Kinder zu überzeugen. Das gesamte Kollegium ist auf den Beinen. Selbst der Hausmeister gewährt einen Blick in sein Reich. Am Eingang werden die Eltern von freundlich gestimmten Schülern und Lehrern empfangen; sie drücken ihnen Flyer über das Schulprofil in die Hand und zeigen ihnen den Weg zu den Fachräumen. In der Aula singt der Schulchor und im Foyer duftet es nach frischem Kaffee und Waffeln.

Von dieser Charmeoffensive ist dann im Schulalltag nicht mehr viel übrig. Jetzt gibt es festgelegte Zeiten für Elternabende und Lehrersprechtage. Und betritt ein Elternteil die Schule außer der Reihe, gibt es nur einen Weg: den zum Sekretariat, wo sich jeder »Schulfremde« ordnungsgemäß anzumelden hat. Die Frage der Sekretärin folgt prompt: »Haben Sie einen Termin?« In vielen Schulen reicht die Willkommenskultur nicht über den »Tag der offenen Tür« hinaus. Zu Recht werden Schulleitungen und Lehrer einwenden, dass in größeren Schulen mit bis zu tausend Schülern die Eltern nicht reihenweise unangemeldet hereinspazieren können. Das Schulleben lässt durch den festgelegten Rhythmus von Stunden und Pausen keine zeitliche Flexibilität zu und die Schulleitung ist – nicht nur terminlich – meist stark überlastet.

Was macht jedoch ein Vater, der von seiner Tochter erfährt, dass sie in der Klasse gemobbt wird? Der Lehrersprechtag ist vielleicht gerade vorbei, der Termin für die nächste Elternversammlung steht noch nicht fest, er besitzt keine Telefonnummer der Klassenlehrerin und der Schulanschluss ist ständig besetzt. Wenn er dann wie ein Bittsteller auf der Suche nach der Klassenlehrerin durch das Schulhaus irrt, ist es kein Wunder, wenn sich Frust aufbaut. Kommt die Klassenlehrerin gerade aus einer konfliktgeladenen Stunde, ist der verbale Zusammenprall auf dem Schulflur unausweichlich.

Eine Willkommenskultur wird Konflikte nicht verhindern, aber sie kann einen entspannten Rahmen schaffen, der es erleichtert, sie zu lösen. Dabei wird es nicht ausreichen, den Empfangsbereich einer Schule mit dekorativen Topfpflanzen und mehrsprachigen Wegweisern auszustatten. Eine ernst gemeinte Willkommenskultur setzt die Bereitschaft bei Lehrern und Schulleitung voraus, Eltern als Teil der Schulgemeinschaft zu verstehen. Dieses Verständnis hat zur Konsequenz, dass Eltern in diese Gemeinschaft auch einbezogen werden. Und umgekehrt bedeutet es: Eltern müssen sich aktiv einbringen. Eine Mitverantwortung übernehmen. Übernehmen wollen. Dann wird aus der Willkommens- auch eine Begegnungskultur, in der Waffenstillstandsabkommen überflüssig werden.

Die Institution, die den Grundstein für eine Zusammenarbeit legt, ist und bleibt die Elternversammlung, in der die künftigen Partner auf Zeit erstmals zusammentreffen. Allerdings wird ein entspanntes Kennenlernen durch das steife Begegnungsritual verhindert. Abgehetzt kommen die meisten Eltern von der Arbeit, zwängen sich in einen muffigen Klassenraum, in dem sie in Reih und Glied hinter den Schulbänken ihrer Kinder sitzen und den Ausführungen des Klassenlehrers lauschen. Fehlanzeige auch beim Methodenwechsel: Knapp zwei Stunden Frontalberichterstattung mit gelenkter Fragestunde. Zwangsläufig fühlen sich die meisten in ihre eigene Schulzeit und die alte Rolle zurückversetzt. Ändern können das nur die, deren Namen diese Institution trägt: die Eltern. Im Interesse aller Beteiligten. Und den Rahmen dafür müssen die schaffen, die in der Rolle des Hausherrn einladen.

Wollen Sie die Schule dem Staat überlassen?
Mein Kollege Daniel Granitz wagte nach dem Desaster seines ersten Elternabends ein Jahr später einen Neustart. Einen Neustart im System! Inzwischen waren seine Schüler in der 10. Klasse angekommen und er war mit ihnen gereift. Zu Beginn des neuen Schuljahres stand wieder eine Elternversammlung an. Auf der Einladung fanden sich wie gewohnt die zu besprechenden Themen; am Ende lockte er aber mit einer Überraschung – in der Hoffnung, es würden sich mehr Eltern einfinden als zu Beginn der 9. Klasse. Und tatsächlich kamen mehr. Vielleicht hatten einige Schüler zu Hause auch schon durchblicken lassen, was ihre Mütter und Väter erwarten würde. Nach der Begrüßung forderte er die sichtlich irritierten Eltern auf, ihm mit ihrem Stuhl auf den Schulhof zu folgen, wo bereits einige ihrer Kinder warteten. Maximilian* und Roman* hantierten am Grill, den der Hausmeister etwas murrend zur Verfügung gestellt hatte. Hoang* und Hien begeisterten mit vietnamesischen Frühlingsrollen, Jasmin* und Justine* schenkten Kaffee und Wasser aus. Und Petrus sorgte für einen warmen Spätsommerabend. Das Catering-Engagement der Schüler war nicht uneigennützig. Sie baten um eine Spende für die Klassenfahrt nach Usedom – und bekamen am Ende den Eintritt für den geplanten Besuch im Meeresmuseum Stralsund (heute: Ozeaneum) zusammen. Niemand fragte, ob sich durch diesen kulinarischen Einschub die Elternversammlung zeitlich verlängern würde. Stattdessen wollte Herr Wenzel wissen: »Wieso haben wir dit nich schon früher jemacht?« Er sagte tatsächlich »wir«. Diesmal hatte er auch keinen wichtigen Termin. Überall bildeten sich Gesprächsinseln. Frau Behrend und Herr Fuchs, die beiden Elternvertreter, strahlten um die Wette. Es war ihre Idee gewesen, nachdem Daniel sie gefragt hatte, ob man das Ritual Elternabend nicht aufbrechen könne.

Nach einer halben Stunde saßen alle im Kreis und Daniel begann mit dem offiziellen Teil. Es gab zwei Themen und drei Papiere. Informiert und diskutiert wurde über die Klassenfahrt und den Mittleren Schulabschluss, den der Pädagogische Koordinator vorstellte – zu einer vorher genau festgelegten Zeit. Hien übersetzte für die vietnamesischen Eltern. Neben der Übersicht zu den Terminen teilte er noch zwei weitere Listen aus: In der einen sollten die Eltern ihre Wünsche für einen Themenabend notieren, in der anderen, wie sie sich künftig ins Schulleben einbringen möchten. Ersteres war kein Problem. Die Palette war breit gefächert: von »Muss nicht sein« bis zu der Frage »Wie lange darf mein Kind am Computer spielen?« Vor elf Jahren gab es noch kein Smartphone.

Die Mehrheit der Eltern votierte für einen Themenabend zu »Ausbildung und Beruf«. Mich wundert diese Entscheidung nicht, denn in Gesprächen mit unseren Schülern erfährt man, dass viele nach dem Abitur nicht studieren, sondern in die Lehre gehen wollen. Ein Trend, der sich seit Jahren abzeichnet. Das Bundesinstitut für Berufsbildung bezifferte den Anstieg der Abiturienten unter den neuen Auszubildenden von 20,3 Prozent (2009) auf 24 Prozent (2012).[53] Viele Absolventen erhoffen sich, mit dem Abi in der Tasche einen der begehrten Ausbildungsplätze zu ergattern. Bundesweit haben darauf auch die Gymnasien reagiert und bieten Informationsveranstaltungen mit Experten rund um die Berufsausbildung an. An unserer Schule präsentieren sich an einem speziellen Studientag nicht nur die Hochschulen, sondern auch Ausbildungsbetriebe aus der Region. Mitorganisiert von Eltern!

Irritationen löste jedoch die zweite Liste aus, die zur Mitarbeit aufrief. Verwundert schauten einige in den Himmel und dann zum Nachbarn. Ein Drittel hatte Schwierigkeiten, Vorstellungen über ein Engagement in der Schule zu entwickeln. Eine Mutter fragte: »Ist das jetzt Pflicht?« Das wollen die Schüler auch immer wissen, wenn etwas Neues eingeführt wird. Aber es gab auch echte Überraschungen: So erfuhr Daniel, dass Herr Pavlek* Chef einer Malerfirma ist. Einige Wochen später lieferte er Farben und Pinsel – und ein Teil der Schüler renovierte den in die Jahre gekommenen Klassenraum. Frau Siebert* bot an, Vorhänge zu nähen. Damit Daniel seine Bilder auf dem Projektor auch im Kampf gegen die Sonne zum Leuchten bringen könne. Eine andere Mutter arbeitet im Botanischen Garten und organisierte später – nicht nur zur Freude der Biologielehrerin – eine Spezialführung für die Klasse.

Nachdem der offizielle Teil des Elternabends gelaufen war, wandte sich Frau Kugler mit sorgenvoller Miene an den Klassenlehrer: »Mal ehrlich, Herr Granitz, es kann doch nicht sein, dass die Eltern künftig Exkursionen organisieren und Vorhänge nähen? Fehlt ja nur noch, dass wir auch die Toiletten renovieren.« Sichtlich erleichtert pflichtete ihr Herr Unger* bei: »Ist doch die Aufgabe des Staates! Dann hätte ich mein Kind ja gleich auf der Waldorfschule anmelden können. Da sind Arbeitseinsätze für Eltern Pflicht.« »Wollen Sie die Schule dem Staat überlassen?«, mischte sich Herr Fuchs ein. »Dann sind wir verlassen!« Die schweigende Mehrheit nickte dem Elternvertreter zu.

»Das können wir uns nicht leisten, Michi«
Sind Hausaufgaben Schulaufgaben?

»Heute gehst *du* da hin!« Sandras* Ansage war eindeutig. Sie knallte ihrem Lebensgefährten ein Schreiben auf den Tisch. Ohne sie und das Papier anzuschauen, verkündete Michael*: »Geht nicht. Nachher spielt Werder.« Er sah wieder auf sein Smartphone. »Vergiss es! Die Ausrede zählt heute nicht.« »Fußball ist keine Ausrede«, sagte er trotzig und tippte bei WhatsApp die nächste Nachricht ein. »Du gehst zu diesem Elternsprechtag!«, wiederholte sie und nahm ihm das Smartphone weg. »Hey!«, rief er. Sie sah ihn eindringlich an und sagte laut: »Wir reden miteinander!« »Dann geht keiner von uns«, bot Michael an. »Michi, dein Sohn steht in Englisch und Deutsch auf vier.« Er stand auf und holte sich seine Zigarettenschachtel aus der Tasche. »Geh bitte auf den Balkon!« Michael ignorierte ihre Aufforderung und zündete sich eine Zigarette an. »Warum weiß ich davon nichts?« »Wovon jetzt, bitte?« sagte Sandra gereizt und kippte hektisch die Nudeln ins kochende Wasser. »Dass unser Sohn so schlecht in der Schule ist.« Sie lachte höhnisch auf. Als er einen Zug nahm, blaffte sie ihn an: »Du sollst in der Küche nicht rauchen!« »Ja, ja«, entgegnete er, bewegte sich im Zeitlupentempo zur Tür und meinte: »Dann geht Ole* eben nicht aufs Gymnasium«. »Wie bitte?« Sandra schnappte nach Luft und knallte das Fenster zu. Michi wusste: Jetzt würde es ungemütlich. Und laut. Bevor er einen weiteren Zug nehmen konnte, riss sie ihm die Zigarette aus der Hand, drückte sie aus und baute sich direkt vor ihm auf …

»Willst du das alles wirklich so aufschreiben?«, fragte Michael und stieg auf sein Fahrrad. »Ja, klar«, antwortete ich und nahm noch einen Schluck Wasser. Wir standen vor der Schifferkirche in Ahrenshoop und starteten unsere erste Radtour auf dem Darß. Alle zwei Jahre treffen wir uns drei Tage zum Radeln und Reden. Was Männer auf dem Fahrrad so zu bequatschen haben. Manchmal ist die Kommunikation schwierig, weil der Wind einem ins Gesicht bläst und die Luft mit den Jahren ohnehin knapper wird. Vor dreißig Jahren haben wir im gleichen Pankower Leichtathletikverein trainiert und sind seitdem befreundet. Michael lebt heute mit seiner Familie in Bremerhaven. Und weil er zwei Kinder im schulpflichtigen Alter hat, wurde er zu einem dankbaren Objekt meiner Recherche über Eltern und ihre Erfahrungen mit Schule und Lehrern. Ich hatte ihn gebeten, von einem typischen Lehrersprechtag zu berichten. Irgendeinem. Er grinste mich an und meinte: »Ich war nur bei einem. So einfach ist das.« Das erklärt wohl einiges.

Sandra, seine Lebensgefährtin, war inzwischen wütend geworden. »Wir waren uns einig, dass Ole aufs Gymnasium geht. Wie

Jasmin*. Und dabei bleibt es auch! Ich habe mich bei Jasmin gekümmert und du wolltest dich um Ole kümmern.«»Habe ich doch«, verteidigte er sich.»In der 1. Klasse vielleicht. Aber wann hast du das letzte Mal mit deinem Sohn Hausaufgaben gemacht?«»Ich kann ihm nicht viel helfen. Ich war in Sprachen nie gut. Außerdem hat der nie Lust. Weißt du, wie nervig das ist?«»Ist das jetzt deine Entschuldigung? Vokabeln abfragen geht immer«, entgegnete sie.»Warum organisieren wir keine Hausaufgabenbetreuung? Machen doch andere Eltern auch«, warf er nun ein.»Das haben wir bereits besprochen. Wir können uns das nicht auch noch leisten, Michi.«

Für einen Moment schwiegen beide. Aus dem Flur drangen die Geräusche der Kinder. Jasmin telefonierte aufgeregt mit einer Freundin und Ole drehte die Musik lauter. Sandra schloss die Küchentür und sagte resignierend:»Ich hätte nicht wieder voll arbeiten sollen.« Michael zuckte mit den Achseln:»Dann wechselt Ole auf eine normale Oberschule und macht eine Ausbildung. Ich habe auch kein Abitur. So einfach ist das.« Sandra sah ihn wieder entgeistert an. Und wurde wieder laut:»Komm mir jetzt nicht mit deiner Bildungsbiografie! Ein Abitur hätte dir bestimmt nicht geschadet.« Sie stellte das Gas kleiner, weil die Nudeln zu kochen begannen. Nun wurde auch er wütend:»Nicht schon wieder! Und nicht in diesem Ton!« Sie sahen sich einen Moment sprachlos an, dann lenkte Sandra ein und öffnete wieder das Fenster. Sie holte tief Luft und startete, sichtlich um Sachlichkeit bemüht, einen neuen Anlauf:»Wir haben eine Einladung zum Elternsprechtag, weil Ole in zwei Hauptfächern auf vier steht. Das geht gar nicht.«»Die Einladung oder die Vieren?«, warf Michael ein und griente.»Deine Witze waren früher besser«, sagte sie und wandte sich den überkochenden Nudeln zu. Er reichte ihr blitzschnell ein Handtuch. Sie griff kommentarlos zu und nahm den Topf vom Herd.»Das ist doch eher eine Vorladung«, meinte Michael und verlegte jetzt die Frontlinie.»Du kannst es nennen, wie du willst.« Er tippte auf das Schreiben und stellte fest: »Das heißt doch Elternsprechtag. Warum laden wir nicht ein?« »Du willst Frau Grundmann* zu uns nach Hause einladen?« »Ist Frau Grundmann die neue Klassenlehrerin?« fragte er. Sandra sah ihn fassungslos an. Michael hatte sich wieder ins Aus geschossen. »Okay, okay, ich rede erst mal mit Ole«, sagte er, riss die Arme empor und ging in das Zimmer seines Sohnes.

»Frau Grundmann ist schuld!«

Ole, der auf seinem Bett lag, reagierte sofort genervt: »Papaaa, du störst.« Michael versuchte ruhig zu bleiben. »Wobei denn, mein Sohn?« »Ich lerne.« »Du lernst? Bei der lauten Musik?« Ole machte den CD-Player aus. »Ich lerne Vokabeln!« Der Vater überlegte kurz und entschloss sich, es nicht auf die gewohnt lockere Art zu probieren: »Willst du mich verscheißern? Warum stehst du dann in zwei Fächern auf vier!« »Deswegen lerne ich ja.« Ole hielt zum Beweis sein Englischbuch hoch. Michael kam zwei Schritte auf seinen Sohn zu, als ob er den Titel des Buches überprüfen wollte. Ole nutzte die Situation: »Papa, du kannst ruhig Fußball schauen. Es muss da keiner von euch hin. Die Grundmann ist sowieso blöd.« Michael verzog sein Gesicht und Ole wusste, dass er heute nicht auf den Sohnversteher setzen konnte. »Wie redest du denn von deiner Lehrerin? Steht sie auf vier oder du?« Ole startete einen letzten Versuch: »Du sagst doch auch immer, der Krohne* ist ein Idiot.« Krohne ist Michaels Chef. »Das ist was ganz anderes«, erwiderte der Vater verärgert, setzte sich auf den kleinen Schreibtischstuhl und stellte die Machtverhältnisse klar: »Pass mal auf. So geht das nicht. Deine Mutter schickt mich zu diesem verdammten Elternsprechtag, weil es in zwei Hauptfächern nicht gut für dich aussieht. Ich will jetzt genau wissen, woran das liegt.«

Ole senkte den Kopf und probierte, ihn mit einer klaren Schuldzuweisung aus der väterlichen Schlinge zu ziehen: »Weil Frau Grundmann nicht richtig erklären kann. Das sagen auch die anderen aus meiner Klasse. Kannst sie fragen.« »Die stehen aber nicht alle auf vier«, meinte Michael trocken. »In der 3. Klasse war alles okay. Aber jetzt sind alle schlechter geworden, seit wir *die* in Englisch und Deutsch haben. Kannst die anderen fragen.« »Ole, es geht jetzt um *dich*. Und ob du auf das Gymnasium kommst.« »Ist wirklich so«, beteuerte Ole und erweiterte den Ursachenkatalog: »Wenn man eine Hausaufgabe vergessen hat, kriegt man gleich eine Sechs.« »Mit anderen Worten: Du machst keine Hausaufgaben?«, übersetzte sein Vater. Oles Smartphone blinkte auf. Der Junge richtete sich auf und wollte sich das Gerät vom Schreibtisch nehmen. Michael war schneller. »Papaaa«, maulte Ole. »Deine Mutter hatte recht. Wir hätten dir das Smartphone erst schenken dürfen, wenn das mit dem verdammten Gymnasium durch ist«, sagte der Vater. »Es liegt nicht am Smartphone, Papa. Die Grundmann ist schuld. Echt«, verteidigte sich Ole wieder. Michael runzelte die Stirn. »Die kann mich einfach nicht leiden«, ergänzte er. »Natürlich. Die kann dich nicht leiden«, wiederholte Michael ungehalten. »Kannst die anderen fragen.« »Klar doch. Wir gründen am besten eine Facebook-Gruppe *Ole wird von Frau Grundmann gemobbt*. Und dann können deine Kumpels alle schön liken«, meinte Michael und erhob sich.

Ole atmete schon auf, da drehte sich der Vater an der Tür noch einmal um: »Zeig mir mal dein Hausaufgabenheft!« Ole stand auf und kramte in seinem Rucksack. »Muss ich in der Schule vergessen haben«, sagte der Sohn. »Auskippen!«, befahl der Vater. »Mann, Papaaaa«, maulte Ole wieder. Michael bestand darauf. Und Ole drehte seinen Rucksack um. Was da alles zum Vorschein kam, überraschte selbst den Jungen: Gummibärchen, Spielkarten, Fußballshirt – aber kein Hausaufgabenheft. »Echt Papa, du musst nicht zu der Grundmann. Ich strenge mich jetzt auch an«, sagte Ole. »Der Ton in deiner Stimme, mein Sohn, sagt mir, ich sollte ganz schnell zu Frau Grundmann fahren.«

»Was wollen Sie damit sagen?«
Michael lief in den Flur, zog sich die Jacke über, steckte seinen Kopf in die Küche und verkündete entschlossen: »Ich fahre jetzt in die Schule zu dieser Grundmann.« Sandra rief ihm versöhnlich hinterher: »Wollen wir nicht erst essen?« Die Tür fiel aber schon ins Schloss. Im Auto fiel Michael ein, dass er die Adresse der Schule nicht wusste. Er schlug mit der Hand aufs Lenkrad und verfluchte sein Dilemma: Wenn er jetzt nicht jede Grundschule in Bremerhaven anfahren wollte, musste er Sandra anrufen. Verzweifelt suchte er in den Erinnerungen nach Oles Einschulung. Aber die fand im Hellen statt. Jetzt – drei Jahre später – lag alles im Dunkeln. Es war November und seine Kumpels glühten im Vereinslokal sicher schon vor ...

An dieser Stelle unterbrach ich Michael, weil ich wissen wollte, ob das alles so stimmt. Wir waren gerade am Campingplatz in Born vorbeigeradelt. »Was jetzt?« »Dass du die Schule deines Sohnes nicht mehr wusstest.« Natürlich hatte er auch dafür eine Erklärung: »Weißt du, was ich in dieser Zeit für einen Stress hatte, der neue Job, der Kredit, meine Eltern ... Ich wusste nicht ein noch aus.« Ich ließ das im Wind so fliegen und wollte hören, wie es weiterging.

Zum Glück fiel Michael das Einladungsschreiben ein. Er holte es vor und gab die Adresse aus dem Briefkopf ins Navi ein. Er triumphierte: Problem allein gelöst! In der Grundschule suchte er den angegebenen Klassenraum von Frau Grundmann. Vor der Tür wartete bereits ein Vater. Sie nickten sich kurz zu. Und Michael überlegte, ob der auch von seiner Frau zum Elternsprechtag geschickt worden war. Als der andere Vater reingerufen wurde, schickte er seinen Kumpels eine Nachricht, dass er heute nicht zum Fußball kommen würde.

Nach einer halben Stunde war er endlich an der Reihe. Frau Grundmann reichte ihm lächelnd die Hand. Plötzlich ertönte die Schulklingel. »Wie passend. Beginnt jetzt der Unterricht?« Michael versuchte witzig zu sein. »Nein, nein, der Hausmeister hat

nur vergessen, sie abzuschalten«, antwortete Frau Grundmann und richtete ihre Brille gerade. »Und Sie sind Herr Wagner?«
»Nein, Herr Zelter*«, antwortete Michael, »ich bin der Vater von Ole.« Sie musterte ihn, schloss die Tür und wies ihm einen Platz am Lehrertisch zu. Sie warteten, bis die Klingel verstummt war.
»Dann sind wir uns noch nie bei einem Elternsprechtag begegnet?«, stellte Frau Grundmann mehr fest, als dass sie fragte. »Sieht so aus«, meinte Michael und holte das schon etwas verknitterte Schreiben der Schule hervor. Frau Grundmann beobachtete, wie er es glatt zog und dann in seiner Jacke nach einem Kugelschreiber suchte. Er fand keinen Stift, grinste etwas verlegen und beschloss, gleich zur Sache zu kommen. »Ole ist also nicht gymnasialreif?« Frau Grundmann sah ihn etwas irritiert an. »Herr Zelter, ich habe Sie herbestellt, weil Ole in Deutsch und Englisch zurzeit auf vier steht.« »Das weiß ich.« »Seit wann?« »Seit Sie ihn in diesen beiden Fächern unterrichten.« »Was wollen Sie damit sagen?«, entrüstete sich Frau Grundmann. Michael ruderte etwas zurück: »Im letzten Jahr stand er jedenfalls in beiden Fächern auf zwei.« Das reichte der Lehrerin nicht aus. »Sie wollen mir also unterstellen …?« »Gar nichts will ich«, unterbrach er sie. »Aber das ist doch kein Zufall, dass so viele aus der Klasse in Ihren beiden Fächern abgerutscht sind?« Michael sah sie herausfordernd an und fügte hinzu: »Ich rede gern Klartext!«
Frau Grundmann rang um Fassung. Sie rückte ihre Brille zurecht und holte das Klassenbuch hervor. »Gut, dann reden wir also Klartext. Aber nicht über die anderen Schüler, sondern über Ihren Sohn.« Es klang schon fast wie eine Drohung und Michael ahnte, was nun folgen würde. »Sie brauchen mir jetzt nicht seine Zensuren vorzulesen.« »Das hatte ich auch nicht vor«, entgegnete sie. Mit dem Finger suchte sie in der Namensliste nach Ole, obwohl ihr bewusst war, dass der Name Zelter am Ende stand. Dann richtete sie ihren Blick wieder auf Michael. »Seit Beginn der 4. Klasse hat Ole elf Mal die Hausaufgaben nicht gemacht …« »Wie bitte?«, unterbrach Michael sie. »Ich war noch nicht fertig:

und neun Mal unvollständig.« »Und dafür knallen Sie ihm dann immer eine Sechs rein«, plusterte sich der Vater auf. »Damit gefährden Sie die Bildungsbiografie meines Sohnes! Ist Ihnen das klar?« »Ich verbitte mir diese Unterstellungen«, rief Frau Grundmann aus. Dass die Situation nicht eskalierte, war Michaels Smartphone zu verdanken. Es brummte mehrmals nacheinander. Michael ahnte, dass ihm seine Fußballfreunde die ersten Grüße aus der Kneipe über WhatsApp geschickt hatten. Oder es war Sandra, die offenbar hellseherisch ihren Entschluss verfluchte, Michael in die Schule geschickt zu haben. Während er auf das Display schaute, stellte er fest, dass eine Lesebrille immer unvermeidlicher wurde ...

Inzwischen hat Michael eine Lesebrille. Sucht sie aber ständig. Zwischen Wieck und Prerow hielten wir an, um eine Pause zu machen. Der Wind blies jetzt besonders stark. Er wollte mir die Nachricht seiner Kumpels vorlesen, fand aber die Lesebrille nicht und ich die Nachricht nicht so relevant. »Wird zu ausführlich?«, fragte er. »Nein, nein, erzähl weiter. Jetzt wird es ja interessant für mich.« »Für dich?« »Ja, für mich als Lehrer. Holt Frau Grundmann jetzt den Trumpf aus der Tasche?« Michael nickte.

»Sind die Hausaufgaben dafür verantwortlich?«
Frau Grundmann zog ein Heft aus ihrer Tasche hervor. Es war das Hausaufgabenheft von Ole. »*Das* haben wir heute gesucht«, erklärte Michael. »Wer hat denn gesucht – Ole oder Sie?« »Wir beide!« »In Ihrem Fall muss die Suche zum ersten Mal stattgefunden haben. Und wenn Ole gesucht hat, dann hat er Ihnen nicht die Wahrheit erzählt«, sagte Frau Grundmann ein wenig triumphierend. Michael stellte das Smartphone aus und beugte sich vor: »Was wollen Sie mir jetzt damit sagen?« Frau Grundmann nestelte wieder an ihrer Brille. »Ich habe Ole das Heft heute abgenommen, um es Ihnen zu zeigen«, antwortete sie und schlug es auf. »Aha«, meinte der Vater. »Jedes Mal, wenn Ole

seine Hausaufgabe nicht oder unvollständig erledigt hat, habe ich das hier eingetragen.« Sie reichte ihm Oles Hausaufgabenheft. Michael nahm es ihr aus der Hand – ohne hineinzusehen. »Warum haben Sie uns nicht per Mail informiert? Uns wird doch sonst jeder Schulkram zugeschickt.« »Ja, mein Versäumnis besteht darin, dass ich Sie nicht früher persönlich benachrichtigt habe«, räumte die Lehrerin ein. »Aber deswegen sitzen wir ja heute hier.« »Habe ich verstanden«, sagte Michael. Er stand auf und griff automatisch zu seiner Zigarettenschachtel.

Frau Grundmann ließ sich nicht irritieren. »Wenn Ole die Hausaufgaben unregelmäßig oder gar nicht macht«, sagte sie, »kommt er im Unterricht irgendwann nicht mehr mit und kassiert letztendlich schlechte Noten.« »Sind jetzt die Hausaufgaben für die Vieren von Ole verantwortlich oder wie?« »Die nicht gemachten Hausaufgaben, Herr Zelter«, korrigierte die Lehrerin. Michael setzte sich wieder: »Ich kann ihm weder bei den Hausaufgaben richtig helfen noch schaffe ich es, die jeden Tag nach der Arbeit zu kontrollieren. So einfach ist das.« »Ole soll laut Schulgesetz die Hausaufgaben auch ohne außerschulische Hilfe bewältigen. Und er muss lernen, Verantwortung zu übernehmen. Dafür müssen Sie als Vater sorgen!« »Das klingt alles schön und gut in Ihrem Pädagogendeutsch. Aber was ist, wenn das in der Realität nicht funktioniert?« »Dann müssen Sie sich Hilfe suchen!«, schlug die Lehrerin vor. Sie sah auf die Uhr und erhob sich. Die Zeit war abgelaufen. »Hilfe?«, fragte der Vater irritiert. »Ja, eine Nachhilfe, die die Hausaufgabenbetreuung übernimmt und mit dem Jungen auch übt.« Michael ließ den Kopf sinken und murmelte vor sich hin: »So weit waren wir auch schon.« Die Lehrerin ignorierte das Gemurmel und ging langsam zur Tür: »Sie müssen das Problem verlagern, Herr Zelter. Raus aus der Eltern-Kind-Beziehung.« Michael stand auf und sah sie herausfordernd an: »Das Problem muss in die Schule zurückverlagert werden! So einfach ist das.« »Wie meinen Sie das?« Frau Grundmann blieb stehen und sah ihn fragend an. »Einfach abschaffen!

Hausaufgaben sind Schulaufgaben!«»Herr Zelter«, sagte sie und lachte,»Hausaufgaben gehören zum Alltag einer Schule wie die Klingel. Schon immer gab es Hausaufgaben.« Sie reichte ihm die Hand. Er drückte sie wortlos. An der Tür drehte er sich noch einmal um:»Ich fand Hausaufgaben schon als Schüler sinnlos.« »Das sehen wir Pädagogen naturgemäß anders«, entgegnete sie. »Ist wie mit der Klingel«, sagte er.»Probieren Sie es mal ohne!« Er hob die Hand zum Abschied, öffnete die Tür und verließ den Klassenraum ...

»Du musst das aber neutral schreiben!«, sagte Michael.»Ich versuche es«, versprach ich. Wir waren in Prerow angekommen und ließen uns erschöpft in ein Gartenlokal fallen.»Ich bin da nicht mehr hin. Zu der Grundmann. Hat Sandra wieder übernommen.«»War wohl auch besser so«, meinte ich. Ole hatte nach Michaels Gespräch mit Frau Grundmann eine Zeit lang nichts zu lachen. Und auch Tochter Jasmin wurde verpflichtet: Sie musste ihrem Bruder bei den Hausaufgaben helfen. Ihr Widerstand brach zusammen, nachdem ihr Taschengeld erhöht wurde. Ole verbesserte sich und schaffte es aufs Gymnasium.»So einfach ist das!« Michael griente und bestellte zwei Bier.

Pädagogisches Naturgesetz

Frau Grundmann hat ausgesprochen, was seit Jahrhunderten nicht angetastet wurde: Hausaufgaben gehören zu den steinernen Säulen schulischer Lernkultur. Sie scheinen ein pädagogisches Naturgesetz und für die Lehrer ein unverzichtbares Element ihres Unterrichts zu sein. Die Pädagogin hat sich auch korrekt auf das Gesetz berufen. In der Frage der Hausaufgaben sind sich alle Bundesländer einig: Fast wörtlich findet sich überall in den Richtlinien der Kultusministerien, dass Hausaufgaben so vorzubereiten und zu stellen seien,»dass die Schüler sie ohne außerschulische Hilfe bewältigen können. Umfang und Schwierigkeitsgrad der Hausaufgaben sind dem Alter und dem Leistungsvermögen der Schüler anzupassen«. Die Lehrer seien verpflichtet, »die tägliche Gesamtbelastung des Schülers zu berücksichtigen«.[54] Einige Verordnungen schreiben sogar eine Stundenhöchstzahl vor und nehmen den Klassenlehrer für die Einhaltung in die Pflicht. Ich möchte nicht wissen, wie viel Klassenlehrer das tatsächlich täglich kontrollieren beziehungsweise kontrollieren können.

Es hat einen Grund, warum das Aufgeben von Hausaufgaben bei den Schülern nur Augenrollen und meist lautes Stöhnen hervorruft. Fragt man sie, was sie an der Schule nervt, rangieren die ungeliebten Hausaufgaben auf den vordersten Plätzen. Und wenn man als Lehrer am Ende der Stunde ausnahmsweise den Verzicht auf Hausaufgaben bekannt gibt, erntet man durchaus mal spontanen Applaus. Denn aus der Sicht der Jugendlichen betreiben die Hausaufgaben nur eins: Raubbau an ihrer kostbaren Freizeit. Wenn an einem Schultag jeder Lehrer in seinem Fach häusliche Aufträge erteilt, können locker drei Stunden zusammenkommen. Schule geht dann zu Hause weiter. Ein Abiturient hat mir einmal vorgerechnet, dass er während seiner gesamten Schulzeit über zwölf Monate allein an Hausaufgaben gesessen habe. Überprüfen kann ich das nicht, aber sein Kommentar reicht für eine Pointe: Er habe ohne Sitzenbleiben nicht zwölf, sondern dreizehn Jahre bis zum Abitur gebraucht.

Es verwundert daher nicht, dass vor zwei Jahren viele Schüler in Windeseile bei Facebook einen Vorschlag gelikt haben, der ihnen offenbar aus der Schülerseele sprach: Jutta Allmendinger, die Präsidentin des Wissenschaftszentrums Berlin für Sozialforschung, hatte im Sommer 2013 die Abschaffung der Hausaufgaben gefordert. Dabei berief sie sich auf Studien, wonach viele Eltern den gesamten Lernstoff mit ihren Kindern durcharbeiten. Es sei viel besser, den Lernstoff im Unterricht selbst in kleinen Gruppen zusammen mit dem Lehrer noch einmal durchzugehen.[55]

Zwischen Abendbrot und Zähneputzen

Die Debatte über den (Un-)Sinn von Hausaufgaben ist zwar nicht neu, aber sie hat angesichts der sich verändernden Schulbedingungen durchaus ihre aktuelle Berechtigung. Denn die Unterrichtszeiten reichen häufig weit in den Nachmittag hinein und das Arbeitspensum der Schüler ist in den letzten Jahren – nicht nur durch die Verkürzung der Abiturzeit – stetig gestiegen. Wenn Kinder nach der Schule in einem Sportverein trainieren, in der Musikschule proben oder sich mit Freunden treffen, bleiben für die Hausaufgaben nur die Abendstunden. Zwischen Abendbrot und Zähneputzen wird schnell noch das erledigt, wofür eigentlich Aufmerksamkeit und Zeit notwendig wären. Dabei raten Experten, dass Hausaufgaben auf keinen Fall unmittelbar vor dem Schlafengehen erledigt werden sollten. Ob allerdings der Tipp der Lehrerin und Leiterin des Münchner Schulamts, Georgine Müller, Eltern sollten sich bei den Hausaufgaben zurückhalten[56], hilfreich ist, sei dahingestellt. Was machen Mütter und Väter, deren Kinder nicht von allein und nur mit viel Druck ihre Hausaufgaben erledigen? Aus Elterngesprächen weiß ich, dass Hausaufgaben in Familien ordentlich für Zoff sorgen.

Hinzu kommt ein weiteres Problem: Als Lehrer kann ich häufig nicht einschätzen, wem das Urheberrecht einer Hausaufgabe zusteht: dem Schüler oder seinen Eltern? Oder dem Mitschüler, aus dessen Hefter in der Pause die Lösungen schnell abgeschrieben worden sind? Eine solche Hausaufgabe dann zu bewerten, ist natürlich nicht gerecht. Schüler, deren Eltern schlichtweg keine Zeit haben, bei den Hausaufgaben zu helfen, sind automatisch benachteiligt. Und Allmendinger sieht nicht nur ein zeitliches, sondern auch ein kognitives Problem: Selbst wenn sich die »bildungsfernen« Eltern um die Hausaufgaben kümmern, würden sie nicht dazu beitragen, »dass das Erlernte oder dass das zu Erlernende besser begriffen wird«.[57]

Ihr bildungspolitisches Fazit, Hausaufgaben würden die soziale Ungleichheit zementieren, wurde im Sommer 2013 nicht nur von den Jugendlichen bei Facebook, sondern auch von der Politik dankbar aufgegriffen. Es herrschte Bundestagswahlkampf. Als erster führender Politiker verband SPD-Chef Sigmar Gabriel den Vorschlag nach Abschaffung der Hausaufgaben mit der Forderung nach Einführung eines Rechtsanspruches auf Ganztagsschule. Etwas unausgegoren fügte er hinzu: »Und deswegen will ich, dass das in der Schule stattfindet und nicht im Elternhaus.«[58] Etwas frei übersetzt und auf eine griffige Formel gebracht: Alles Schulische soll in der Schule erledigt werden! Vielleicht ist es ja auch nicht die Aufgabe des SPD-Vorsitzenden, zu erläutern, wie das in der Praxis genau funktionieren soll, sondern eine Debatte anzustoßen. Gabriels Vorstoß bekam nicht nur Gegenwind aus dem politischen Berlin[59], sondern auch aus der pädagogischen Fachwelt. So behauptet Heinz-Peter Meidinger, Vorsitzender des Deutschen Philologenverbandes, dass der Vorschlag zur Abschaffung der Hausaufgaben nichts mit Pädagogik zu tun habe, sondern unter dem Stichwort Bildungsgerechtigkeit firmiere: Es gehe darum, »denjenigen Schülern, die durch die Hilfe der Eltern oder professionelle Hausaufgabenbetreuer einen Vorteil gegenüber jenen haben, die keine Hilfe beanspruchen können, diesen Vorteil zu nehmen. Die Idee ist: Hausaufgaben fallen weg, dadurch werden Kinder aus bildungsfernen Schichten nicht mehr so weit abgehängt«. Das sei schon deshalb ein Trugschluss, weil Eltern, die am Erfolg ihrer Kinder interessiert sind, immer Wege finden, diese besonders zu fördern.[60]

Fördern Hausaufgaben den Lernerfolg?

Will man die Diskussion über die Abschaffung von Hausaufgaben aus der bildungsgerechten Ecke holen und pädagogisch versachlichen, dann muss die Frage geklärt werden, ob Hausaufgaben den Lernerfolg fördern. Aus der Wissenschaft – Sie ahnen es – gibt es keine klare Antwort. Das Institut für Berufliche Fachrichtungen der TU Dresden untersuchte bereits 2008 unter der Leitung des Erziehungswissenschaftlers Hans Gängler verschiedene Strategien zum Wissenserwerb. Das Ergebnis ist ernüchternd: Hausaufgaben haben keinerlei nachweisbaren Einfluss auf Schulerfolg. Hans Gängler ist der Auffassung, dass gute Schüler durch Hausaufgaben nicht besser würden. Und schlechte Schüler würden zu Hause durch bloßes Wiederholen noch lange nicht begreifen, was sie schon am Vormittag nicht richtig verstanden haben. Sein Fazit ist anschaulich und eindeutig: »Ob man also die Mathe-Hausaufgaben direkt nach der Schule, nachts unter der Bettdecke oder überhaupt nicht macht: Der Effekt auf die Zeugniszensur ist derselbe, nämlich gleich null.«[61]

Die viel zitierte Hattie-Studie kommt dagegen zu dem Ergebnis, dass Hausaufgaben durchaus den Lernerfolg fördern – mehr als beispielsweise kleine Klassen. Schaut man sich das Ranking genau an, rangieren Hausaufgaben allerdings in der Mitte und weit hinter den Merkmalen wie »Qualität des Unterrichts durch den Lehrer« und »Qualifizierte Rückmeldungen an den Schüler«.[62] Der Oldenburger Erziehungswissenschaftler Klaus Zierer rät dazu, die Befunde der Hattie-Studie differenziert nach dem Alter der Schüler zu betrachten. Am Gymnasium sei der Effekt von Hausaufgaben auf die mathematischen, sprachlichen und naturwissenschaftlichen Fähigkeiten stärker, in der Grundschule geringer. Was keineswegs bedeute, dass die Aufgaben bei jüngeren Schülern sinnlos seien. Nach Zierers Ansicht ist es gerade gut, früh Verantwortung und Pflichtbewusstsein einzuüben.[63]

Ohne Hausaufgaben nach Hause

Auch an der pädagogischen Basis polarisiert die Forderung nach Abschaffung der Hausaufgaben. Während die meisten Schulen an dem Ritual festhalten, wagen einige den Schritt, es ohne Hausaufgaben zu versuchen. Dabei spielt es offenbar keine Rolle, um welche Schulform es sich handelt. An der Liebfrauenschule, einer

Grundschule in Frankfurt am Main, hat man sich nach einer Probezeit endgültig von den Hausaufgaben verabschiedet. Ersetzt wurden sie durch »Lernzeiten«. Das sind zusätzliche Unterrichtsstunden, in denen die Schüler zusammen mit einem »Tandem« aus einer Lehrkraft sowie einer weiteren pädagogischen Fachkraft aus den umliegenden Horten oder Ganztagsschulen den Unterrichtsstoff vertiefen und in Kleingruppen zusätzliche Förderung erhalten.[64] Davon profitiert nach den Worten der Schulleiterin Helen Kellermann-Galle auch die Nachmittagsbetreuung, die nun von schulischen Aufgaben entlastet sei und sich wieder ganz den pädagogischen Freizeitangeboten widmen könne.[65]

Auch am Elsa-Brandström-Gymnasium Oberhausen in Nordrhein-Westfalen sind Hausaufgaben inzwischen Geschichte. Zumindest für die 5. bis 9. Jahrgangsstufe. Die Schulkonferenz hat 2012 mit großer Mehrheit ein neues Hausaufgabenkonzept verabschiedet. Es gibt keine speziellen Hausaufgabenstunden, sondern im Rahmen des »Offenen Unterrichts« eine gezielte Förderung. Sechs Stunden pro Woche sind für diese »Freiarbeit« reserviert. Dabei lassen sich die Schulmacher von den Idealen Maria Montessoris leiten. Wie das an einem Gymnasium funktioniert, wird eindrucksvoll auf dem Profil der schon mehrfach ausgezeichneten Schule beschrieben. Es zeigt darüber hinaus, wie eine zunächst etwas reißerisch daherkommende Forderung mit dem Anspruch des individuellen Förderns im Rahmen einer modernen Lernkultur in der Schule verbunden werden kann: »In der Freiarbeit wählen die Schülerinnen und Schüler aus dem angebotenen Arbeitsmaterial, das von allen Unterrichtsfächern zur Verfügung steht, ihre Aufgabe selbst und lösen sie alleine, in der Gruppe oder mit einem Partner. Arbeitsweise und Lerntempo – und nach Absprache auch die Inhalte – können die Kinder in einem gewissen vorgegebenen Rahmen selbst bestimmen.«[66] Direktorin Brigitte Fontein erklärt jedoch, dass es auch weiterhin möglich sei, den Schülern Aufgaben mit nach Hause zu geben – allerdings nur, wenn diese speziell auf die Schwächen des jeweiligen Schülers zugeschnitten seien. So müsse kein Kind seine Freizeit mit dem Lösen von Aufgaben verbringen, die es längst beherrscht.[67] Ansonsten gilt: Spätestens nach sechzehn Uhr ist Feierabend. Die Schüler gehen nach Hause – ohne Schulaufgaben.

Diese Hausaufgabenkonzepte finden in der Praxis nicht überall Zustimmung. Für Karin Hechler, die Leiterin der Frankfurter Schillerschule, können Lernzeiten Hausaufgaben nicht völlig ersetzen. Es sei wichtig für Kinder und Jugendliche, sich an einem Problem auch einmal allein abzuarbeiten, ohne dass ein helfender Lehrer zur Stelle sei. Gerade für Gymnasiasten, die später einmal studieren wollen, sei es wichtig, nicht erst auf der Universität mit den Härten selbstständigen Arbeitens konfrontiert zu werden. Hechler widerspricht auch dem Argument, dass Hausaufgaben soziale Unterschiede verschärften. Es gebe viele Geringverdiener und Migranten, die ihren Kindern erstklassige Lernbedingungen böten. »Wir können nicht alles in die Schulen reinholen und pädagogisieren.«[68]

Einfach abschalten

Die Hausaufgabenfrage ist ein gutes Beispiel dafür, dass Schulen im Rahmen ihrer pädagogischen Autonomie selbst darüber entscheiden sollten, welches Modell das richtige für sie ist. Eltern sollten sich über die Schulkonferenz in den Diskussionsprozess einbringen und nicht die Lehrer allein darüber entscheiden lassen, wie mit der Freizeit ihrer Kinder umgegangen wird.

Es sind aber auch Mischlösungen denkbar. An unserer Schule beispielsweise gibt es eine professionelle Hausaufgabenhilfe, die von Schülern aller Jahrgangsstufen ohne vorherige Anmeldung nach dem Unterricht dreimal wöchentlich besucht werden kann. Die Jugendlichen werden bei Hausaufgaben, Verständnisproblemen, beim Ausarbeiten von Vorträgen und beim Lernen für Klassenarbeiten und Leistungsüberprüfungen fachspezifisch unterstützt. Es gibt zwei Besonderheiten: Das Angebot ist für die Schüler kostenlos. Denn die Betreuung, die von einem privaten Unternehmen angeboten und organisiert wird, wird aus den Mitteln des offenen Ganztagsbetriebs bezahlt. Und die Betreuer sind ehemalige Abiturienten aus unserer Schule, die in der Regel selbst Lehrer werden wollen und parallel schon auf Lehramt studieren. So besteht eine klassische Win-win-Situation: Unsere Schüler profitieren gratis von den Erfahrungen unserer Ex-Schüler, die sich neben ihrem Studium durch sinnvolle Arbeit ein wenig Geld dazuverdienen.

Schulen sollten mehr Autonomie wagen. Auch mal die Klingel abstellen. Scheint ebenfalls ein schulisches Naturgesetz zu sein. Steht aber in keiner Verordnung. Einfach mal abschalten – meinetwegen auf Probe.

Kampf um jede Note
Schulen vor Gericht

»Stell dir vor, Franzi* ist durchs Abitur gefallen!«, rief meine Cousine Nina* ins Telefon. Dann begann sie zu schluchzen. Zu mehr als einem kurzen »Oh je« war ich zunächst nicht in der Lage. Nina lebt seit zwanzig Jahren mit ihrer Familie in München. Sie hat dort ihre große Liebe gefunden, ein großes Haus gebaut und ein Kind großgezogen. Jetzt sollte der nächste große Traum in Erfüllung gehen. Die Tochter sollte das erreichen, was ihre Eltern nicht hatten: das Abitur.

»Woran ist sie denn gescheitert?«, wollte ich wissen und merkte zu spät, dass die Frage falsch formuliert war. »Gescheitert? Franzi ist nicht gescheitert! Sie hat so viel gelernt.« Meine Cousine weinte weiter. »Nina, beruhige dich bitte!« »Ich versuche mich schon seit gestern zu beruhigen, aber das ist ein Alptraum für uns. Alles war umsonst.« Ich versuchte nun sachlich zu erforschen, warum Franzi durchgefallen war. »In welchem Fach ist sie denn ...« » ... in Mathe und Deutsch«, unterbrach mich Nina schnell. Okay, mit einem Ausfall in Mathe war zu rechnen gewesen. Aber in Deutsch? »In Deutsch?« »Ja! Die Lehrerin hat Franzi nur drei Punkte gegeben.« »Nur drei Punkte?«, fragte ich entgeistert zurück. Das entsprach einer Fünf plus. »Sag ich doch. Das ist unfassbar!« Nina fühlte sich durch mein Nachfragen bestätigt. »Franzi hat so viel gelernt. Den ganzen Karlos.« »Sie hat *Don Karlos* auswendig gelernt?« »Nein, alles über das Drama hat sie gelernt. Die ganze Schiller-Biografie. Auch das, was die Lehrerin nicht unterrichtet hat. Da kann man doch keine Fünf geben. Das kann doch nicht mit rechten Dingen zugehen. Du bist doch Deutschlehrer!«

Als Lehrer in der Familie sitzt man automatisch mit auf der Anklagebank, wenn es für die Neffen und Nichten in der Schule nicht gut läuft. Und befindet sich in einem Dilemma. Als Vater versteht man die Mutter, die um den Schulabschluss ihres Kindes bangt, und als Kollege will man die Kollegen automatisch verteidigen, weil man sich selbst angegriffen fühlt. Erst recht, wenn es sich um eine Abiturprüfung handelt. »Vielleicht war auch dein Leitfaden zur Erschließung einer Dramenszene nicht der richtige«, meinte Nina. Gerade noch war ich unschlüssig, für welche Seite ich Partei ergreifen sollte. »Du meinst also, mein Leitfaden sei schuld?« »Naja, nicht direkt. Vielleicht funktioniert der in Berlin. Aber hier in Bayern?« Ich versuchte, mich nicht aufzuregen. »Franzi hat doch nach der Probeklausur gesagt, sie sei damit gut zurechtgekommen und die Lehrerin habe sie auch für die strukturierte Analyse gelobt«, antwortete ich und suchte parallel nach weiteren Argumenten für mein Plädoyer. Nina schnaubte am anderen Ende in ihr Taschentuch und meinte anschließend: »Ist ja auch egal. Wir gehen jetzt jedenfalls vor Gericht. Jörn* hat schon einen Rechtsanwalt angerufen, der sich auf Schulrecht spezialisiert hat. Ist die Empfehlung eines Kollegen, der auch gegen eine Note geklagt hat.« »Wollt ihr nicht erst einmal Einsicht in die Arbeit nehmen?«»Wozu? Ich kenne den Karlos nicht. Und von Dramen verstehen wir sowieso nichts.« Nina schien entschlossen. Ich bot noch ein Gespräch mit Franzi an, aber die hatte sich in ihr Zimmer zurückgezogen und wollte mit niemandem reden.

Der Klagekatalog hat sich erweitert
Als ich auflegte, überlegte ich, was das Schreiben des Rechtsanwalts im Lehrerzimmer auslösen würde. Aber vielleicht kam die Klage für das Kollegium nicht überraschend. Denn in Bayern wohnen die klagefreudigsten Eltern. Und offenbar werden es von Jahr zu Jahr mehr. Nach Angaben von Klaus Wenzel, Präsident des Bayerischen Lehrer- und Lehrerinnenverbandes (BLLV), gab es 2014 im Vergleich zu 2006 viermal so viele Eltern, die mit Rechtsbeistand in die Schule kamen, um ihr Recht einzuklagen. Deswegen musste auch die Rechtsabteilung mit zusätzlichen Mitarbeitern aufgestockt werden. Wenzel, der rund 55 000 bayerische Lehrer vertritt, sieht die pädagogische Autonomie der Schule in Gefahr:»Das ist das wirkliche Übel, dass die Schule immer mehr verkommt zu einer Einrichtung, in der die Juristen das Sagen haben!«[69] Bei den Streitigkeiten, die vor Gericht ausgetragen werden, geht es in erster Linie um die Zensurengebung, insbesondere um Zeugnisnoten und Prüfungsleistungen, die die Versetzung beziehungsweise den Abschluss gefährden. Inzwischen hat sich der Klagekatalog jedoch deutlich erweitert: Gestritten wird um Schulverweise, Bestrafungen, Einträge ins Klassenbuch, Verletzungen der Aufsichtspflicht oder Handynutzung im Unterricht.

Eltern klagen auch schon mal gegen ein Foto ihres Sohnes in der Schülerzeitung. Zu Recht. Denn fotografiert ein Lehrer seine minderjährigen Schüler auf der Klassenfahrt und veröffentlicht die Bilder anschließend in der Schülerzeitung oder auf der Schul-Homepage, muss er vorher die Eltern um Erlaubnis fragen. Dann spielt es keine Rolle, ob Sohnemann das Foto zuvor auf Facebook gepostet hat.

Dass in Bayern besonders viel geklagt wird, ist auf die strenge Auslese zurückzuführen. In bayerischen Grundschulen werden die Schüler entsprechend ihres Durchschnitts nach der 4. Klasse aufgeteilt. Wer nicht besser als 2,33 ist, wird von der Grundschule nicht fürs Gymnasium empfohlen. Dann muss das Kind auf die Realschule. Oder auf die Hauptschule, die in Bayern neuerdings Mittelschule heißt. In anderen Bundesländern läuft es etwas entspannter: Die Grundschule dauert sechs Jahre, beim Wechsel zählt auch der Elternwille und bis auf vier Länder haben alle die Hauptschule abgeschafft.

»Es gibt Leute«, berichtet Hans-Peter Etter, Leiter der Rechtsabteilung im BLLV, »die kriegen bei dem Wort Hauptschule oder Realschule Schweißausbrüche.« Gerade in Akademikerfamilien gehöre es zum Status Quo, dass der Nachwuchs aufs Gymnasium gehe. Daher werde das Kind mit allen Mitteln in Richtung Abitur gestoßen.[70]

Aus allen sozialen Schichten

Inzwischen sind es jedoch nicht nur Akademikereltern, die den Rechtsweg beschreiten. Seine Mandanten würden aus allen sozialen Schichten kommen, sagt der Kölner Rechtsanwalt Felix Winkler, der auch auf Schulrecht spezialisiert ist. Durch die Medienberichterstattung seien mehr Eltern bereit, bei Meinungsverschiedenheiten mit Lehrern rechtlichen Beistand in Anspruch zu nehmen. Besonders am Schuljahresende, wenn es um den Schulwechsel oder um Abschlusszeugnisse geht, melden sich Eltern immer häufiger in Winklers Kanzlei. Zu einer Klage rät Winkler seinen Mandanten aber erst, wenn alle Schlichtungsversuche gescheitert seien.[71] Auf der Homepage seiner Kanzlei werden Eltern unter der Rubrik »Schulrecht« zu einer rechtlichen Überprüfung der schulischen Entscheidungen ermuntert: »So können rechtswidrige Entscheidungen, die möglicherweise die Schullaufbahn und damit den Bildungsweg Ihrer Kinder negativ beeinflussen, außergerichtlich oder gerichtlich angegriffen und aufgehoben beziehungsweise verhindert werden.« Am Ende wird ausdrücklich betont, dass man »unserer Erfahrung aus einer Vielzahl geführter Verfahren« vertrauen könne.[72] Denn nicht nur in Bayern ist die Zahl der klagebereiten Eltern gestiegen. Auch die Lehrerverbände in Nordrhein-Westfalen registrieren den zunehmenden Druck auf die Pädagogen. Viele Lehrer würden sich scheuen, überhaupt noch schlechte Noten zu vergeben, beklagt Brigitte Balbach, Landesvorsitzende des Lehrerverbandes für den Sekundarbereich in Nordrhein-Westfalen (lehrernrw).[73] Auch an Gymnasien häufen sich die Schulrechtsverfahren. »Die Eltern sehen sich nicht als Anwalt der Schüler«, so Heinz-Peter Meidinger, Vorsitzender des Deutschen Philologenverbandes, »sondern überwiegend in der Interessensdurchsetzung ihrer Ziele: Diese Note darf nicht sein, egal ob sie gerecht oder ungerecht ist. Es ist schrittweise eine Elternklientel mit einer Erwartungshaltung entstanden, die nicht Bildung, sondern das Abitur anvisiert. Was rechtlich möglich ist, wird hier ausgeschöpft.«[74]

Ist der Rechtsweg sinnvoll?

Der durch Abstiegsängste, Bildungsmisere, Ausbildungsnotstand und Numerus clausus an den Universitäten verschärfte Leistungsdruck ist sicher eine Hauptursache für die Klagewut. Aber es ist auch ein Mentalitätswechsel zu spüren. Eltern sind aufgrund der vielen Bildungsreformen stark verunsichert und stehen der Institution Schule zunehmend kritischer gegenüber. Regine Schwarzhoff, Vorsitzende des Elternvereins NRW, sieht eine mögliche Ursache im Autoritätsverlust der Lehrer: »Viele Elternteile haben das Vertrauen in die Kompetenz der Pädagogen verloren und zweifeln ihr Urteilsvermögen an.«[75]

Hinzu kommt: Viele Eltern sehen die Lehrer inzwischen immer mehr als Dienstleister für ihre Kinder. Ihre Ansprüche, was Schule für ihre Sprösslinge zu leisten habe, sind zudem gestiegen. In der Mehrheit der Fälle, die mir bekannt sind, ging es um Zensuren. Und im Kampf um eine bessere Note scheint inzwischen jedes Mittel recht. Eine Mutter beschwerte sich im letzten Schuljahr bei meinem Mathekollegen über eine Fünf, die ihre Tochter für eine Klassenarbeit erhalten hatte. In dem Gespräch konfrontierte sie den Lehrer mit einer fragwürdigen Parallele: Auf ihrer letzten Urlaubsreise seien die vereinbarten Leistungen nicht alle erbracht worden. Dagegen habe sie erfolgreich geklagt. Auf den Einspruch meines Kollegen, das ließe sich doch gar nicht miteinander vergleichen, stellte die Mutter überzeugt fest: Auch der Lehrer habe seine Leistung nicht erbracht. Er habe mit den Schülern viel zu wenig für die Mathearbeit geübt. Die Leistungen ihrer Tochter stellte sie nicht infrage.

Das Beispiel offenbart das eigentliche Problem. Es existiert eben kein Vertrag über die genaue Anzahl der Übungseinheiten im Vorfeld einer Mathearbeit, der zu Beginn des Schuljahres von Eltern und Lehrern im Beisein der Schulleitung und Elternvertretung feierlich in der Aula unterzeichnet wird. Weil es derartige Verträge nicht gibt, ist es schwierig, eine Zensur erfolgreich vor Gericht anzufechten. Viele Eltern kennen sich – verständlicherweise – wenig im Schulrecht aus und können daher auch nicht einschätzen, ob der Rechtsweg sinnvoll ist. Von den Anwaltskosten mal ganz abgesehen. Den Schulrechtsexperten ist das bekannt. Die Berliner Rechtsanwältin Simone Pietsch weist darauf hin, dass Klagen gegen Noten nur Sinn hätten, »wenn der Lehrer beispielsweise die Durchschnittsnote falsch ausgerechnet hat. Liegt sie innerhalb seines Ermessensspielraums, müsste ich nachweisen, dass der Lehrer das Kind nicht mag – das funktioniert nicht«. Hinzu kommen zwei weitere Probleme. Im Gegensatz zu einem Eilverfahren, das vierzehn Tage bis fünf Wochen gehe und nur vorläufig ist, dauert ein Gerichtsverfahren mindestens ein

Jahr. In den meisten Fällen bräuchten die Eltern und vor allem das Kind aber sofort eine Lösung. Dass ein Verfahren viel Geld kostet, scheint viele Eltern jedoch nicht abzuschrecken. Unter Pietschs Klienten in Schulrechtsfragen seien zwei Drittel keine Akademiker und auch nicht betucht. »Viele Eltern sagen: ›Dann fahren wir eben zwei Jahre lang nicht in den Urlaub, das ist es uns wert.‹ Der Lehrer dagegen muss das Verfahren nicht selbst zahlen – das übernimmt in der Regel der Staat.«[76]

Grundsätzlich steht Eltern und volljährigen Schülern bei Noten entweder ein Beschwerde- oder ein Widerspruchsrecht zu. Nach vier Wochen verfällt der Rechtsanspruch auf Überprüfung einer Note. Ob ein Beschwerde- oder ein Widerspruchsrecht besteht, entscheidet die Art der Zensur. Bei einer Englischarbeit oder einem Zwischenzeugnis hat man die Möglichkeit, bei der Schule Beschwerde einzulegen. Ein Halbjahreszeugnis ist nämlich juristisch nicht anfechtbar, weil es »nur« der Information über den augenblicklichen Leistungsstand des Schülers dient. Anfechtbar sind dagegen Noten, die für die Versetzung oder für die Bewerbung an einer Hochschule oder in einem Ausbildungsbetrieb relevant sind. In der Rechtsprechung gelten also »nur« Versetzungs-, Abgangs- oder Abschlusszeugnisse als Verwaltungsakt. Enthält das Zeugnis keine Rechtsbehelfsbelehrung, verlängert sich die Einspruchsfrist sogar auf ein Jahr.

Fünfundzwanzig Seiten Klageschrift

Rein rechtlich gesehen konnte meine Cousine Nina also vor den Kadi ziehen und gegen die schriftliche Abiturnote ihrer Tochter klagen. Was Ninas Familie auch tat. Fünfundzwanzig Seiten umfasste die Klageschrift. Als ich sie las, erschrak ich zunächst, weil auch mein Leitfaden zur Analyse einer Dramenszene eine Rolle spielte. Aber Nina beruhigte mich: »Du bist *Lehrer des Jahres* in Berlin geworden – nicht in Bayern. Da gelten ohnehin andere Maßstäbe.« Gut zu wissen. Was mich viel mehr schockierte, waren die Ausführungen über die Deutschlehrerin. Alles, was verwertbar schien, wurde aufgelistet: von den nicht gründlich ausgewerteten Gruppenarbeiten bis zum Design der Klausuren. Franzi wollte noch immer nicht mit mir telefonieren. Wahrscheinlich war ihr das alles peinlich. Und wie muss sich erst die Kollegin gefühlt haben. Die Klage stellte ihre Kompetenz infrage. »Das muss auch mal beim Namen genannt werden«, rechtfertigte Nina das Schreiben. »Wenn man das immer wieder alles hinnimmt, ändert sich ja nie etwas.« Dem Gerichtsverfahren sah sie optimistisch entgegen. Und weil sie die Skepsis in meinem Schweigen vermutete, beruhigte sie mich: »Das richtet sich doch nicht gegen dich!« Natürlich. Vielleicht hatten sie ja tatsächlich eine inkompetente Lehrerin am Wickel und waren dabei, ihr für immer das Handwerk zu legen.

Dann kam der Tag der Entscheidung. Die Münchener Verwaltungsrichter wiesen die Klage ab. Franzis Abiturarbeit bestand zum größten Teil aus einem auswendig gelernten Text von einem Literaturwissenschaftler über Schillers Drama *Don Karlos*. Die Deutschlehrerin hatte probeweise Sätze aus Franzis Arbeit ins Internet eingegeben und sofort den Aufsatz des Germanisten gefunden. Die Abiturienten waren zuvor ausdrücklich darüber belehrt worden, dass sie Analyse und Interpretation mit eigenen Worten zu verfassen hätten. Offenbar war das nicht der erste Fall dieser Art. Nina war entsetzt und schluchzte am Telefon wieder. Franzi war noch immer nicht bereit, mit mir zu sprechen. Immerhin ging es jetzt darum, ob sie die Abiturprüfung wiederholen sollte. Aber das war allein ihre Entscheidung.

Dass Ninas Klage abgewiesen wurde, kam nicht überraschend: Die Eltern können einen Prozess in den wenigsten Fällen für sich entscheiden. »Von den eingereichten Klagen sind zwischen 10 und 20 Prozent erfolgreich«, resümiert Günther Hoegg, Jurist und Lehrer aus Niedersachsen, »die meisten scheitern.« Die Möglichkeiten, Noten gerichtlich ändern zu lassen, seien relativ begrenzt.[77]

Auch der Düsseldorfer Rechtsanwalt Heribert Pöttgen meint, dass man an Noten juristisch kaum rankomme. Höchstens jede fünfte Anfechtung habe Erfolg. Denn jeder Lehrer habe einen Beurteilungsspielraum und die Kriterien seien schwammig. Er kommt zu dem Schluss: »Eine mathematisch nachprüfbare Beurteilung von Schülerleistungen gibt es nicht.« Pöttgen kritisiert aber auch das Verhalten der Eltern. Er rät ihnen, »die Diskussion nicht emotional aufzuheizen«. Besonders unsachliche Erziehungsberechtigte weiß er genau zu benennen: Ärzte, Pfarrer – und Eltern, die selbst Lehrer seien. [78] Damit würde sich ja der Kreis wieder schließen.

Pflichten – für beide Seiten

Weil Klagen gegen schulische Entscheidungen vor Gericht wenig erfolgversprechend sind, sollten Eltern in Konfliktfällen nicht gleich zum Anwalt gehen und den Streit mit dem Lehrer im Gerichtssaal austragen, sondern das Gespräch in der Schule suchen. Das spart Zeit, Geld und Nerven. Eltern werden argumentieren, wenn die Nicht-Versetzung ausgesprochen ist oder die Zeugnisse geschrieben sind, sei das Kind ja in den Brunnen gefallen. Das stimmt. Aber – um im Bild zu bleiben – eine schlechte Zeugnisnote fällt ja nicht vom Himmel. Eltern haben die Pflicht, sich über den Leistungsstand ihres Kindes zu informieren. Es gibt Halbjahreszeugnisse, Blaue Briefe, Lehrersprechtage und häufig einen direkten Draht zum Klassenlehrer.

Umgekehrt sind die Lehrer in der Pflicht, die Eltern über einen Leistungsabfall oder über eine Versetzungsgefahr zu informieren. Außerdem sollten Lehrer ihre Beurteilungsmaßstäbe transparenter machen. Natürlich ist nicht jede mündliche Note objektivierbar. Aber eine Schülerleistung Pi mal Daumen zu bewerten, ist völlig inakzeptabel. Schüler beklagen sich zu Recht, wenn sie Einschätzungen von Lehrern bekommen, denen keine oder nicht ergründbare Kriterien zugrunde liegen. Wenn Beispiele wie

»Deine Antworten waren zu dünn, das reicht heute nicht für eine Zwei in der mündlichen Mitarbeit« oder »Ich habe in eurem Vortrag ein Handout erwartet. Und weil das nicht vorlag, gibt es leider nur eine Drei« auf dem Nachhauseweg von Schülern unbewusst noch etwas zugespitzt werden, dann verwundert es nicht, wenn Eltern wütend werden.

Da Konflikte auch künftig nicht ausbleiben werden, sollten Eltern in den Schulen eine Schlichterkommission anregen. Sie könnte sich aus je zwei Eltern- und Lehrervertretern zusammensetzen und zusammentreten, wenn es beispielsweise Unstimmigkeiten bei der Zensierung gibt. Die Kommission würde vermitteln und verhindern, dass die Angelegenheit vor Gericht ausgetragen wird, wo die Chancen auf Einigung noch geringer sind. In besonders heiklen Fällen könnte ein Sozialpädagoge hinzugezogen werden. Vorausgesetzt, die Schule hat einen.

An einer Schule in Berlin-Pankow gibt es seit zwei Jahren ein Schlichterteam. Gebildet wird es aus zwei pensionierten Lehrern. Frau Lawinsky* und Herr Richter* haben früher selbst an der Schule unterrichtet und verstehen sich eher als Mediatoren. Die beiden rüstigen Rentner fühlen sich nicht nur ihrer alten Schule verbunden, sondern auch fit genug, Konflikte zu lösen oder zumindest abzuschwächen. Ihr Vorteil: Sie kennen die Schule und die meisten Kollegen – auch »unsere Pappenheimer«. Einmal in der Woche kommen sie an die Schule und bieten inzwischen auch eine Sprechstunde an. Die Schulleitung schätzt die Arbeit der Ex-Kollegen und hat ihnen einen kleinen Raum zur Verfügung gestellt. Der Hausmeister möbelte für die beiden einen runden Tisch auf. Die räumlichen Voraussetzungen für ungestörte und gleichberechtigte Gespräche sind also gegeben. In mehreren Fällen ist es ihnen schon gelungen, dass man sich an ihrem runden Tisch geeinigt hat und eine Klage abwenden konnte. Sie betonen, ihre Vermittlungsdienste seien ehrenamtlich.

Wobei beide auch schon überlegt haben, was man mit dem Geld für den eingesparten Gerichtsweg alles machen könnte.

Wenn nur 50 Prozent der Anwaltskosten aus drei ihnen bekannten Fällen gespendet würden, könnte man endlich den lang geplanten Freizeitbereich für die Schüler einrichten. »Das würde auch nicht alle Probleme lösen«, sagt Herr Richter, »aber die Schule wohnlicher machen.« Er lacht und meint: »Den letzten Satz streichen Sie bitte wieder. Schule ist ja kein Zuhause.« »Wieso?«, wirft Frau Lawinsky ein, »für uns war es doch fast wie ein Zuhause.« Ich schaue die beiden an. »Na gut«, sagt er, »schreiben Sie: ein zweites Zuhause. Das geht den meisten Schülern doch auch so.« »Naja«, gibt sie wiederum zu bedenken, »nicht allen.« Er grinst und meint: »Dass Lehrer auch immer das letzte Wort haben müssen.«

Sprengt den Rahmen!
Warum sich der Bildungsföderalismus überlebt hat

Dschungelprüfung
Zeugnis für die »Bildungsrepublik Deutschland«

»Du solltest dich einschätzen«, sagte ich zu Marvin*. »Hab ich doch«, antwortete der Schüler. »Konkret einschätzen!« Ich zeigte auf seinen Selbsteinschätzungsbogen. Weil der Zehntklässler mich ratlos ansah, präzisierte ich meine Kritik: »Du hast sämtliche Kriterien durchgestrichen und aufgeschrieben: ›Ich bin in allen Fächern auf einem guten Weg.‹« »Das ist auch so«, beteuerte der Schüler selbstbewusst. »Marvin, *das* ist keine Selbsteinschätzung!«

Der Jugendliche sah sich zu einer längeren Erklärung genötigt: »Sie sagen doch immer, wir sollen uns auch politisch bilden. Nachrichten gucken und so.« »Was hat das jetzt mit deiner Selbsteinschätzung zu tun?«, unterbrach ich ihn etwas ungehalten. »Ich will es Ihnen doch erklären, Herr Rauh. Ich habe Ihren Rat befolgt und schaue mir jetzt nicht nur die Nachrichten bei Facebook an, sondern auch im Fernsehen und so. Dabei ist mir was aufgefallen: Wenn die Politiker gefragt werden, wie sie ihre Politik einschätzen, antworten sie fast immer das Gleiche: ›Ich bin überzeugt davon, dass wir auf einem guten Weg sind.‹« Ich schüttelte den Kopf. »Das ist nicht vergleichbar. Politiker bekommen ja am Ende auch kein Zeugnis.«

»Warum eigentlich nicht?«, wollte Marvin wissen.

Wir werden Bildungsrepublik

Schüler bekommen Noten und Zeugnisse. Eltern erhalten Blaue Briefe und Einladungen zum Lehrersprechtag, wenn die Leistungen ihrer Kinder zu wünschen übrig lassen. Lehrer werden alle paar Jahre von Schulleitungen und Schulräten begutachtet. Den Schulen schickt man eine Inspektion ins Haus. Wer bewertet jedoch die Bildungspolitiker?

Dabei formulieren Politiker zuweilen auch messbare Ziele. Im Jahr 2008 rief die Bundeskanzlerin die »Bildungsrepublik Deutschland« aus. Die Bundesregierung und die Ministerpräsidenten der Länder hatten sich zum nationalen Bildungsgipfel in Dresden getroffen und für den Zeitraum bis 2015 konkrete Vereinbarungen getroffen. Angela Merkel erklärte, der Ausbau des Bildungssektors sei die zentrale politische Aufgabe für die nächsten Jahre. Der Anspruch der Regierungschefin ist noch immer aktuell: Nach wie vor »will die Kanzlerin unser Land zur ›Bildungsrepublik Deutschland‹ machen«.[79] Und wie sieht die Bilanz im Jahr 2015 aus?

Die Selbsteinschätzung der Bundesbildungsministerin Johanna Wanka im Januar 2015 lautet: »Die Tendenz zeigt in allen Bildungsbereichen klar nach oben.« Natürlich bleibe noch etwas zu tun. Aber alle Zahlen belegten, dass der Dresdner Gipfel die Bildung und Bildungsgerechtigkeit in Deutschland vorangebracht habe.[80] Man ist also auf einem guten Weg. Er ist nur länger als gedacht. Marvins Weg zum Mittleren Schulabschluss wird nicht verlängert; es sei denn, er bleibt sitzen.

Auch der Bildungsforscher Klaus Klemm hat im Auftrag des Deutschen Gewerkschaftsbundes Ende 2014 Bilanz gezogen und kommt zu dem Fazit: »Eine Bildungsrepublik Deutschland sieht anders aus.«[81] Während in einigen Bereichen, wie der Kinderbetreuung und der Weiterbildung, Verbesserungen erreicht wurden und Deutschland nicht mehr zu den Ländern mit der größten Bildungsungleichheit in der OECD gehört, bleiben zwei Kernprobleme bestehen: die hohe Zahl der Jugendlichen ohne Schul- und Berufsabschluss und die Unterfinanzierung des Bildungssystems.[82] So wurde auf dem Bildungsgipfel vereinbart, bis 2015 die Zahl der Schulabgänger ohne Abschluss von 8 auf 4 Prozent zu halbieren.[83] In den Jahren 2008 bis 2014 ist die Quote von 8 aber nur auf 5,7 Prozent gesunken.[84]

Das zweite Problem sind die Bildungsinvestitionen: Hier liegt das reiche Deutschland noch immer unter dem OECD-Durchschnitt. Für Bildung und Forschung stellte der Bund im Jahr 2014 insgesamt 13,9 Milliarden Euro zur Verfügung. Zum Vergleich: Für die Verteidigung wurden beispielsweise 32,8 Milliarden Euro ausgegeben. Und ganz nebenbei: Bund, Länder und Sozialversicherungen haben im Jahr 2014 aufgrund höherer Steuereinnahmen und mehr Beitragszahlungen einen gewaltigen Überschuss erzielt: 6,4 Milliarden Euro![85]

Angesichts dieser Entwicklung bleibt unverständlich, warum es bei den Bildungsinvestitionen keinen nennenswerten Schub gibt. Auf dem Dresdner Bildungsgipfel 2008 hatten sich Bund und Länder darauf verständigt, die Ausgaben für Bildung und Forschung bis zum Jahr 2015 auf 10 Prozent des Bruttoinlandsproduktes zu steigern.[86] Nach Klemms Einschätzung sei Deutschland im Jahr 2012 mit einem Wert von 9 Prozent dem angestrebten Ziel »bisher noch nicht nahe gekommen. Die Tatsache, dass dieser Anteilswert von 2011 nach 2012 nach einem zwischenzeitlichen Anstieg wieder leicht gesunken ist, stimmt hinsichtlich einer Zielerreichung wenig optimistisch.«[87] Inzwischen stimmen auch die ersten Ministerpräsidenten in den Chor der Kritiker ein. Die saarländische Regierungschefin Annegret Kramp-Karrenbauer (CDU) meint, die Zahl der Jugendlichen ohne Schulabschluss sei immer noch »zu hoch«. Nach wie vor gebe es »zu viele junge Erwachsene ohne abgeschlossene Berufsausbildung. Deshalb sollten wir uns mit dem bisher Erreichten nicht einfach zufrieden geben«.[88] Mit Blick auf die Ergebnisse fällt auch die Einschätzung des niedersächsischen Ministerpräsidenten Stephan Weil (SPD) eher nüchtern aus: »Von der Bildungsrepublik Deutschland sind wir noch weit entfernt.«[89]

Reformwahnsinn in den Bundesländern

Wenn die Kritik an der deutschen Bildungspolitik mal wieder zu massiv ausfällt, dann verweist die Bundesregierung gern auf die eigentlich Verantwortlichen: Für die Bildung seien ja schließlich die Bundesländer verantwortlich. Außerdem gelte das Kooperationsverbot, das eine Einmischung des Bundes in die Schulangelegenheiten der Länder verbietet. Die Landesregierungen wiederum verweisen gern auf die klammen Kassen und ihre bildungspolitischen Erfolge. Und seit dem Pisa-Schock im Jahr 2000 hat sich ja durchaus einiges getan: Die Bundesländer haben sich auf einheitliche Bildungsstandards geeinigt, die frühkindliche Bildung etabliert, Ländervergleichsarbeiten eingeführt und das Angebot von Ganztagsschulen massiv ausgebaut.

Allerdings verschweigen die Bundesländer in ihrer Bilanz häufig das Reformchaos, das sie regelmäßig anrichten. Da sich die Landesregierungen mit dem Thema Bildung profilieren möchten, entwickeln sie vorzugsweise nach Landtagswahlen eine besondere Reformfreude. Begehrtes Opfer: die Schulen. Häufig gegen den Willen von Eltern, Schülern und Lehrern werden neue Gesetze beschlossen – oder nach Protesten wieder zurückgenommen.

Was passiert, wenn man Reformen übereilt einführt, zeigen Beispiele aus den Stadtstaaten Berlin und Hamburg: Jahrgangsübergreifendes Lernen (JüL) wurde in der Hauptstadt 2005 als pädagogischer Heilsbringer verpflichtend eingeführt. Ältere Schüler sollten jüngeren etwas beibringen; Sitzenbleiben hieß ab sofort »Verweilen«. Fünf Jahre später wurde auf öffentlichen Druck die Reform wieder zurückgenommen: Schulen dürfen nun wählen zwischen JüL und Jahrgangsklassen. In acht von zwölf Stadtbezirken gibt es inzwischen wieder mehr jahrgangsbezogene Klassen. 2015 musste eine weitere Entscheidung aufgehoben werden: Berlin hatte 2005 – bundesweit einmalig – die Früheinschulung mit fünfeinhalb Jahren beschlossen. Aufgrund der vielen Rückstellungen wegen »mangelnder Reife« und der massiven Elternproteste wird diese bildungspolitische Torheit ab dem Schuljahr 2017/18 offiziell wieder abgeschafft. Und in Hamburg scheiterte 2010 mittels eines Volksentscheids die Einführung einer sechsjährigen Primarstufe, die die vierjährige Grundschule ablösen sollte. Allen Reformen ist gleich, dass sie ohne die Beteiligung der Betroffenen auf den Gesetzesweg gebracht wurden.

Dieser Bildungsföderalismus, so formuliert es der Jurist und Journalist Heribert Prantl gewohnt drastisch, sei praktizierte Bürgerferne, er sei schikanös und eine staatsrechtliche Spielform des Sadismus. »Er quält die Lehrer, er quält die Eltern und er quält die Schüler.«[90]

Schularten-Dschungel

Wie der Bildungsföderalismus vor allem Eltern und Schüler schikaniert, wird besonders spürbar, wenn eine Familie innerhalb Deutschlands umzieht. Der Wechsel von einem Bundesland ins andere gleicht einem bildungspolitischen Hürdenlauf – und erinnert an die Währungsschranken der deutschen Kleinstaaterei im 19. Jahrhundert.

Dabei wollte Christin* von Anfang an nicht nach Berlin umziehen. Das Mädchen besuchte bis zum Sommer 2015 die 5. Klasse in einem Hamburger Gymnasium und wäre nun in die 6. gekommen. Weil der Vater aber eine neue Stelle in Berlin antrat, zieht sie mit ihren Eltern zum neuen Schuljahr in die Hauptstadt.

Christin lässt nicht nur Heimat und Freunde zurück, sondern auch die Schulform. Denn in Berlin beginnt die weiterführende Schule erst mit der 7. Klasse. Ihre Eltern versuchten sie daraufhin in einem Gymnasium anzumelden, das auch sogenannte grundständige Züge ab Klasse 5 anbietet. Die Plätze sind jedoch begrenzt und sehr begehrt. Schließlich fand die Familie einen freien Platz in Lichtenberg – im Nordosten der Stadt. Christins Familie wird allerdings in Zehlendorf wohnen – im Südwesten. Die Schülerin müsste morgens quer durch die Stadt fahren – sie wäre schneller wieder in Hamburg. Ohnehin aber kam die Ablehnung, weil das Gymnasium in Lichtenberg nur grundständige Züge mit Latein als erster Fremdsprache anbietet. Christin lernt jedoch Englisch und Französisch. So landete sie wieder in Zehlendorf – in einer Grundschule. Die Grundschulleitung erklärte den besorgten Eltern gleich, dass man Christin nicht automatisch eine Gymnasialempfehlung ausstellen könne. Das Mädchen, Hamburger Gymnasiastin wohlgemerkt, müsse sich doch erst beweisen. Schulpolitischer Wahnsinn in Deutschland. Und leider kein Einzelfall. Experten gehen davon aus, dass aufgrund von Umzügen innerhalb Deutschlands bislang jeder zwölfte Schüler durch den Föderalismusdschungel musste. Denn jedes Land leistet sich nicht nur eigene Schulformen, sondern auch eigene Lehrpläne, eigene Fächerkombinationen und eigene Prüfungsordnungen.

Wenn es Christin in Berlin auf ein Gymnasium geschafft hat und irgendwann ihr Abitur macht, geht die Ungerechtigkeit weiter. Möchte sie studieren, konkurriert sie mit Abiturienten aus anderen Bundesländern um die begehrten Studienplätze. Die Abiturzeugnisse seien jedoch nicht vergleichbar, kommentiert im Jahr 2015 die Spiegel-Journalistin Carola Padtberg-Kruse, weil jedes Frühjahr in sechzehn Bundesländern sechzehn verschiedene Prüfungen geschrieben werden. Zudem würden gleiche Prüfungsleistungen in gleichen Fächern verschieden gewichtet. »So schlossen in Thüringen 38 Prozent aller Prüflinge mit einer Eins vor dem Komma ab, im angrenzenden Niedersachsen nur

16 Prozent. Nicht mal die Kultusministerkonferenz glaubt, dass die Abiturzeugnisse in Deutschland vergleichbar sind.« Für das Problem sieht die Journalistin nur eine Lösung: die Verabschiedung vom Bildungsföderalismus. Das deutsche Klein-Klein in Sachen Bildung, bei dem jede Schule, jede Hochschule, jedes Bundesland festlegt, was Prüflinge zu leisten haben, sorge »für Chaos und Ungerechtigkeit«.[91]

Bankrotterklärung für den Bildungsföderalismus
Welche Bildungsblüten der föderative Reformeifer treiben kann, verdeutlicht auch die G8-Reform. Sie ist der Treppenwitz der deutschen Schulgeschichte. Schaut man auf die bildungspolitische Deutschlandkarte, gleicht sie in der Frage, in wie vielen Jahren man zum Abitur gelangt, einem Flickenteppich: Nach zwölf oder nach dreizehn Jahren? Oder geht vielleicht beides? Niedersachsen macht gerade die Rolle rückwärts: Ab dem Schuljahr 2015/16 gilt wieder G9. Rheinland-Pfalz hat es dagegen ruhig angehen lassen: Hier wurde G8 nur in einigen Ganztagsschulen eingeführt – als Angebot. Dennoch bietet auch dieses Bundesland eine regionale Besonderheit: Die reguläre Schulzeit bis zum Abitur dauert zwölfeinhalb Jahre. In Hessen treibt man das G-Chaos auf die Spitze. Hier dürfen nicht nur die Schulen, sondern auch die Eltern für die einzelne Klasse entscheiden, wann das Abitur abgelegt wird. Kein Wunder, dass der Osten der Republik frohlockt. Denn dort wurde nach der Wiedervereinigung beibehalten, was schon in der DDR galt: das Abitur nach zwölf Jahren. Das Hickhack um G8 oder G9, so kommentiert der Wissenschaftsjournalist Martin Spiewak in der *Zeit*, sei »eine Armutserklärung für die Bildungspolitik«.[92]

Er ist auch eine Bankrotterklärung für den Bildungsföderalismus. Deutschland leistet sich als vergleichsweise kleines Land für seinen wichtigsten Rohstoff, die Bildung, sechzehn verschiedene Bildungssysteme. Lehrer, Eltern und Schüler werden seit Jahren von Bildungspolitikern und -verwaltungen in den Bundesländern mit immer neuen Reformen, Verordnungen und einem Wust an Bürokratie drangsaliert. Das alles ist weder effizient noch zeitgemäß. Der Bildungsföderalismus ist kein staatspolitisches Naturgesetz – wir sollten uns eingestehen, dass er sich überlebt hat.

Einheit und Vielfalt
Schluss mit der Schul-Kleinstaaterei

Die Bundesländer sollten sich von ihrer Bildungshoheit endlich verabschieden. Und der Bund müsste vor allem die Schulpolitik als gesamtgesellschaftliche Aufgabe begreifen. Um künftig Chancengleichheit, Mobilität und internationale Wettbewerbsfähigkeit abzusichern, sollten die schulischen Rahmenbedingungen für alle Bundesländer vereinheitlicht werden – ohne die regionalen Schullandschaften durch eine zentralstaatliche Gleichschaltung zu ersticken.

Die Kultusministerkonferenz (KMK) ist dazu nicht in der Lage. Wie auch? Das Gremium setzt sich aus den Bildungsministern der Länder zusammen und verlangt bei wichtigen Entscheidungen Einstimmigkeit. Zwar hat die KMK nach dem Pisa-Schock bundesweite Bildungsstandards eingeführt, einen zentralen Pool für Abituraufgaben in vier Kernfächern geschaffen und für 2017 erstmals einen zentralen Prüfungstermin für das Mathematik-Abitur in vierzehn Bundesländern festgelegt, aber diese Maßnahmen sind ein gemeinsamer Minimalkonsens und reichen bei Weitem nicht aus, um die Kleinstaaterei in der Schulpolitik zu überwinden. Für den Wissenschaftsjournalisten Martin Spiewak tauge die KMK »per se nicht als Reformmotor«. Vor allem seit sie im Zuge der Föderalismusreform 2006 die Alleinzuständigkeit für die Schulen übernommen hat, »ist der

Druck weg – und jedes Interesse an einer gemeinsamen Bildungspolitik verflogen. Nach der Verfassungsänderung hat das Gremium nicht eine größere gemeinsame Reforminitiative auf den Weg gebracht«.[93]

Gegen die Abschaffung des Bildungsföderalismus würden sich die Bundesländer natürlich sträuben – mit Händen und Füßen. Quer durch die Parteien würden Rufe durchs Land schallen, dass die Autonomie der Bundesländer in Gefahr ist und dass in Berlin ein bürokratisches Zentralisierungsmonster entstehen wird. Einige Bildungsexperten sehen darüber hinaus die gewachsene schulpolitische Vielfalt in Gefahr und bezweifeln Kostenersparnisse. Schließlich seien die größten Posten im Bildungshaushalt vor allem die Lehrergehälter und die würden sich ja nicht verändern. Außerdem sei der Föderalismus Teil der deutschen Kultur. Weder eine Abschaffung des Bildungsföderalismus noch eine zentrale Steuerung des Bildungswesens wird von diesen Experten daher als realistisch eingeschätzt.[94]

Das sieht die Mehrheit der Deutschen ganz anders. Eine der größten Umfragen in den letzten Jahren zu dieser Frage spricht von einer »breiten Front« gegen den Bildungsföderalismus. 61 Prozent der Bevölkerung und 64 Prozent der Schülereltern sprechen sich dafür aus, dass die Bundesregierung und nicht die Länder für die Schulbildung zuständig sein sollte. Im Osten sind es durchschnittlich sogar 80 Prozent.[95] In einer weiteren Studie erteilen auch 61 Prozent der Lehrer dem Bildungsföderalismus eine klare Absage. Im Westen sind es 57 Prozent der Pädagogen, im Osten sogar 83 Prozent.[96]

Aber der Wille der Bevölkerung wird in dieser Frage von der Politik nach wie vor ignoriert. Selbst die Beschneidung des Bildungsföderalismus als Voraussetzung für eine »Bildungsrevolution«, wie sie von Richard David Precht in seinem Bestseller *Anna, die Schule und der liebe Gott* von 2013 gefordert wird, bleibt zumindest bei den politisch Verantwortlichen ungehört. Für Precht scheint es angesichts der konstatierten »Bildungskatastrophe« zwingend erforderlich, »dass der Bund die Bildungspolitik der Länder koordiniert«. Der Bildungsföderalismus sei eine »große Blockade«.[97] Mit seinem Buch wolle er eine Bewegung anstoßen, erklärte Precht in der *Zeit*, »die zu einem grundsätzlichen Strukturumbruch in der Schule führt. Das ist das Revolutionäre«.[98] Der Umbruch ist bisher ausgeblieben. Offenbar führt der Begriff »Revolution« im Bildungsbereich auch zu Blockaden.

Historisch überlebt
Die Abschaffung des Bildungsföderalismus erfordert gar keine Revolution, sondern »nur« eine Grundgesetzänderung. Dafür ist allerdings eine Zweidrittelmehrheit notwendig: im Bundestag – und auch im Bundesrat. Und ohne gesellschaftlichen Druck werden die Bundesländer ihr Monopol in der Bildungspolitik nicht aufgeben. Um das Festhalten an föderalen Strukturen zu verstehen, muss man sehr weit in die deutsche Geschichte zurückgehen. Während sich im Spätmittelalter in anderen europäischen Staaten wie Frankreich und England eine starke monarchische Zentralgewalt etablierte, schwächelten die Könige des Heiligen Römischen Reiches deutscher Nation und überließen immer mehr Kompetenzen den mächtigen Landesfürsten. Ein Höhepunkt ist die Durchsetzung der freien Königswahl, die mit der Goldenen Bulle 1356 sogar verfassungsrechtlich festgeschrieben wurde. Fortan durften die Kurfürsten einen König aus ihrer Mitte wählen. Für die moderne Geschichtswissenschaft ist die schwache Zentralgewalt kein historisches Drama mehr. Im Gegenteil: Sie sieht in der Existenz der Territorialfürstentümer und damit in dem bis heute prägenden Föderalismus eine Stärke. So wirkte sich die Konkurrenz der fürstlichen Residenzstädte förderlich auf Kultur und Bildung aus.

Diese föderale Tradition in Deutschland wurde von den Alliierten auch nach dem Zweiten Weltkrieg bei der Etablierung einer neuen Staatlichkeit ins Feld geführt. Ganz bewusst ließ die

Anti-Hitler-Koalition das besiegte Deutschland 1945 nicht nur bedingungslos, sondern auch staatspolitisch kapitulieren. Die Regierungsgewalt ging auf den Alliierten Kontrollrat über, das befreite Land wurde in Besatzungszonen aufgeteilt und die Potsdamer Konferenz beschloss die Dezentralisierung. Deutsche Staatlichkeit entstand erst wieder ein Jahr später mit der Schaffung der Länder. Nachdem dann eine gemeinsame Deutschlandpolitik gescheitert war, beschlossen die Westalliierten im Frühjahr 1948, dass in den westlichen Besatzungszonen ein Staat mit föderalistischer Ordnung errichtet werden sollte. Während nach der doppelten deutschen Staatsgründung im Jahr 1949 die Länder in der Bundesrepublik bestehen blieben, wurden sie in der DDR 1952 aufgelöst und durch vierzehn zentralstaatlich organisierte Bezirke ersetzt.

Neben dem Verweis auf die föderale Tradition in Deutschland gibt es zwei weitere Gründe für die Entscheidung der Alliierten, aus Westdeutschland einen Bundesstaat zu machen. Es wurde die Möglichkeit offen gehalten, dass weitere Länder beitreten können, und die politische Macht in Deutschland sollte durch die Dezentralisierung, zum Beispiel die Übertragung der Polizei- und der Bildungshoheit an die Bundesländer, beschränkt werden. Diese beiden Gründe sind heute nicht mehr relevant. Deutschland ist längst wiedervereinigt, außenpolitisch souverän sowie als demokratischer Staat gefestigt und international geachtet.

Kooperationsverbot aufheben

Dennoch wird gerade am Bildungsföderalismus festgehalten, als stünde mit seiner Abschaffung der Untergang des Abendlandes bevor. Wie im Spätmittelalter wurde der Föderalismus im Jahr 2006 noch einmal gesetzlich zementiert: Im Zuge der Föderalismusreform wurde ein »Kooperationsverbot« ins Grundgesetz aufgenommen. Es verbietet dem Bund, in Bereiche zu investieren, für die allein die Bundesländer zuständig sind. Dies gilt insbesondere für die Bildung. Seit ihrer Inkraftsetzung wird diese Grundgesetzänderung heftig kritisiert. Etwas doppelzüngig wirkt die Kritik dabei aus den Bundesländern. Zwar wollen die Landesregierungen nicht, dass der Bund sich in ihre Bildungspolitik einmischt, aber gegen finanzielle Zuwendungen aus dem Bundesetat hätten sie natürlich nichts einzuwenden. Die Kritiker erreichten im November 2014 einen Teilerfolg: Das Kooperationsverbot wurde wenigstens für die Hochschulpolitik gelockert. Wenn der Bundesrat zustimmt, kann der Bund künftig Projekte an Hochschulen dauerhaft finanzieren, wenn es sich um Fälle von »überregionaler Bedeutung« handelt.

Nun müsste endlich auch das Kooperationsverbot für die Schulen fallen. Das sehen inzwischen auch die ersten Landesfürsten ein. Niedersachsens Ministerpräsident Stephan Weil (SPD) erklärte im Januar 2015, das Verbot sei »anachronistisch, es muss durch die Zusammenarbeit von Bund, Ländern und Kommunen ersetzt werden«.[99] Aber im Bund scheiterte die SPD bereits 2013 bei den Koalitionsverhandlungen mit ihrer Forderung, die Lockerung des Kooperationsverbotes auch auf den Schulbereich auszudehnen. Wie sinnvoll die Aufhebung wäre, weiß Mirjam Brautmeier, die über die Zukunft des Bildungsföderalismus promoviert hat. Die Kommunen können aufgrund ihrer hohen Verschuldung die Schulen »zum Teil noch nicht mal mehr mit dem Allernötigsten ausstatten«. Dabei seien die Herausforderungen für die Schule, wie Integration, Inklusion, Ausbau von Ganztagsschulen, Verbesserung der schulischen Standards, immens: »Hier brauchen wir dringend die finanzielle Unterstützung durch den Bund.« Wenn Brautmeier Bildungsministerin wäre, dann würde sie »sofort dafür sorgen wollen, dass eine Schule in einer strukturschwachen Region genauso gut ausgestattet ist und arbeiten kann wie in einer finanziell gut gepolsterten Kommune. Das ist ein wichtiges Prinzip der Chancengleichheit«.[100]

Die Abschaffung des Kooperationsverbotes reicht allerdings nicht aus. Es würde lediglich eine widersinnige Entscheidung von 2006 zurücknehmen. Es muss der gesamte Rahmen gesprengt werden. Der Bildungsföderalismus gehört abgeschafft! Nachdem ich erläutert habe, was Lehrer und Eltern im Schulbereich ändern können, möchte ich im Folgenden aufzeigen, was Politiker zur Verbesserung des Bildungswesens beitragen sollten. Bereits der erste Schritt wäre der größte: Die Politiker in den Bundesländern müssten ihrer Entmachtung zustimmen.

Deutsches Bildungsforum

Die Bundesländer müssten ihre Bildungsministerien auflösen und die Kompetenzen in der Hochschul- und in der Schulpolitik an das Bundesbildungsministerium übergeben. Die Bundeskanzlerin könnte ein Deutsches Bildungsforum einberufen. Ein Forum, in dem die besten Ideen vorgestellt und diskutiert werden. Ein Forum, das seinen Namen verdient. Darin dürften nicht nur Wissenschaftler sitzen, sondern auch Lehrer, Eltern, Schüler und Studenten. Automatisch gesetzt wären Vertreter des Deutschen Lehrerverbandes, des Bundeselternrates und der Bundesschülerkonferenz; diese Institutionen existieren bereits. Die Idee ist nicht neu. Von 1965 bis 1975 existierte bereits ein Deutscher Bildungsrat. In den Medien und in der Politik wurde in den letzten Jahren die Wiederbelebung eines solchen Gremiums diskutiert.[101]

Zentrale Aufgaben des Bildungsforums für die Schulen wären Empfehlungen für eine länderübergreifende Vereinheitlichung des Schulsystems, für Kerninhalte von Lehrplänen, für gleiche Übertrittsregelungen von einer Schulform in die andere, für standardisierte Prüfungsinhalte und -anforderungen beim Mittleren Schulabschluss und beim Abitur sowie für eine gemeinsame Lehrerausbildung.

Bei einer bundesweiten Vereinheitlichung des Schulsystems stellt sich auch eine grundsätzliche Frage: mehrere Schularten oder eine Schule für alle? Es gibt sicher gute Gründe für die Einführung einer Einheitsschule, die man breit und lang diskutieren könnte, aber nur eine Minderheit der Deutschen ist dafür. Einer Umfrage aus dem Jahr 2013 zufolge plädieren für eine Gemeinschaftsschule nur 28 Prozent der befragten Lehrer und 37 Prozent der Schülereltern. 51 Prozent sprechen sich für die Beibehaltung eines mehrgliedrigen Schulsystems aus. Besonders groß ist die Ablehnung einer Schule für alle bei den befragten Lehrern: 59 Prozent wollen am mehrgliedrigen Schulsystem festhalten – und 53 Prozent der Eltern. Der Rest ist unentschieden.[102] Auch gegen die Abschaffung der Förderschule infolge der Inklusion regt sich aus gutem Grund massiver Widerstand.[103]

Gelingt es den Bildungsrevolutionären in den nächsten Jahren nicht, die Mehrheit der Deutschen von der Einheitsschule zu überzeugen, sollte man sie auch nicht von oben durchsetzen. Dann ist es sinnvoll, das mehrgliedrige Schulsystem zu erhalten: Grundschule, Oberschule, Gymnasium. Auch die Förderschulen sollten bestehen bleiben.

Überhaupt ist die Forderung nach einer Bildungsrevolution mehr als fraglich. Der Begriff »Revolution« definiert gesellschaftliche Umbrüche. Es gab 1789 die *Französische Revolution* und zweihundert Jahre später die *Friedliche Revolution*, es gab die *Industrielle*, die *Sexuelle* und jetzt auch die *Digitale Revolution*. Aber können Sie sich an eine Bildungsrevolution erinnern? Eine Revolution lässt sich nicht gegen den Willen der Mehrheit durchsetzen. Dann wäre es ein Putsch. Ungeachtet dessen ist die Mehrheit in Sachen Schule ohnehin reformmüde und fleht: Lasst doch bitte einmal alles so, wie es ist! Das kann aber natürlich auch keine Lösung sein.

Es sollte vielmehr nach bewährten Erfolgsmodellen in der vielfältigen Schullandschaft gefahndet werden. Und davon gibt es genug. Schulen, die bewiesen haben, dass Veränderungen von unten möglich sind – und dafür auch ausgezeichnet wurden. Genannt seien die Aufteilung der Klassen in Erweiterungs- und Grundkurse sowie die Spezialisierung der Schüler nach der 8. Klasse. Es gäbe dann ab der 9. Jahrgangsstufe beispielsweise eine Kunstklasse, eine Naturwissenschaftenklasse oder eine Sprachenklasse – mit jeweils mehr Wochenstunden in diesen Fächern. So würden Schüler entsprechend ihrer Neigungen besser gefördert werden. Im Schuljahr müssten zudem feste Tage für fächerverbindenden Projektunterricht eingeplant werden. Voraussetzung ist eine längst überfällige und tabulose Entschlackung aller Lehrpläne.

Das Abitur sollte nicht nur aus meiner Sicht an allen Schulformen nach dreizehn Jahren absolviert werden. Um die Schulen organisatorisch zu entlasten und den Schülern ausreichend Zeit für die Vorbereitung auf das Abitur zu geben, könnte das letzte Semester ausschließlich als Prüfungshalbjahr genutzt werden. Diese Vereinheitlichung wäre auch die Voraussetzung für vergleichbare Abiturprüfungen.

Institute für Schulbildung
Die Vereinheitlichung der Schulbildung darf nicht auf Kosten der regionalen Besonderheiten gehen. Diese Balance ist die größte Herausforderung bei einer Abschaffung des Bildungsföderalismus. Daher sollte in jedem Bundesland ein Institut für Schulbildung gegründet werden, um die bereits existierende Bildungsvielfalt in den Städten und Gemeinden zu erhalten. Diese Institute würden als wichtige Schnittstelle für die organisatorische und inhaltliche Verzahnung der regionalen Schullandschaften fungieren.

Die Aufgaben wären erstens die enge Kooperation mit den Universitäten bei der Betreuung von Studenten in ihren Praktika, die Organisation des Referendariats sowie die Koordinierung der Lehrerweiterbildung. Damit wären die Institute nicht nur der organisatorische, sondern auch der inhaltliche Kopf für alle drei Phasen der Lehrerausbildung.

Zweitens ließen sich diese Landesinstitute zu Kompetenzzentren für Schulqualität ausbauen. Dazu gehört auch, die vorgegebenen zentralen Kerninhalte in den Lehrplänen mit regionalen Spezifika anzureichern. Im Fach Geschichte würden sich alle Schüler beispielsweise in Klasse 8 beim Thema Absolutismus mit den Merkmalen dieser Regierungsform beschäftigen. Aber kein bayerischer Schüler müsste den aufgeklärten Absolutismus des preußischen Königs Friedrich des Großen kennenlernen, sondern würde sich mit der Machtentfaltung des bayerischen Kurfürsten Max Emanuel auseinandersetzen.

Die Institute für Schulbildung könnten sich drittens an der Entwicklung neuer pädagogischer Konzepte und an Forschungsprojekten der Universitäten sowie anderer wissenschaftlicher Einrichtungen beteiligen. Damit wäre auch der Wettbewerb in der Schulentwicklung gewahrt.

Bildung muss uns etwas wert sein

Wenn die Bildungsausgaben entsprechend der Vorgabe des Bildungsgipfels von 2008 endlich erhöht werden und die Einsparungen von sechzehn Bildungsministerien neue finanzielle Spielräume schaffen, ließen sich auch die Rahmenbedingungen an den Schulen verbessern: In jeder Klasse dürften maximal fünfundzwanzig Schüler lernen und die Lehrerarbeitszeit könnte (wieder) auf maximal vierundzwanzig Unterrichtsstunden gesenkt werden. Für alle Lehrer. Überhaupt dürften Grundschullehrer nicht weniger verdienen als Gymnasiallehrer.

Die Schulen sollten personell besser ausgestattet werden, um Unterrichtsausfall zu minimieren. Im Gegensatz zur staatlichen Schule leistet sich kein größeres privates Unternehmen in Deutschland eine Personalausstattung von nur 100 Prozent. In den Schulen scheint es dagegen kein Problem zu sein, wenn

Unterrichtsausfall zum Dauerzustand wird. Daher benötigen Schulen eine zehnprozentige Vertretungsreserve sowie Sonderpädagogen, Schulpsychologen und Verwaltungsleiter, die die Schulleitungen entlasten.

Die vielerorts bereits eingeleitete Gebäudesanierung muss auf alle Schulstandorte ausgeweitet und beschleunigt werden. Schulen sollten nicht nur über ausreichend Fach- und Klassenräume sowie eine Sporthalle verfügen, sondern auch über Pausenräume, eine Mensa sowie eine Aula beziehungsweise einen Theaterraum – außerdem über einwandfreie Sanitäranlagen. Ungeachtet dessen sollte bei Neu- und Umbauten architektonisches Neuland betreten werden: Schulen dürfen nicht Krankenhäusern oder Kasernen gleichen, sondern sollten Lernräume schaffen, die für ein optimales Lernklima sorgen und Raum für neue pädagogische Konzepte ermöglichen.

Darüber hinaus reicht es in der modernen medialen Welt nicht mehr aus, Schulen flächendeckend mit Computerkabinetten und die Klassenräume mit interaktiven Tafeln (Smartboards) auszustatten. Schüler müssen angemessen auf die berufliche wie auch gesellschaftliche Teilhabe am digitalen Informationszeitalter vorbereitet werden. Voraussetzung ist die Bereitstellung und professionelle Wartung einer zeitgemäßen IT-Infrastruktur, zu der mittelfristig beispielsweise auch bezahlbare Touchpads mit pädagogisch geprüfter Lern- und Unterrichtssoftware für jeden Schüler gehören könnten.

Außerdem sollten den Schulen und Kommunen mehr Freiheiten gewährt werden. Schulkonferenzen, in denen Lehrer, Eltern und Schüler paritätisch vertreten sind, müssen eigenständig darüber diskutieren, wie sie das Lernen in ihrer Schule gestalten und finanzieren wollen. Ob sie die Gelder für eine neue Schulhofgestaltung oder für einen Schüleraustausch ausgeben. Und sie sollten darüber entscheiden können, welches Profil sie schärfen wollen, welche neue Bewerbung zum Lehrerkollegium passt, wie lange eine Schulstunde dauert und wann der Unterricht morgens beginnt. Das fördert zugleich den kreativen Wettbewerb der Schulen untereinander.

Wenn Lernen in Deutschland langfristig erfolgreich sein soll, muss der Rahmen gesprengt werden. In der Konsequenz bedeutet das: einerseits die Aufhebung der schulpolitischen Kleinstaaterei und andererseits mehr Gestaltungsfreiheit für die Schulen.

Wir sind Schule

»Ist das nicht zu plakativ?« Hannah* betrachtet den Entwurf des Buchcovers und runzelt die Stirn. »Findest du?«, frage ich zurück. Sie streicht über den Schriftzug »Schule, setzen, sechs«, als könne sie ihn von der Tafel wischen. »Naja, du stellst der Schule ein miserables Zeugnis aus. Sie hat sozusagen das Klassenziel nicht erreicht.« Hannah gibt mir den Entwurf zurück und fügt hinzu: »Damit bist du ja als Lehrer auch durchgefallen. Wir beide.«

Wir greifen zur Karte, weil sich die Kellnerin unserem Tisch nähert. »Haben Sie sich entschieden?«, fragt sie. »Ja, ich nehme einen Tee«, antwortet Hannah. Die Kellnerin tippt die Bestellung in ein Mobilgerät und schaut dann zu mir. Bevor ich reagieren kann, korrigiert Hannah: »Ich nehme doch einen Milchkaffee.« Die Kellnerin sieht sie fragend an. »Zwei Milchkaffee, bitte«, sage ich schnell. Als die Kellnerin die Bestellung wiederholen will, hat es sich Hannah erneut anders überlegt: »Für mich doch lieber einen Tee.« »Ich komme gleich noch mal vorbei.« Die Kellnerin rollt mit den Augen und verlässt unseren Tisch. »Berlin ist echt eine Dienstleistungswüste. Das würde dir in Dresden nicht passieren«, meint Hannah und schaut ihr verärgert hinterher. »Da passieren andere Dinge«, sage ich.

Hannah und ich haben zusammen in Berlin studiert. Nach dem Referendariat war sie zu ihrem Freund nach Sachsen gezogen. Seit 1998 unterrichtet sie an einer Dresdner Oberschule (zuvor: Mittelschule). Jetzt ist sie zu Besuch in Berlin und wir sitzen am Helmholtzplatz im Straßencafé. Nach dem Studium wollten wir die besten Pädagogen der Welt werden. Mit innovativem Unterricht und viel Energie. Hannahs anfängliche Euphorie, nach der Ausbildung endlich »frei« und selbstständig unterrichten zu können, war im Schulalltag schnell der Ernüchterung gewichen. Fragwürdige Schulpolitik im Freistaat, überforderte Schulleitung, demotivierte Kollegen, anstrengende Schüler und nervende Eltern. Und ständig Vertretungen übernehmen und Klassenarbeiten korrigieren. Obwohl sie sich erschöpft und etwas hilflos fühlt, will sie sich aber nicht entmutigen lassen. Woran sie noch immer glaubt und was ihr damals mit dem zweiten Staatsexamen bescheinigt wurde: Sie ist eine sehr gute Lehrerin. Und nun komme ich und erteile der Schule eine Sechs.

»Ja, das stimmt, die Note gilt auch uns. Denn Schule sind wir«, antworte ich. »Und Schule wird so lange nicht gut sein, so lange Kinder benachteiligt werden, der Unterricht für sie frustrierend ist und jedes Jahr Tausende Jugendliche keinen Abschluss machen.« »Aber das liegt doch am System!«, entgegnet Hannah. »Du kritisierst doch auch die Bildungspolitik und hast zu einer Schulreform aufgerufen. Jetzt forderst du sogar, den Bildungsföderalismus abzuschaffen.«

»Ja, das stimmt auch. Aber es wird auf Dauer nicht ausreichen, ständig den Staat für seine schlechte Bildungspolitik zu kritisieren und immer wieder Reformen oder gar eine Revolution zu verlangen. Wir müssen auch etwas tun!« »Ach ja?«, meint Hannah und hält nach der Kellnerin Ausschau.

Ihre Reaktion ist typisch. Die Klage über die Schulmisere ist groß – und nicht neu. Besonders laut beschweren sich erstaunlicherweise nicht die Schüler, sondern Lehrer und Eltern. Und in der Regel ist die Politik schuld. Ich bin weit davon entfernt, die Politiker aus der Verantwortung zu entlassen, aber eine pauschale Schuldzuweisung greift zu kurz. Wir dürfen die Schule nicht allein dem Staat überlassen. Mut und Eigeninitiative sind gefragt. Und wir Lehrer sollten mit gutem Beispiel vorangehen. Was etwas pathetisch klingt, hat einen realen Erfahrungshintergrund: Die Spielräume für Veränderungen sind größer, als man denkt – oder bereit ist zuzugeben.

Angesichts der kontroversen Bildungsdebatte über Strukturen, Bewertungssysteme und Lehrpläne haben wir nämlich verdrängt, worauf es eigentlich ankommt: auf guten Unterricht. Und dafür ist zuallererst die Lehrkraft zuständig. Nur sie kann im Klassenzimmer für eine entspannte und produktive Lernatmosphäre sorgen. Für eine positive Beziehung zwischen Lernenden und Lehrenden. Eine Beziehung, die sich durch Respekt und Vertrauen auszeichnet. Auf beiden Seiten. Anhand von Beispielen habe ich in diesem Buch aufgezeigt, welche Faktoren aus meiner Sicht zur Entwicklung einer Beziehungskultur gehören: Das sind in erster Linie die Analyse der Lernvoraussetzungen einer Klasse, die Autorität, die man sich häufig erst erarbeiten muss, sowie die Transparenz des Lernprozesses, auch im Hinblick auf die Leistungsbewertung.

In der Lehrerausbildung steht bisher primär die Entwicklung einer fachdidaktischen und methodischen Kompetenz im Mittelpunkt. Die ist wichtig. Aber viel entscheidender ist die Beziehungskompetenz. Ein positives Verhältnis zu meinen Schülern ist mir inzwischen wichtiger als mein akademischer Wissensvorsprung und mein Methodenrepertoire. Zur Beziehungskompetenz gehören die Fähigkeit und die Kraft des Lehrers, seine Schüler zu motivieren – für die Inhalte seines Faches und für Wege, diese zu erschließen. Dazu gehört auch, sich nicht als allwissender Pauker aufzuspielen, sondern als Pädagoge, der das Selbstbewusstsein besitzt, auch Fehler einzugestehen oder auf eine Frage mit einer simplen, aber ehrlichen Antwort zu reagieren: »Weiß ich auch nicht.«

»Weißt du denn jetzt, was du nimmst?«, frage ich Hannah. »Ja«, antwortet sie und winkt die Kellnerin heran. »Einen Kirschsaft bitte!« »Haben wir nicht. Ananas, Banane, Trauben ...« »Dann möchte ich nichts«, meint Hannah. »Ich nehme bitte einen Milchkaffee«, sage ich. Wortlos tippt die Kellnerin die Bestellung ein. Kurz darauf fängt es an zu regnen und Hannah schlägt vor: »Wollen wir nicht woanders hingehen?« »Und mein Milchkaffee?« Wir wechseln vom Gehweg ins Café. Dort sind schon alle Tische besetzt. »Nimm doch den Kaffee to go«, sagt Hannah. »To go in den Regen?«

Im Vorbeilaufen sagt die Kellnerin: »Wir haben Schirme, aber ich bin hier heute allein.« »Wo sind die Schirme?«, will ich wissen. Dankbar zeigt sie in den Vorraum zum Lager. »Das ist jetzt nicht dein Ernst?«, stöhnt Hannah. Ich trage einen Schirm vor das Café und lanciere ihn in den Ständer. Dann schieben wir den Tisch und die Stühle darunter. Zwei Männer, die am Nebentisch saßen, folgen unserem Beispiel.

Als wir wieder Platz nehmen, fragt Hannah: »Und morgen triffst du also diesen Salko aus deinem Buch?« »Ja, ich habe wieder Kontakt zu ihm aufgenommen. Er ist jetzt Filialleiter eines Autohauses.« »Wie lange habt ihr euch denn nicht gesehen?« »Seit seinem Realschulabschluss 1999.« Wir werden unterbrochen, weil die Kellnerin kommt. Sie serviert den Milchkaffee – und einen Kirschsaft.

Anhang

Danksagung

Die Mail von Daniel Graf (Agentur Graf & Graf) war ein typischer Dreizeiler. Ob ich mir vorstellen könne, ein Sachbuch über Schule zu schreiben. Das war kurz nach der Verleihung des Lehrerpreises und der Veröffentlichung meines Aufrufes für eine Schulreform. Er verstand es, mich zu motivieren, und stand mir jederzeit im klassischen Sinne mit Rat und Tat zur Seite.

Mein Dank gilt vor allem dem Kösel-Verlag, insbesondere Usha Swamy und Gerhard Plachta, sowie meiner Lektorin Dr. Diane Zilliges für die konstruktive Zusammenarbeit.

Er gilt den kritischen Probelesern des Manuskriptes: Erik Lorenz, mit dem ich zeitweise eine Standleitung nach Mönchengladbach unterhielt, meinem Bruder Thomas, der sich einzelne Passagen auch nachts am Telefon anhören musste, meinen beiden Mentorinnen: Marga Quiring und Dr. Hannelore Janisch, Matthias Pasler und den Motivatorenpaaren Jana und Dirk Heiland sowie Renate und Hans-Christoph Rauh.

Ferner danke ich allen, die mich beraten oder meine Fragen beantwortet haben: Birgit Peylo, Jacqueline Geißler, Britta Pupke, Angelika Schenk, Jana Sprenger, Detlef Schmidt-Ihnen, Dr. Christine Eichel, Boris Peter, Florian Bublys, Lars Kraft, Suzanne Hensel, Andreas Gerich, Katharina Käsch, Susanne Müller, Dr. Fabian Goldbeck, Dr. Sabine Cofalla, Dr. Tim Wagner,

Haike und Carsten Löffelholz, Cornelia Hansch, Steffen Stelter, Angelina Rafael, Dr. Erdmut Wizisla, Corinna Harfouch sowie die Jüngste: Lara Karouaschan.

Ein besonderer Dank gilt meinen ehemaligen Schülern, die sich entweder erinnert haben oder erinnern mussten – und mir erläutert haben, was für sie gute Schule bedeutet: Dustin, Besim, Philip, Miriam, Hien, Steve, Christin, Juli, Andrej, Roman, Robert, Tim, Toni, Luise, Max, Nico, Florian, Mo, Basti, Tobi, Tino und die Klasse 11.1. Und Anne, Fanny, Robin und Stefan, die auch nicht verzweifelt sind – und nun selbst Lehrer werden.

Anmerkungen

1. Pressemitteilung der Senatsverwaltung für Bildung, Jugend und Wissenschaft vom 21. August 2014, S. 1. Siehe: www.berlin.de/sen/bjw/service/presse/pressearchiv-2014/pressemitteilung.161911.php (Zugriff: 1.2.2015).
2. Gabriele Holz, Einfühlungsvermögen. Quereinsteiger – Lückenfüller oder Bereicherung, in: Betrifft Lehrerausbildung und Schule, hrsg. v. Bundesarbeitskreis der Seminar- und Fachleiter/innen e.V., Heft 16, Berlin 2015, S. 26 f.
3. Florian Bublys/Robert Rauh, Quereinstieg – Entqualifizierung des Lehrerberufs?, in: Betrifft Lehrerausbildung und Schule, hrsg. v. Bundesarbeitskreis der Seminar- und Fachleiter/innen e.V., Heft 15, Berlin 2014, S. 47 f.
4. Koalitionsvertrag SPD/CDU 2011, Kapitel 4, Wissbegieriges Berlin: Stadt für Bildung, S. 46. ff; https://www.berlin.de/rbmskzl/regierender-buergermeister/senat/koalitionsvereinbarung/artikel.41251.php (Zugriff: 1.10.2014).
5. John Hattie, Lernen sichtbar machen. Deutschsprachige Ausgabe von *Visible Learning*, übersetzt und überarbeitet von Wolfgang Beywl und Klaus Zierer, Schneider Verlag, 2013, S. 13.
6. Senatsverwaltung für Bildung, Blickpunkt Schule. Schuljahr 2014/15, S. 58; www.berlin.de/imperia/md/content/sen-bildung/bildungsstatistik/blickpunkt_schule_2014_15.pdf?start&ts=1424257130&file=blickpunkt_schule_2014_15.pdf (Zugriff: 28.3.2015).
7. Interview mit Remo Largo, Der Spiegel, 16.9.2013; www.spiegel.de/spiegel/print/d-112638330.html (Zugriff: 29.3.2015).
8. Christine Eichel, Deutschland, deine Lehrer. Warum sich die Zukunft unserer Kinder im Klassenzimmer entscheidet, Karl Blessing Verlag, Berlin 2014, S. 23.
9. Sabine Kliemann, Schülerkompetenzen erkennen und ausbauen, in: Kliemann, Sabine (Hrsg.), Diagnostizieren und Fördern in der Sekundarstufe I. Schülerkompetenzen erkennen, unterstützen und ausbauen, Berlin 2008, S. 6 f.
10. Quelle: www.forrefs.de/grundschule/unterricht/unterricht-vorbereiten/laengerfristige-vorbereitung/analysieren-sie-ihre-lerngruppe-fuer-eine-erfolgreiche-unterrichtsplanung.html (Zugriff: 10.03.2014).
11. Vgl. Diana Baumrind, Child-care practices anteceding three patterns of preschool behavior, in: Genetic Psychology Monographs, Band 75, 1967, S. 43–88.
12. Thomas Klaffke, Klassen führen – Klassen leiten. Beziehungen, Lernen, Classroom Management, Klett / Kallmeyer, Seelze 2013, S. 34.

13. Jesper Juul, Schulinfarkt. Was wir tun können, damit es unseren Kindern, Eltern und Lehrern besser geht, Kösel-Verlag, München 2013, S. 143.
14. »Unterrichtsstörungen: Prävention ist entscheidend«. Interview mit dem Schulpsychologen Walter Kowalczyk vom 5.8.2014. Siehe: www.bildungsklick.de/a/91988/unterrichtsstoerungen-praevention-ist-entscheidend/ (Zugriff: 28.2.2015).
15. Mangel an Schulpsychologen, Bayerischer Rundfunk, 27.2.2015; www.br.de/nachrichten/schulpsychologen-mangel-bllv-100.html (Zugriff: 1.3.2015).
16. Geneviève Wood, Sozialpädagogen wollen mehr Geld, Hamburger Abendblatt, 20.2.2015; www.abendblatt.de/hamburg/kommunales/article112315320/Sozialpaedagogen-an-Schulen-wollen-mehr-Geld.html (Zugriff: 1.3.2015).
17. Zu den bekanntesten Untersuchungen zählt die Studie »Depressive Stimmungen bei Schülern und Schülerinnen« der DAK und der Leuphana Universität Lüneburg von 2011; www.leuphana.de/fileadmin/user_upload/Forschungseinrichtungen/zag/files/projekte/ggse/DAK-Leuphana-Studie_2011_Depressive_Stimmungen_bei_Schuelerinnen_und_Schuelern.pdf (Zugriff: 1.3.2015).
18. www.unicef.de/blob/56990/a121cfd7c7acbdc2f4b97cbcdf0cc716/geolinounicef-kinderwertemonitor-2014-data.pdf (Zugriff: 20.2.2015).
19. Siehe: Katja Wippermann / Carsten Wippermann / Andreas Kirchner, Eltern – Lehrer – Schulerfolg. Wahrnehmungen und Erfahrungen im Schulalltag von Eltern und Lehrern. Eine sozialwissenschaftliche Untersuchung der Katholischen Stiftungsfachhochschule Benediktbeuern für die Konrad-Adenauer-Stiftung e.V. und das Bundesministerium für Familie, Senioren, Frauen und Jugend, Lucius, Stuttgart 2013.
20. Ebenda.
21. JIM-Studie 2013 des Medienpädagogischen Forschungsverbandes Südwest; www.mpfs.de/index.php?id=613 (Zugriff: 2.3.2015).
22. Vgl. Nayla Fawzi, Cyber-Mobbing. Ursachen und Auswirkungen von Mobbing im Internet, Nomos Verlagsgesellschaft / Edition Reinhard Fischer, Baden-Baden, 2009.
23. Pilotstudie der Universität Hohenheim zum Thema Cyber-Mobbing aus dem Jahre 2012; vgl. www.uni-hohenheim.de/uploads/tx_newspmfe/pm_SdF_2011_Cybermobbing_Quandt_2012-01-19_status_10.pdf (Zugriff: 1.3.2015).
24. Quelle: www.polizei-beratung.de/themen-und-tipps/gefahren-im-internet/cybermobbing/folgen-fuer-taeter.html (Zugriff: 2.3.2015).

25. Im NRW-Schulgesetz heißt es gleich in § 1 Abs. 1: »Jeder junge Mensch hat ohne Rücksicht auf seine wirtschaftliche Lage und Herkunft und sein Geschlecht ein Recht auf schulische Bildung, Erziehung und individuelle Förderung. Dieses Recht wird nach Maßgabe dieses Gesetzes gewährleistet.« Vgl. Schulgesetz für das Land Nordrhein-Westfalen von 2005 (zuletzt geändert 2014); www.schulministerium.nrw.de/docs/Recht/Schulrecht/Schulgesetz/Schulgesetz.pdf (Zugriff: 5.2.2015).
26. Schülerinnen und Schülern der Grundschule und der Sekundarstufe I, deren Versetzung gefährdet ist, wird zum Ende des Schulhalbjahres eine individuelle Lern- und Förderempfehlung gegeben. Sie sollen zudem die Möglichkeit der Teilnahme an schulischen Förderangeboten erhalten mit dem Ziel, unter Einbeziehung der Eltern erkannte Lern- und Leistungsdefizite bis zur Versetzungsentscheidung zu beheben.« Ebenda, § 50 Abs. 3.
27. Vgl. Kapitel »Die wissen nichts. Und die können auch nix«.
28. Vgl. hierzu: Liane Paradies, Franz Wester, Johannes Greving, Individualisieren im Unterricht. Erfolgreich Kompetenzen vermitteln, Cornelsen Scriptor, Berlin 2010, S. 12 ff.
29. Martin Spiewak, Alle zum Einzeltraining, Zeit online, 27.3.2009; www.zeit.de/2009/10/B-Individualunterricht (Zugriff: 5.2.2015).
30. Vgl. Kapitel »Gleichheit bedeutet nicht automatisch Gerechtigkeit«.
31. Auch diese Kritik ist nicht neu. Vgl. hierzu: Beate Wischer, Heterogenität als komplexe Anforderung an das Lehrerhandeln, in: Sebastian Boller u. a. (Hrsg.), Heterogenität in Schule und Unterricht, Beltz 2007, S. 32–41.
32. Vgl. www.jugendpresse.de/rechtsberatung/ (Zugriff: 5.2.2015).
33. Hans Wocken, Restauration der Stigmatisierung! Kritik der schwarzgrünen »Integrationsreform«, Hamburg 2010; www.eine-schule-fuer-alle.info/fileadmin/dokumente/politikbereich/WockenRestauration.pdf.
34. Gespräch mit Bernd Ahrbeck, Der Spiegel, 18.8.2014; www.spiegel.de/spiegel/print/d-128743710.html (Zugriff: 2.2.2015).
35. Übereinkommen über die Rechte von Menschen mit Behinderung der Vereinten Nationen von 2008 (UN-Behindertenkonvention), Artikel 24, S. 23 f.; www.ris.bka.gv.at/Dokumente/BgblAuth/BGBLA_2008_III_155/COO_2026_100_2_483536.pdf (Zugriff: 2.2.2015).
36. www.openpetition.de/petition/online/frau-loehrmann-senken-sie-die-mindestschuelerzahl-an-foerderschulen (Zugriff: 1.3.2015).
37. www.bildungsbericht.de/daten2014/bb_2014.pdf (Zugriff: 1.3.2015).
38. Stefanie Nowatzky, Brandbrief an Schulsenator, Hamburger Wochenblatt, 15.10.2014; www.hamburgerwochenblatt.de/fileadmin/SystemOrdner/Ausgaben/Langenhorn_KW42.pdf (Zugriff: 1.3.2015).

39. Welche Impulse der Projektunterricht einer leistungsfähigen und zugleich humanen Schule geben kann, zeigen sehr anschaulich: Dieter Lenzen, Wolfgang Emer, Projektunterricht gestalten – Schule verändern, Schneider Hohengehren, Baltmannsweiler 2009.
40. So auch im Entwurf des neuen Rahmenlehrplans für die Jahrgangsstufe 1 bis 10 in Berlin und Brandenburg vom 28.11.2014 für das Fach Geschichte, S. 15. Siehe: bildungsserver. berlin-brandenburg.de/fileadmin/bbb/ unterricht/rahmenlehrplaene_und_curriculare_materialien/Rahmenlehrplanprojekt/anhoerung/plan/Geschichte_Anhoerungsfassung_ vom_28.11.2014.pdf (Zugriff: 21.3.12 015).
41. www.bbaw.de/AuS/zukunftsportal-antike/zukunftsportal-antike (Zugriff: 1.3.2015).
42. Christian Füller, Forschendes Lernen: Nofretete ohne Maske, die tageszeitung, 1. Februar 2012; www.taz.de/!86807/ (Zugriff: 1.3.2015).
43. Bettina Mittelstraß, Berliner als Altertumsforscher, Deutschlandfunk, 15.3.2012; www.deutschlandfunk.de/berliner-schueler-als-altertumsforscher.1148.de.html?dram:article_id=180930 (2.3.2015).
44. Vgl. Kapitel »Ihnen fehlt die nötige Autorität«.
45. Schlachtfeld Elternabend. Der unzensierte Frontbericht von Lehrern und Eltern, hrsg. von Bettina Schuler und Anja Koeseling, Eden Books, Hamburg 2014, S. 42.
46. Ebenda.
47. Jesper Juul / Helle Jensen, Vom Gehorsam zur Verantwortung. Für eine neue Erziehungskultur, Beltz, Weinheim und Basel 2009, S. 257.
48. Christine Eichel, Deutschland, deine Lehrer. Warum sich die Zukunft unserer Kinder im Klassenzimmer entscheidet, Blessing, München 2014, S. 337 f.
49. Werner Sacher, Elternarbeit. Gestaltungsmöglichkeiten und Grundlagen für alle Schularten, Klinkhardt, Bad Heilbrunn 2008, S. 63.
50. Sacher, Elternarbeit, ebenda, S. 60 f.
51. Vgl. Ergebnisse des Forschungsprojektes »Große Vielfalt, weniger Chance. Eine Studie über die Bildungserfahrungen und Bildungsziele von Menschen mit Migrationshintergrund in Deutschland« der Heinrich-Heine-Universität Düsseldorf von 2015; www.phil-fak.uni-duesseldorf.de/fileadmin/Redaktion/Institute/Sozialwissenschaften/BF/Projekte/Ergebnisse_ des_Forschungsprojektes_Bildung__Milieu___Migration_3_2015.pdf (Zugriff: 31.3.2015).
52. Er vermutet auf der Grundlage seiner Untersuchungen, dass zumindest ein Teil der Lehrer von den Eltern erwartet, sich aus der Schule heraus-

zuhalten, solange es keine besonderen Probleme gibt. Vgl. Sacher, Elternarbeit, a.a.O., S. 65.
53. Berufsbildungsbericht 2014 des Bundesinstituts für Berufsbildung (BIBB), in: www.bmbf.de/de/berufsbildungsbericht.php (Zugriff: 10.11.2014).
54. Verordnung des sächsischen Staatsministeriums für Kultus über Mittel- und Abendmittelschulen im Freistaat Sachsen vom 1.8.2013, Artikel 25; www.revosax.sachsen.de/Details.do?sid=4174515896514&jlink=p25&jabs=34 (Zugriff: 15.3.2015).
55. dpa-Meldung vom 28.7.2013; Quelle: www.stern.de/politik/deutschland/brisanter-vorschlag-bildungsforscherin-will-hausaufgaben-abschaffen-2043893.html (Zugriff: 15.3.2015).
56. Interview mit Georgine Müller, Süddeutsche Zeitung, 24.9.2012; www.sueddeutsche.de/leben/expertentipps-zur-erziehung-halten-sie-sich-bei-den-hausaufgaben-zurueck-1.1473232 (Zugriff: 20.3.2015).
57. Interview mit Jutta Allmendinger, Deutschlandfunk, 14.8.2013: www.deutschlandfunk.de/nie-wieder-hausaufgaben.680.de.html?dram:article_id=257767 (Zugriff: 1.2.2015).
58. Interview mit Sigmar Gabriel, Rhein-Zeitung, 31.8.2013; www.rhein-zeitung.de/nachrichten/rz-thema_artikel,-Gabriel-Auf-die-Linken-ist-kein-Verlass-_arid,1031880.html#.VRgHg_ysW6E (Zugriff: 1.2.2015).
59. So lehnten die bayerische CSU den Vorschlag genauso ab wie die FDP, die argumentierte: »Und wer seine Hausaufgaben macht und lernt, verhält sich ungerecht gegenüber jenen, die faulenzen. Die SPD und Leistung – das passt einfach nicht zusammen.« Interview mit Patrick Döring, Welt am Sonntag, 1.9.2013, siehe: www.welt.de/print/wams/article119582853/SPD-Chef-gegen-Hausaufgaben.html (Zugriff: 1.2.2013).
60. Interview mit Heinz-Peter Meidinger, Die Welt, 18.8.2013; www.welt.de/politik/deutschland/article119138133/Die-Bildungspolitik-luegt-sich-in-die-Tasche.html (Zugriff: 2.2.2015).
61. Quelle: www.tu-dresden.de/aktuelles/newsarchiv/2008/02/hausaufgaben (Zugriff:15.3.2015).
62. Vgl. John Hattie, Lernen sichtbar machen. Überarbeitete deutschsprachige Ausgabe von *Visible Learning*, übersetzt und überarbeitet von Wolfgang Beywl und Klaus Zierer, Schneider Verlag, 2013.
63. Klaus Zierer, Hausaufgaben sind keineswegs sinnlos, in: Frankfurter Allgemeine Zeitung, 15. März 2013, Nr. 63, S. 7.
64. Schulprofil der Liebfrauenschule in Frankfurt am Main (Hessen); http://test.liebfrauenschule.info/ueber-die-lfs/paedagogische-schwerpunkte (Zugriff: 3.7.2015).

65. Quelle: Matthias Trautsch, Den Hausaufgaben droht die Abschaffung, Frankfurter Allgemeine Zeitung, 4.12.2013; www.faz.net/aktuell/rheinmain/neues-lernkonzept-den-hausaufgaben-droht-die-abschaffung-12695573.html (Zugriff: 15.3.2015).
66. Homepage des Elsa-Brandström-Gymnasiums Oberhausen, Rubrik »Offener Unterricht«; www.elsa-oberhausen.de/cms/front_content.php?idcat =63 (Zugriff: 15.3.2015).
67. Felix Laurens/Lisa Weitemeier, Oberhausener Gymnasium schafft Hausaufgaben für Schüler ab, Westdeutsche Allgemeine Zeitung, 5.10.2012; www.derwesten.de/staedte/oberhausen/oberhausener-gymnasium-schafft-hausaufgaben-fuer-schueler-ab-id7164144.html (Zugriff: 15.3.2015).
68. Matthias Trautsch, Den Hausaufgaben droht die Abschaffung, a.a.O.
69. Noten vor Gericht, Deutschlandfunk, 21.11.2013; http://www.deutschlandfunk.de/justiz-noten-vor-gericht.680.de.html?dram:article_id=269732 (Zugriff: 3.7.2015).
70. Quelle: Melania Botica, Immer mehr Eltern zerren Lehrer vor Gericht, Focus-Online, 18.9.2013; www.focus.de/familie/rechte/das-kind-aufs-gymnasium-klagen-eltern-zerren-vermehrt-lehrer-vor-gericht_id_3104903.html (Zugriff: 25.10.2014).
71. Ebenda.
72. www.rechtsanwaltskanzlei-winkler.de/rechtsgebiete/schulrecht/ (Zugriff: 26.10.2014).
73. Quelle: Christian Schwerdtfeger, Immer mehr Eltern klagen gegen Zeugnisnoten, Rheinische Post, 1.2.2013; www.rp-online.de/panorama/deutschland/immer-mehr-eltern-klagen-gegen-zeugnis-noten-aid-13161030#comment-list (Zugriff: 26.10.2014).
74. Quelle: Eva Hampl, Eltern klagen an, ZEIT online, 19.3.2010; www.zeit.de/gesellschaft/schule/2010-03/lehrer-eltern-klage-gericht (Zugriff: 26.10.2014).
75. Quelle: Christian Schwerdtfeger, Immer mehr Eltern klagen gegen Zeugnisnoten, a.a.O.
76. Quelle: Catrin Boldebuck, Kampfzone Klassenzimmer, Stern, 1.10.2014; www.stern.de/familie/kinder/klagefreudige-eltern-kampfzone-klassenzimmer-2142029.html (Zugriff: 26.10.2014).
77. Quelle: Klagen gegen schlechte Noten, n-tv, 14.1.2010; www.n-tv.de/ratgeber/Klagen-gegen-schlechte-Noten-article679096.html (Zugriff: 2.1.2015).
78. Interview mit Heribert Pöttgen, Süddeutsche Zeitung, 17.5.2010; www.sueddeutsche.de/karriere/schule-fuer-eine-gute-note-vors-gericht-1.565138 (Zugriff: 2.1.2015).

79. Vgl. Homepage der Bundeskanzlerin; www.bundeskanzlerin.de/Content/DE/Artikel/BKAngelaMerkelPolitik/angela-merkel-politik-bildung.html.
80. Quelle: www.saarbruecker-zeitung.de/nachrichten/berliner_buero/art182516,5578557 (Zugriff: 7.4.2015).
81. DGB-Expertise, Bildungsgipfel-Bilanz 2014. Die Umsetzung des Dresdner Bildungsgipfel vom 22. Oktober 2008, Berlin, S. 17.
82. Ebenda, S. 11.
83. Bundesregierung/Regierungschefs der Länder, Aufstieg durch Bildung. Dresden 2008, S. 5.
84. DGB-Expertise, a.a.O., S. 8.
85. Statistisches Bundesamt, Pressemitteilung Nr. 120 vom 7.4.2015; www.destatis.de/DE/PresseService/Presse/Pressemitteilungen/2015/04/PD15_120_71131.html (Zugriff: 8.4.2015).
86. Bundesregierung/Regierungschefs der Länder, Aufstieg durch Bildung. A.a.O., S. 6.
87. DGB-Expertise, a.a.O., S. 17.
88. Quelle: Thomas Öchsner, Abgehängt und alleingelassen, Süddeutsche Zeitung, 15.1.2015; www.sueddeutsche.de/bildung/bildung-und-ausbildung-abgehaengt-und-allein-gelassen-1.2292234 (Zugriff: 7.4.2015).
89. Quelle: www.heute.de/deutschland-verfehlt-selbstgesteckte-bildungsziele-37569046.html (Zugriff: 7.4.2015).
90. Heribert Prantl, Ein deutscher Sadismus, Süddeutsche Zeitung, 17.5.2010; www.sueddeutsche.de/karriere/bildung-und-foederalismus-ein-deutscher-sadismus-1.534114 (Zugriff: 7.4.2015).
91. Quelle: www.spiegel.de/schulspiegel/abi-noten-foederalismus-sorgt-fuer-chaos-und-ungerechtigkeit-a-1037373.html (Zugriff: 10.6.2015).
92. Martin Spiewak, Glaubenskrieg um vier Stunden, Die Zeit, 12.6.2014; www.zeit.de/2014/25/g8-debatte-bildungspolitik (Zugriff: 1.4.2015).
93. Martin Spiewak, Die Schulen brauchen …, Die Zeit, 20.9.2012; www.zeit.de/2012/38/Schulen-Bildungspolitik-Kooperationsverbot (Zugriff: 1.4.2015).
94. Vgl. hierzu: Mirjam Brautmeier, Die Zukunft des Bildungsföderalismus, Dissertation 2013, S. 131 ff.; www.diss.fu-berlin.de/diss/servlets/MCRFileNodeServlet/FUDISS_derivate_000000014527/Diss_Brautmeier_final.pdf (Zugriff: 1.4.2015).
95. Aktuelle Fragen der Schulpolitik und das Bild der Lehrer in Deutschland. Eine Studie des Instituts für Demoskopie Allensbach, 2010, S. 17; www.ifd-allensbach.de/uploads/tx_studies/7499_Schulpolitik_01.pdf (Zugriff: 1.4.2015).

96. Schul- und Bildungspolitik in Deutschland 2011. Ein aktuelles Stimmungsbild der Bevölkerung und der Lehrer. Eine Studie des Instituts für Demoskopie Allensbach, S. 24 f.; www.ifd-allensbach.de/uploads/tx_studies/7625_Bildungspolitik.pdf (Zugriff: 1.4.2015).
97. Richard David Precht, Anna, die Schule und der liebe Gott, Goldmann Verlag, München 2013, S. 321.
98. Interview mit Richard David Precht, Die Zeit, 22.4.2013; www.zeit.de/2013/16/richard-david-precht-schulsystem (Zugriff: 1.4.2015).
99. Quelle: Thomas Öchsner, Abgehängt und alleingelassen, a.a.O.
100. Interview mit Mirjam Brautmeier, tagesschau.de, 10.10.2014; www.tagesschau.de/inland/bildung-103~_origin-20282701-d2b9-40bc-9ec5-f22f-8cefa27f.html (Zugriff: 7.4.2015).
101. Vgl. hierzu: Mirjam Brautmeier, Die Zukunft des Bildungsföderalismus, Dissertation 2013, S. 81; www.diss.fu-berlin.de/diss/servlets/MCRFileNodeServlet/FUDISS_derivate_000000014527/Diss_Brautmeier_final.pdf (Zugriff: 1.4.2015).
102. Hindernis Herkunft: Eine Umfrage unter Schülern, Lehrern und Eltern zum Bildungsalltag in Deutschland, Studie des Instituts für Demoskopie Allensbach im Auftrag der Vodafone Stiftung Deutschland, 24.4.2013; www.vodafone-stiftung.de/vodafone_stiftung_publikationen.html?&no_cache=1&tx_newsjson_pi1%5BshowUid%5D=30&cHash=e2270fb5104907e5c3be9121af72e237 (Zugriff: 7.4.2015).
103. Vgl. Kapitel »Gleichheit bedeutet nicht automatisch Gerechtigkeit«.

Literatur

Bauer, Joachim: Lob der Schule. Sieben Perspektiven für Schüler, Lehrer und Eltern, Hoffmann und Campe Verlag, 2007
Baumrind, Diana: »Child-care practices anteceding three patterns of preschool behavior«, in: Genetic Psychology Monographs, Band 75, 1967
Boldebuck, Catrin: »Kampfzone Klassenzimmer«, in: Stern, 1.10.2014
Brosche, Heidemarie: Warum Lehrer gar nicht so blöd sind – und was kluge Eltern tun können, wenn die Verständigung nicht klappt, Kösel-Verlag, 2010
Bublys, Florian; Rauh, Robert: »Quereinstieg – Entqualifizierung des Lehrerberufs?«, in: Betrifft Lehrerausbildung und Schule, hrsg. v. Bundesarbeitskreis der Seminar- und Fachleiter/innen e.V., Heft 15, 2014
Bueb, Bernhard: Lob der Disziplin. Eine Streitschrift, List Verlag, 2007
Brautmeier, Mirjam: Die Zukunft des Bildungsföderalismus, Dissertation 2013
Eichel, Christine: Deutschland, deine Lehrer. Warum sich die Zukunft unserer Kinder im Klassenzimmer entscheidet, Karl Blessing Verlag, 2014
Fawzi, Nayla: Cyber-Mobbing. Ursachen und Auswirkungen von Mobbing im Internet, Nomos Verlagsgesellschaft / Edition Reinhard Fischer, 2009
Füller, Christian: Schlaue Kinder, schlechte Schulen. Wie unfähige Politiker unser Bildungssystem ruinieren – und warum es trotzdem gute Schulen gibt, Droemer Verlag, 2008
Holz, Gabriele: »Einfühlungsvermögen: Quereinsteiger – Lückenfüller oder Bereicherung«, in: Betrifft Lehrerausbildung und Schule, hrsg. v. Bundesarbeitskreis der Seminar- und Fachleiter/innen e.V., Heft 16, 2015
Hattie, John: Lernen sichtbar machen Überarbeitete deutschsprachige Ausgabe von *Visible Learning*, übersetzt und überarbeitet von Wolfgang Beywl und Klaus Zierer, Schneider Verlag, 2013
Hentig, Hartmut von: Ach, die Werte. Über eine Erziehung im 21. Jahrhundert, Carl Hanser Verlag, 1999
Hoegg, Günther: Gute Lehrer müssen führen, Beltz Verlag, 2012
Juul, Jesper: Schulinfarkt. Was wir tun können, damit es unseren Kindern, Eltern und Lehrern besser geht, Kösel-Verlag, 2013
Juul, Jesper; Jensen, Helle: Vom Gehorsam zur Verantwortung. Für eine neue Erziehungskultur, Beltz Verlag, 2009
Klaffke, Thomas: Klassen führen – Klassen leiten. Beziehungen, Lernen, Classroom Management, Klett / Kallmeyer, 2013
Kliemann, Sabine (Hrsg.): Diagnostizieren und Fördern in der Sekundarstufe I. Schülerkompetenzen erkennen, unterstützen und ausbauen, Cornelsen Scriptor, 2008

Knoll, Ulrich: Schuljahr. Der ganz normale Wahnsinn. Erlebnisse eines Schulleiters, Schwarzkopf & Schwarzkopf, 2014

Kraus, Josef: Helikopter-Eltern. Schluss mit Förderwahn und Verwöhnung, Rowohlt Verlag, 2013

Largo, Remo: Wer bestimmt den Lernerfolg: Kind, Schule, Gesellschaft, Beltz Verlag, 2013

Lenzen, Dieter; Emer, Wolfgang: Projektunterricht gestalten – Schule verändern, Schneider Verlag, 2009

Lohmann, Gert: Mit Schülern klarkommen. Professioneller Umgang mit Unterrichtsstörungen und Disziplinkonflikten, Cornelsen Verlag, 2003

Malter, Bettina; Hotait, Ali (Hrsg.): Was bildet ihr uns ein? Eine Generation fordert die Bildungsrevolution, Vergangenheitsverlag, 2012

Mienert, Malte; Vorholz, Heidi: Schüler und Lehrer im Konflikt. Neue Strategien für ein respektvolles Miteinander, Ferdinand Schöningh Verlag, 2011

Möller, Philipp: Isch geh Schulhof. Unerhörtes aus dem Alltag eines Grundschullehrers, Bastei Lübbe, 2012

Paradies, Liane u. a.: Individualisieren im Unterricht. Erfolgreich Kompetenzen vermitteln, Cornelsen Verlag Scriptor, 2010

Pennac, Daniel: Schulkummer. Alles, was man über die Schule wissen muss, steht in diesem Buch, Kiepenheuer & Witsch, 2010

Prantl, Heribert: »Ein deutscher Sadismus«, in: Süddeutsche Zeitung, 17.5.2010

Precht, Richard David: Anna, die Schule und der liebe Gott, Goldmann Verlag, 2013

Rauscher, Erwin: Schule sind wir. Bessermachen statt Schlechtreden, Residenz Verlag, 2012

Sacher, Werner: Elternarbeit. Gestaltungsmöglichkeiten und Grundlagen für alle Schularten, Julius Klinkhardt Verlag, 2008

Schalansky, Judith: Der Hals der Giraffe. Bildungsroman, Suhrkamp Verlag, 2011

Schuler, Bettina; Koeseling, Anja (Hrsg.): Schlachtfeld Elternabend. Der unzensierte Frontbericht von Lehrern und Eltern, Eden Books, 2014

Spiewak, Martin: »Alle zum Einzeltraining«, in: Zeit online, 27.3.2009

Spiewak, Martin: »Glaubenskrieg um vier Stunden«, in: Die Zeit, 12.6.2014

Sußebach, Henning: Liebe Sophie! Brief an meine Tochter, Verlag Herder, 2013

Sußebach, Henning: »Wo die Lehrer sitzen bleiben«, in: Die Zeit, 1.7.2004

Trautsch, Matthias: »Den Hausaufgaben droht die Abschaffung«, in: Frankfurter Allgemeine Zeitung, 4.12.2013

Ulbricht, Arne: Lehrer, Traumberuf oder Horrorjob?, Verlag Vandenhoeck & Ruprecht, 2013

Wiese, Thorsten (Hrsg.): Nein, Torben-Jasper, du hast keinen Telefonjoker. Referendare erzählen vom täglichen Klassenkampf, Riva Verlag, 2014

Zierer, Klaus: »Hausaufgaben sind keineswegs sinnlos«, in: Frankfurter Allgemeine Zeitung, 15.3.2013

Schule neu denken

Margret Rasfeld und Stephan Breidenbach entwerfen eine Schule, in der unsere Kinder voller Begeisterung innovative Formen des Lernens ausprobieren dürfen.

www.koesel.de

Wenn Jugendliche unerreichbar sind

Pappband | 208 Seiten
ISBN 978-3-466-30871-2

»Juul ist eine Lichtgestalt der modernen Pädagogik. Im Unterschied zu vielen Kollegen betont er nicht die Schwierigkeiten, sondern die Ressourcen der Eltern-Kind-Beziehung.«

DER SPIEGEL

 Kösel

www.koesel.de